2019
中国通信统计年度报告

Annual Report of
China's Communication
Industry Statistics in 2019

中华人民共和国工业和信息化部　编

人 民 邮 电 出 版 社
北　京

图书在版编目（ＣＩＰ）数据

2019中国通信统计年度报告 / 中华人民共和国工业
和信息化部编. -- 北京 : 人民邮电出版社，2021.3
ISBN 978-7-115-55817-6

Ⅰ. ①2… Ⅱ. ①中… Ⅲ. ①邮电业－经济统计－研
究报告－中国－2019 Ⅳ. ①F632

中国版本图书馆CIP数据核字(2020)第266593号

内 容 提 要

本书主要包括综述、统计数据和附录 3 个部分。综述部分主要包括 2019 年中国电信业发展综述、2019
年基础电信企业发展综述和专题分析；统计数据主要包括公用通信网统计信息、互联网和相关服务业统计信
息、互联网应用统计信息和国际电信统计信息（国际电信联盟统计数据）；附录部分包括统计指标解释及《中
华人民共和国 2019 年国民经济和社会发展统计公报》。

本书适合国内外基础电信企业、增值电信企业、电信设备制造企业、电信建设企业以及与电信相关的政
府机关、非政府组织、投资机构、科研单位、大专院校、咨询机构等单位参考使用。

◆ 编　　　　　中华人民共和国工业和信息化部
　　责任编辑　李　静
　　责任印制　陈　犇
◆ 人民邮电出版社出版发行　　北京市丰台区成寿寺路 11 号
　　邮编　100164　　电子邮件　315@ptpress.com.cn
　　网址　https://www.ptpress.com.cn
　　三河市中晟雅豪印务有限公司印刷
◆ 开本：787×1092　1/16
　　印张：16.75　　　　　　　　2021 年 3 月第 1 版
　　字数：319 千字　　　　　　 2021 年 3 月河北第 1 次印刷

定价：368.00 元

读者服务热线：(010)81055493　印装质量热线：(010)81055316
反盗版热线：(010)81055315
广告经营许可证：京东市监广登字 20170147 号

编写说明

一、《2019中国通信统计年度报告》（以下简称"本报告"）通过大量翔实的统计数据、图表和分析报告，全面、系统地阐述了2019年中国通信业发展综述、经济运行情况、存在的问题和发展趋势。

二、本报告分为综述、统计数据和附录3个部分。综述部分包括2019年中国基础电信业发展综述、2019年基础电信企业发展综述和专题分析；统计数据部分包括公用通信网统计信息、互联网和相关服务业统计信息、互联网应用统计信息和国际电信统计信息（国际电信联盟统计数据）；附录部分包括统计指标解释和《中华人民共和国2019年国民经济和社会发展统计公报》。

三、本报告中所引用的全国通信业统计数据为决算数据，不包括中国香港、中国澳门、中国台湾。

四、本报告由工业和信息化部网络安全产业发展中心（工业和信息化部信息中心）支撑编写，并得到工业和信息化部内相关司局、各省（自治区、直辖市）通信管理局、各基础电信运营企业、中国信息通信研究院以及有关专家的大力支持，在此谨表谢意！

五、由于编辑水平有限，文中难免存在疏漏之处，敬请各位读者谅解。具体内容由工业和信息化部运行监测协调局负责解释。

工业和信息化部运行监测协调局

编委会

编辑委员会

主　　任：辛国斌
副 主 任：黄利斌
编　　委：（按姓氏笔画排序）
　　　　　丁　渊　卜照坤　王宝艳　王续伯　王雪梅　付京波
　　　　　申瑞林　孙健敏　何忠江　张　悦　张翼宫　李　澄
　　　　　徐　玉　焦绪录　解三明

编写组

组　　长：解三明
成　　员：（按姓氏笔画排序）
　　　　　王　旭　王　芳　王宝艳　王雪梅　刘今超　孙淑红
　　　　　吴黎娜　张　悦　张　煜　张　燊　张志燕　李　蔚
　　　　　李永萍　陈　静　罗　兰　赵小杰　郝文俊　徐　玉
　　　　　符美琳　高　杰　康小勇　焦绪录　薛伟伟

历次"五年"规划（计划）及"十三五"时期全国电信业务收入增长情况

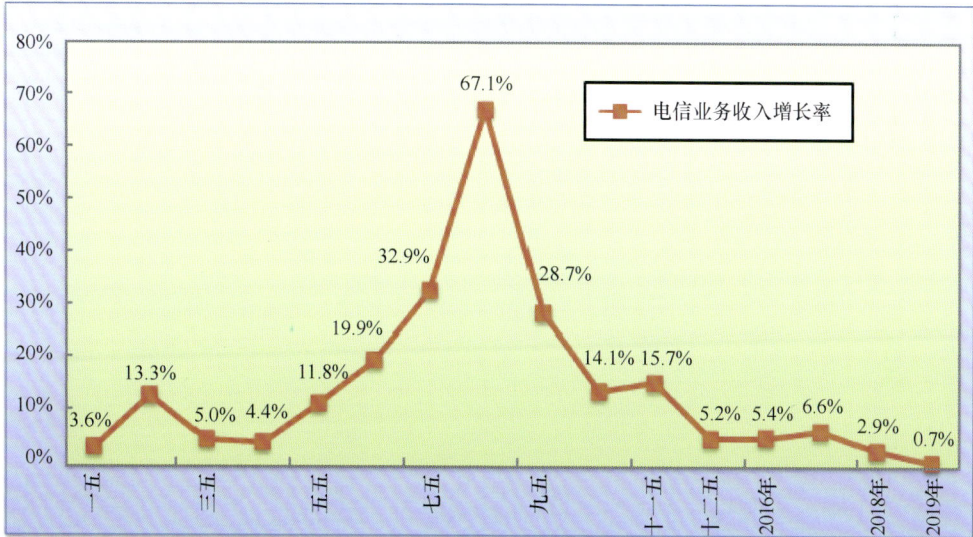

图例：■ 电信业务收入增长率

80%
70%
60% — 67.1%
50%
40%
32.9%
30% — 28.7%
20% — 19.9%
13.3% — 14.1% 15.7%
10% — 11.8%
3.6% — 5.0% 4.4% — 5.2% 5.4% — 6.6%
0% — 2.9% 0.7%

一五 三五 五五 七五 九五 十一五 十二五 2016年 2018年 2019年

2015—2019 年电信业务收入和固定资产投资情况

电信业务收入（亿元）：11665 12002 12637 13006 13096

固定资产投资（亿元）：4525 4350 3725 3507 3654

图例：■ 2015年 ■ 2016年 ■ 2017年 ■ 2018年 ■ 2019年

电信业务收入和电信投资分地区占比
（2011年、2015年、2019年）

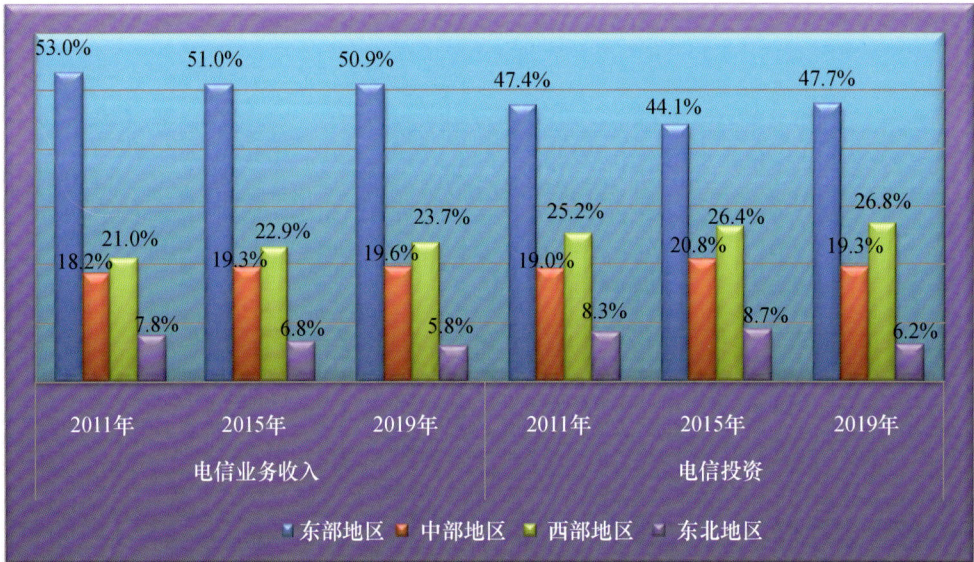

	2011年	2015年	2019年	2011年	2015年	2019年
东部地区	53.0%	51.0%	50.9%	47.4%	44.1%	47.7%
中部地区	18.2%	19.3%	19.6%	19.0%	20.8%	19.3%
西部地区	21.0%	22.9%	23.7%	25.2%	26.4%	26.8%
东北地区	7.8%	6.8%	5.8%	8.3%	8.7%	6.2%

电信业务收入 ｜ 电信投资

■ 东部地区　■ 中部地区　■ 西部地区　■ 东北地区

2018—2019 年电信投资结构比较

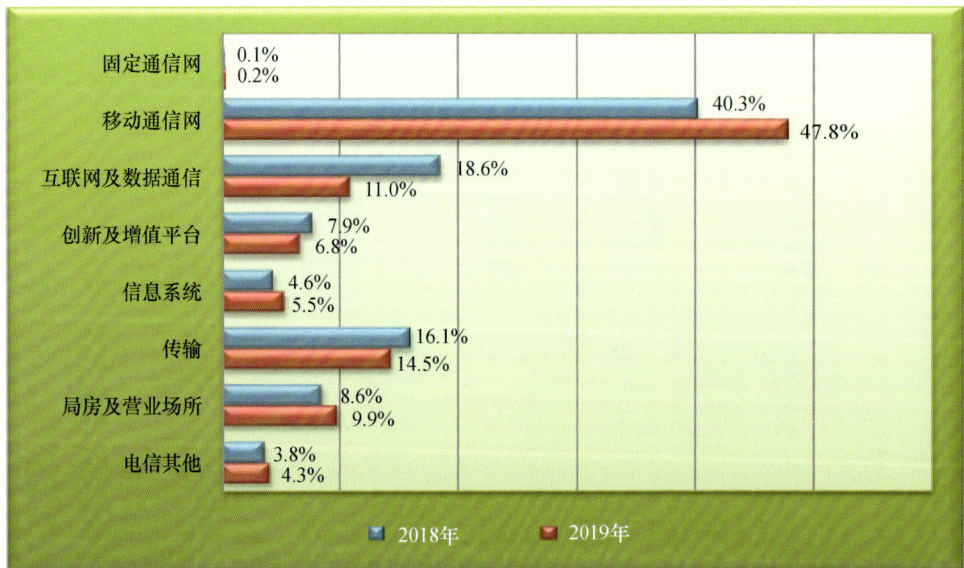

	2018年	2019年
固定通信网	0.1%	0.2%
移动通信网	40.3%	47.8%
互联网及数据通信	18.6%	11.0%
创新及增值平台	7.9%	6.8%
信息系统	4.6%	5.5%
传输	16.1%	14.5%
局房及营业场所	8.6%	9.9%
电信其他	3.8%	4.3%

■ 2018年　■ 2019年

2015—2019年电信业务收入结构（固定和移动）

	2015年	2016年	2017年	2018年	2019年
固定通信业务	29.6%	28.5%	28.1%	29.2%	31.7%
移动通信业务	70.4%	71.5%	71.9%	70.8%	68.3%

■移动通信业务　□固定通信业务

2015—2019年电信业务收入结构（话音和非话音）

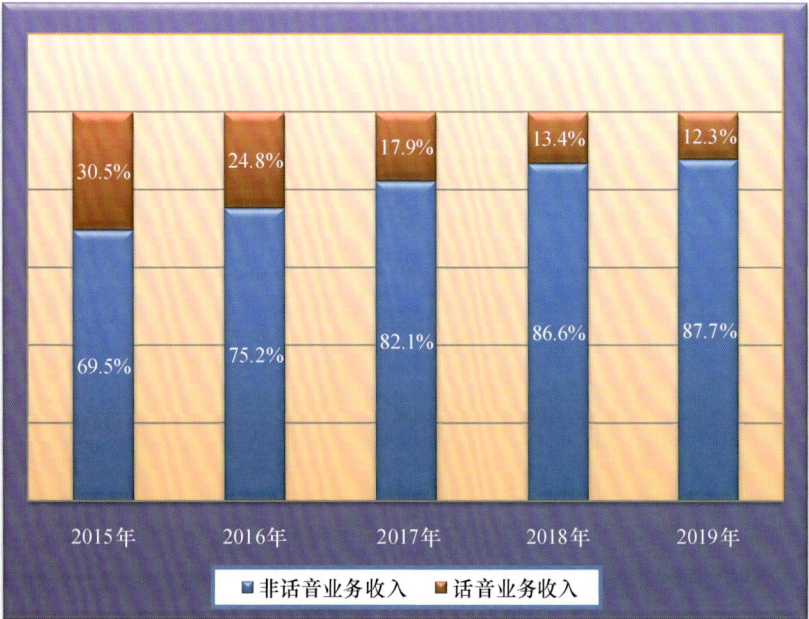

	2015年	2016年	2017年	2018年	2019年
话音业务收入	30.5%	24.8%	17.9%	13.4%	12.3%
非话音业务收入	69.5%	75.2%	82.1%	86.6%	87.7%

■非话音业务收入　■话音业务收入

2015—2019 年电信运营企业的收入结构

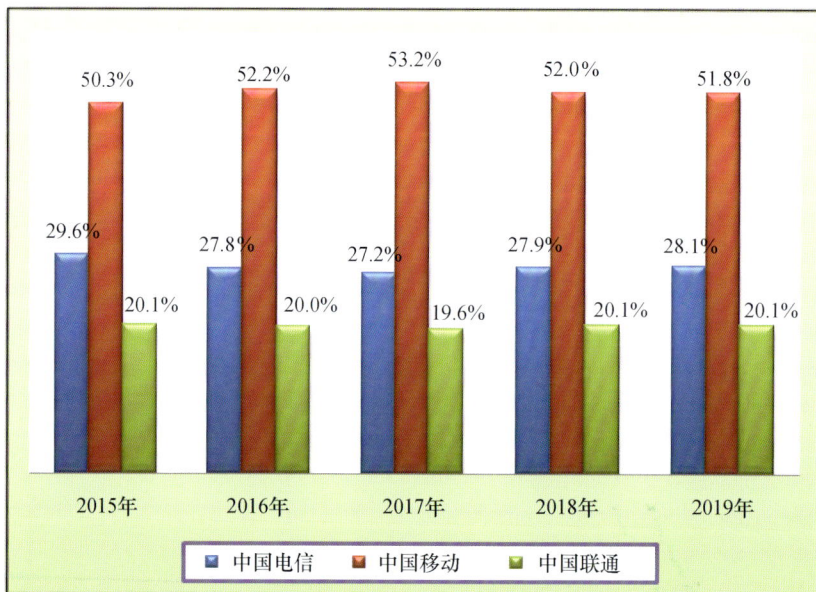

2015—2019 年电信运营企业的收入结构柱状图：

	2015年	2016年	2017年	2018年	2019年
中国电信	29.6%	27.8%	27.2%	27.9%	28.1%
中国移动	50.3%	52.2%	53.2%	52.0%	51.8%
中国联通	20.1%	20.0%	19.6%	20.1%	20.1%

2015—2019 年电信运营企业的移动互联网流量结构

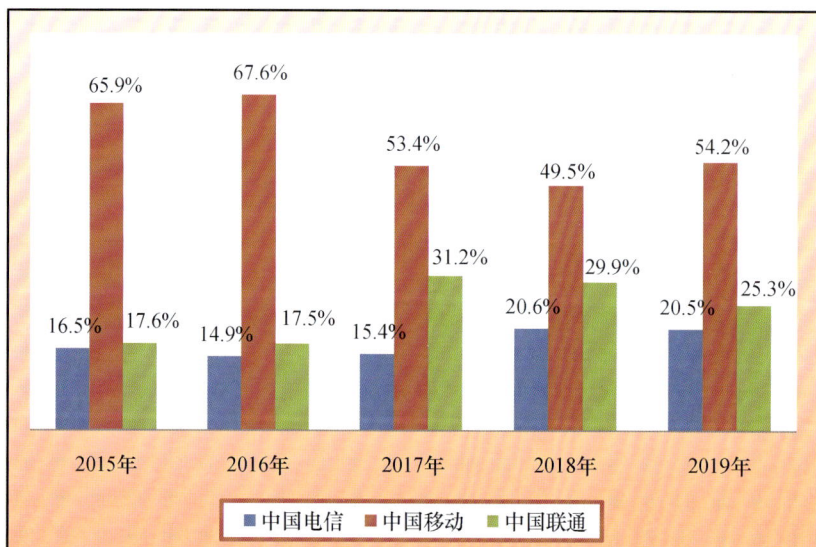

2015—2019 年电信运营企业的移动互联网流量结构柱状图：

	2015年	2016年	2017年	2018年	2019年
中国电信	16.5%	14.9%	15.4%	20.6%	20.5%
中国移动	65.9%	67.6%	53.4%	49.5%	54.2%
中国联通	17.6%	17.5%	31.2%	29.9%	25.3%

1949—2019 年固定电话和移动电话用户的发展情况

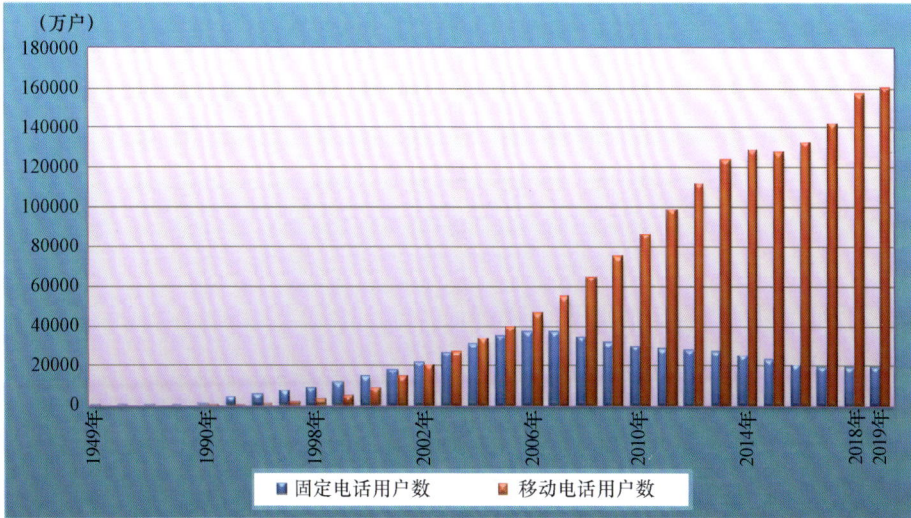

（万户）

固定电话用户数　移动电话用户数

1949—2019 年固定电话和移动电话普及率

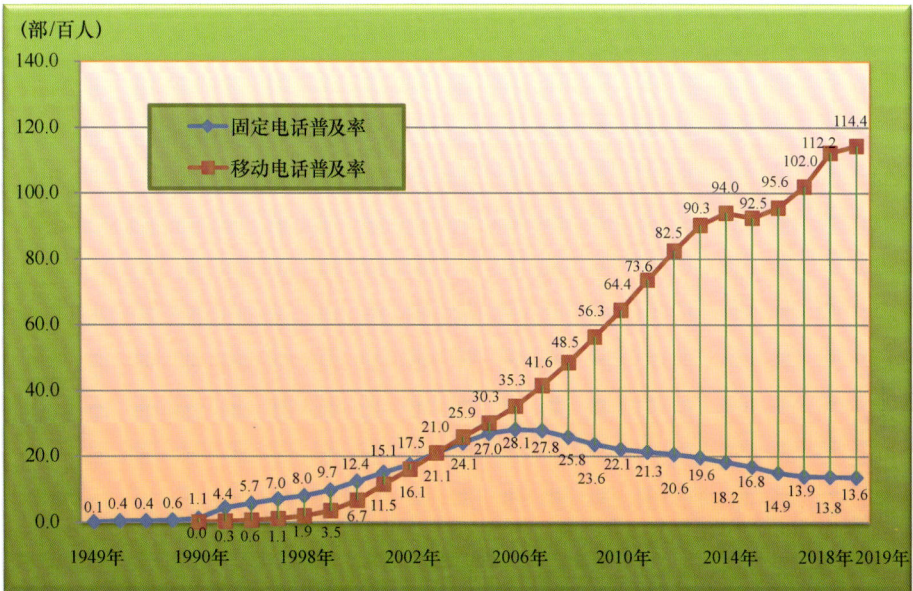

（部/百人）

固定电话普及率
移动电话普及率

2015—2019年移动宽带（4G）电话用户的发展情况

（万户）　　　　　　　　　　　　　　　　　　　　　　（%）

	2015年	2016年	2017年	2018年	2019年
4G移动电话用户数	43038	76995	99689	116546	128197
4G移动电话用户数占比	33.9	58.2	70.3	74.4	80.1

■ 4G移动电话用户数（左轴）　　◆ 4G移动电话用户数占比（右轴）

2005—2019年（固定）互联网宽带接入用户的发展情况

（万户）

◆ （固定）互联网宽带接入用户数

373 5　5085　6641　8288　10398　12629　15000　17518　18891　20048　25947　29721　34854　40738　44928

2005年　2007年　2009年　2011年　2013年　2015年　2017年　2019年

2015—2019 年全国互联网和相关服务业主要指标发展情况

（百个）（亿元）

互联网和相关服务业企业总数（百个）：
- 2015年 263.8
- 2016年 305.5
- 2017年 314.7
- 2018年 333.4
- 2019年 486.4

互联网和相关服务业收入（亿元）：
- 2015年 5444
- 2016年 6651
- 2017年 7902
- 2018年 9797
- 2019年 12655

互联网和相关服务业企业总数（百个）　互联网和相关服务业收入（亿元）

2019 年全国互联网和相关服务业收入结构

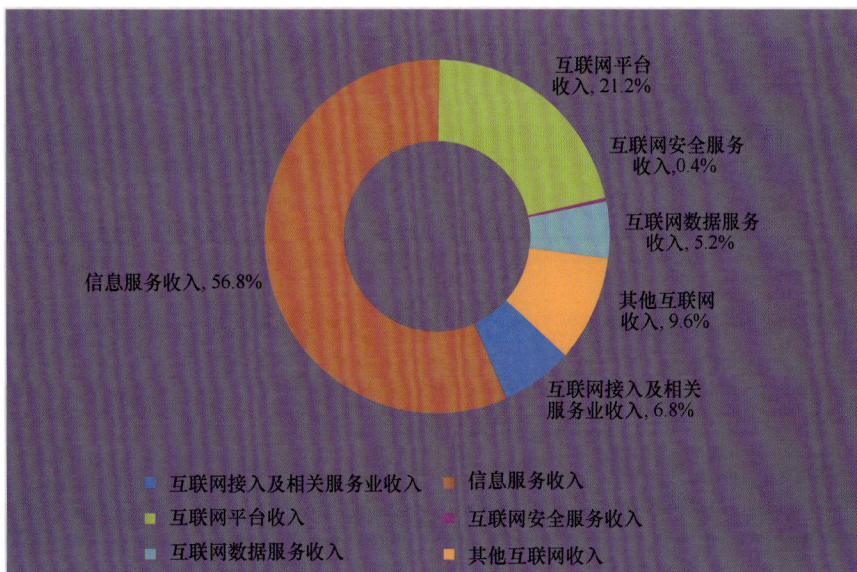

互联网平台收入，21.2%
互联网安全服务收入，0.4%
互联网数据服务收入，5.2%
其他互联网收入，9.6%
互联网接入及相关服务业收入，6.8%
信息服务收入，56.8%

互联网接入及相关服务业收入　信息服务收入
互联网平台收入　互联网安全服务收入
互联网数据服务收入　其他互联网收入

2010—2019年全球（固定）电话主线、蜂窝移动电话用户、互联网网民数

数据来自ITU。

2010—2019年全球每百人（固定）电话主线、蜂窝移动电话用户、互联网网民数

目 录

第一部分 综 述

第二部分 统计数据

第三部分　附　录

第一部分 综述

2019年中国电信业发展综述

2019年中国基础电信业发展综述

一、综述

（一）电信业发展的主要指标

2019年，我国按2018年不变单价计算的电信业务总量为1.74万亿元，同比增长18.5%（按2015年不变单价计算的电信业务总量达10.7万亿元，同比增长62.7%）。电信业务收入累计完成1.31万亿元，同比增长0.7%。

截至2019年年末，我国电话用户数达17.9亿户，较2018年增加3420万户。其中，移动电话用户增加3525万户，规模达16.0亿户，移动电话用户普及率达114.4部/百人，比2018年提高2.2部/百人。固定电话用户总数达1.91亿户，比2018年年末减少105万户，普及率降至13.6部/百人。固定宽带接入用户增加4190万户，规模达4.5亿户，固定宽带家庭普及率达94.8部/百户。

光纤宽带网络加速普及，全国新建光缆线路424.5万公里，光缆线路总长度达4741万公里，同比增长9.8%。固定互联网宽带接入端口达9.16亿个，同比增长5.6%，其中FTTH/O端口达8.36亿个，占比提升至91.3%。

（二）电信业发展的主要特点

1.行业整体平稳增长，转型升级持续推进

业务转型持续推进，电信业务收入结构稳中有变。2019年，我国电信业务收入达1.31万亿元，同比增长0.7%。其中，移动数据及互联网业务收入占比最高，达46.6%；固定数据及互联网业务收入稳步增长，占比为16.6%，比2018年提高0.7个百分点；云计算、大数据、数据中心等面向企业的服务快速发展，带动固定增值业务收入占比提高2.1个百分点，达10.5%；话音收入占比降至12.3%。

电信业务总量快速增长，增速有所回落。2019年，我国按2015年不变单价计算的电信业务总量达10.7万亿元，同比增长62.7%，增速较2018年下降75.1个百分点，电信业务总量与电

信业务收入增长速度的剪刀差也由2018年的134.8个百分点缩小至62.0个百分点。

5G商用开启新一轮投资高峰。2019年，随着我国5G商用牌照的正式发放，商用发展迈出关键一步。在相关领域的投资推动下，我国电信业固定资产投资总额达3654亿元，较2018年增长4.2%，近四年内首次实现正增长。

2. 用户规模继续扩大，宽带用户占比迅速提升

移动用户规模持续扩大。截至2019年年末，我国移动电话用户规模达16.0亿户，净增3525万户，移动电话用户普及率达114.4部/百人。其中4G用户新增1.16亿户，总数达12.8亿户，在移动电话用户中的占比达80.1%；3G用户减少8142万户，总数降至5876万户，在移动电话用户中的占比下降至3.7%。

固定宽带接入用户数持续提升。固定宽带接入用户达4.5亿户，全年净增4190万户，同比增长10.3%。其中光纤用户达4.17亿户，同比增长13.3%，在固定宽带接入用户中占比达92.9%。百兆及以上接入速率用户规模达3.84亿户，占比达85.4%。

融合创新业务推进，物联网和IPTV用户数快速增长。蜂窝物联网终端用户净增3.57亿户，达10.3亿户，同比增长53.3 %。IPTV（网络电视）用户净增3870万户，达2.94亿户，同比增长15.2%。

3. 网络基础设施演进升级，创新能力不断提升

基础网络设施进入双千兆时代。固定宽带网络全面迈入光纤时代，光纤宽带网络已覆盖全国所有城市地区，光纤接入端口占比提升至91.3%。超过300个城市部署千兆宽带接入网络，千兆商用铺开。4G基站部署达544.1万个，占比达64.7%。5G网络建设稳步推进，已开通5G基站15.3万个，在超过50个地级城市提供5G商用服务。

新型网络和应用基础设施持续优化升级。新型互联网交换中心试点启动，网络顶层架构优化取得突破性进展。IPv6网络基础设施能力稳步提升，累计开通IPv6网间带宽8.8TB，IPv6活跃连接数达11亿。国际通信网络持续优化，国际互联网数据专用通道达31条，海外POP点达133个。建成全球覆盖范围最广的NB-IoT网络，已部署63.2万个NB-IoT基站。IDC和CDN快速发展，IDC机架数量增长35.3%，达61.4万个。

电信普遍服务及网络扶贫向纵深推进。第四批电信普遍服务试点的4G基站项目建设总体进度超90%，行政村通光纤和4G网络比例双双超过98%，试点地区平均下载速率超过70Mbit/s，基本实现农村城市"同网同速"。启动第五批电信普遍服务试点，支持全国20个省（自治区、直辖市）162个地市的农村和偏远地区建设4G基站约2万个。凝聚各国普遍服务工作共识，推动ITU发布《敦煌倡议》。深入推进农村宽带网络专项整治，在边疆地区部署新建1312个4G基站，抢修恢复光缆3.1万公里，故障平均修复时长缩短15%以上。深入实施网络扶贫，聚焦"三区三州"等深度贫困地区持续完善宽带网络覆盖。持续开展"互联网+健康扶贫"试点，支持4个市县先行先试。

4. 市场开放步伐加快，信息惠民扎实推进

电信市场开放步伐不断加快。持续支持民营移动通信转售企业的发展，已有38家企业获

得正式商用经营许可，累计发展超过1.4亿用户。支持民营企业开拓物联网市场，继续鼓励民间资本以多种形式参与宽带网络的建设和运营。三网融合全面推进，中国广播电视网络有限公司获5G牌照及 4.9GHz频段5G试验频率的使用许可，同意其在北京等16个城市部署5G网络。全国广电企业发展有线宽带家庭用户突破4300万户。以自贸区为重点，积极推动电信业务向外资开放，累计批准外商投资电信企业达191家。2019版负面清单取消国内多方通信、存储转发、呼叫中心3项业务的外资股比限制，外资最高可达100%。

信息惠民服务提升人民群众获得感。城乡宽带人口普及率差距缩小1.4个百分点，降至12.6个百分点。全国谢绝来电服务平台上线，网络安全管理与技术水平不断提升。建成互联网信息服务投诉平台，提供快速解决互联网信息服务纠纷的"绿色通道"。开展App侵害用户权益专项整治。"携号转网"在全国实施，累计投资超过30亿元，建成全国31省（自治区、直辖市）"携号转网"实时交互联动系统，达到"小时级"携转效率。成立5G异网漫游工作组，推进5G网络共建共享。引导市场竞争由价格战向高质量服务和提质增效转移，三家基础电信企业进一步压降营销成本，严格管控销售行为，以2018年为基数，社会渠道费用三年压降20%，其中渠道酬金逐年下降20%，2022年起全部取消渠道酬金。

电信业对经济和社会发展的间接贡献日益突出。电信网络和服务对支撑经济社会信息化发展发挥着不可或缺的基础性作用，在引导和促进全社会稳投资、扩内需和增就业等方面则发挥着日益突出的战略性、先导性作用。2019年，我国5G被商用，这将激发新一轮的信息消费升级潜力，带动网络设备和终端制造、融合创新应用开发等产业链上下游的共同发展。

二、基础电信业务的发展分析

（一）电话用户的发展情况

1. 电话用户增速放缓，移动电话普及率稳步上升

截至2019年年末，全国电话用户总数达179238万户，净增3420万户，比2018年年末增长1.9%，增速较2018年下降7.2个百分点。移动电话用户普及率达114.4部/百人，比2018年上升2.2部/百人，全国已有26个省（自治区、直辖市）的移动电话普及率超过100部/百人。固定电话普及率下降至13.6部/百人。2015—2019年固定电话普及率及移动电话普及率的发展情况如图1所示。

2. 移动电话用户增长减缓，4G用户占比达八成

2019年，因第二卡槽需求基本释放完毕，移动电话用户全年净增从2018年的14861万户大幅下降至3525万户，总数为160135万户。其中4G用户数持续增长，全年新增11651万户，总数达128198万户，占移动电话用户的比重达80.1%。3G用户快速减少，全年减少8142万户，总数降至5876万户，占移动电话用户的比重下降至3.7%。

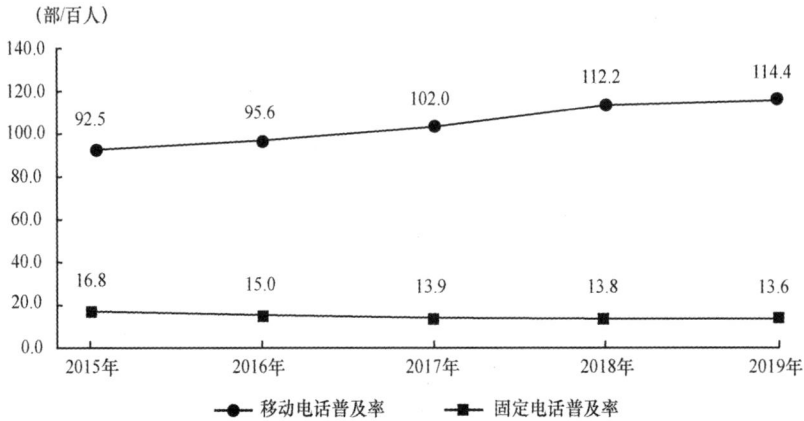

图1　2015—2019年固定电话普及率及移动电话普及率的发展情况

3. 固定电话用户持续萎缩

截至2019年年末，固定电话用户总数达19103万户，比2018年减少105万户，同比下降0.5%，占电话用户总数比重仅为10.7%。2015—2019年固定电话用户的变化情况如图2所示。

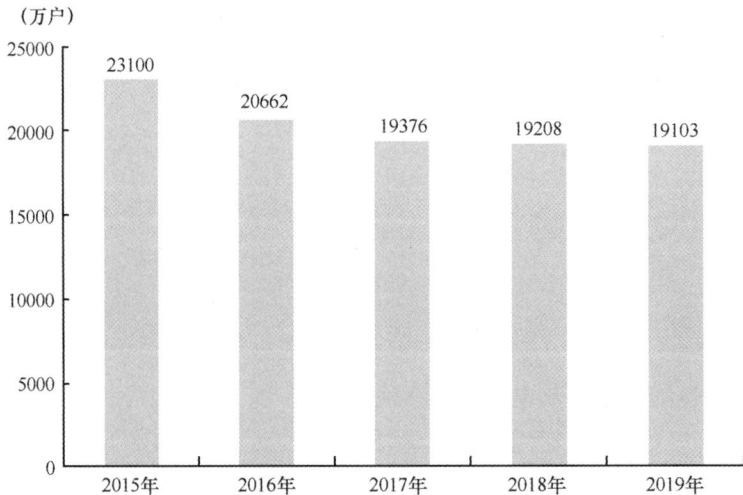

图2　2015—2019年固定电话用户的变化情况

（二）语音和短信业务的发展情况

1. 移动电话通话量和固定电话通话量均持续下降

2019年，全国移动电话通话时长累计达47826亿分钟，同比下降6.5%，降幅比2018年扩大1.2个百分点，如图3所示。固定电话主叫通话时长累计达1207亿分钟，同比下降19.5%。

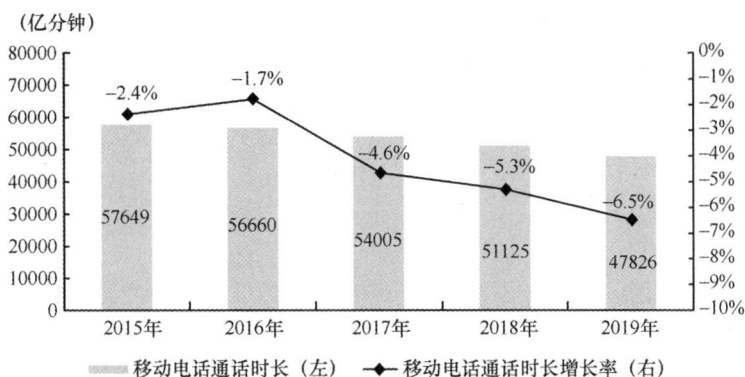

图3 2015—2019年移动电话通话时长增长情况

2. 移动电话户均通话量和固定电话户均通话量延续下滑态势

2019年，移动电话用户每月通话时长为249分钟，连续八年下降，降幅达8.5%。固定电话用户每月通话时长继续减少，2019年为53分钟，降幅达19.2%。由于移动互联网类通信业务替代、多卡用户比例上升等多因素综合作用，单用户话务量的减少、运营企业从话音经营向流量经营的转变将成为大势所趋。

3. 短信业务量保持高速增长，行业应用短信占比超七成

2019年，移动短信业务量达15066亿条，呈现高速增长态势。其中行业应用短信量达11570亿条，占移动短信比重达76.8%；点对点短信量为885.4亿条，占移动短信比重为5.9%。2015—2019年短信业务量的发展情况如图4所示。

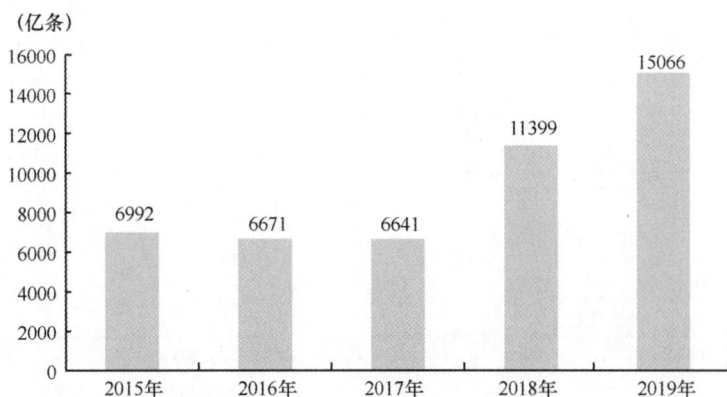

图4 2015—2019年短信业务量的发展情况

（三）固定互联网业务的发展情况

1. 固定宽带接入用户数继续提升

固定宽带接入用户数持续提升。截至2019年年末，固定宽带接入用户达44928万户，全

年净增4190万户，同比增长10.3%，较2018年增速（16.9%）下滑6.6个百分点。2015—2019年固定宽带接入用户的发展情况如图5所示。

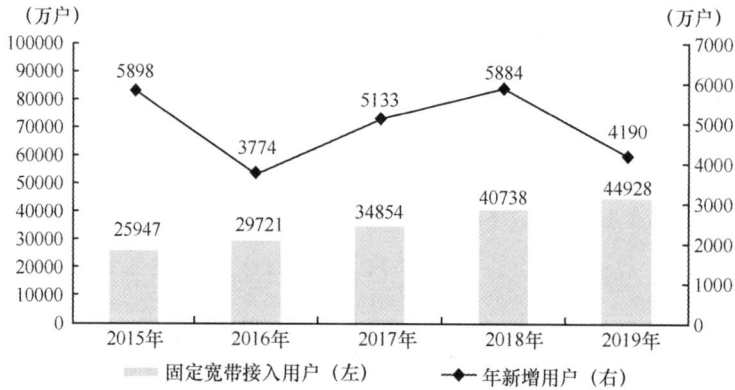

图5　2015—2019年固定宽带接入用户的发展情况

2. 光纤用户占比超九成，用户持续向高速率迁移

截至2019年年末，光纤用户（FTTH/O）达41740万户，同比增长13.3%，占固定互联网宽带接入用户总数的92.9%，较2018年年末提高2.5个百分点，同期LAN、xDSL宽带用户占固定互联网宽带接入用户比重分别下降至5.3%、1.0%。2015—2019年固定互联网宽带用户接入方式的构成情况如图6所示。

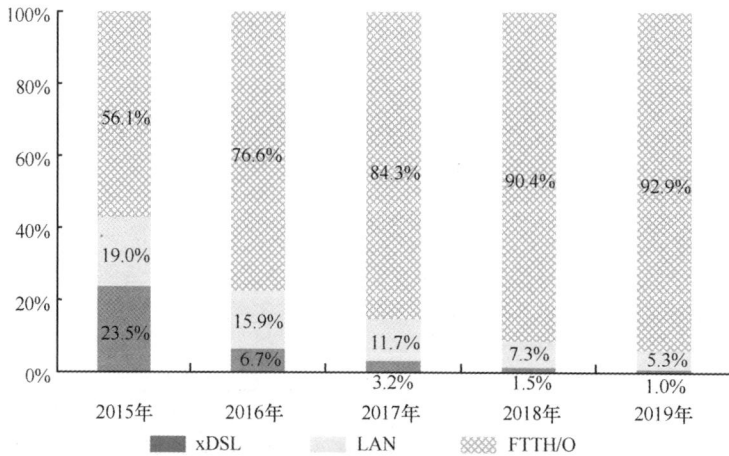

图6　2015—2019年固定互联网宽带用户按接入方式的构成情况

固定互联网宽带接入用户持续向高速率迁移，其中，1000Mbit/s及以上接入速率的用户数达87万户，100Mbit/s及以上接入速率的固定互联网宽带接入用户总数达38389万户，占固定宽带用户总数的85.4%，占比较2018年年末提高15.1个百分点。2015—2019年互联网宽带用户按接入速率的构成情况如图7所示。

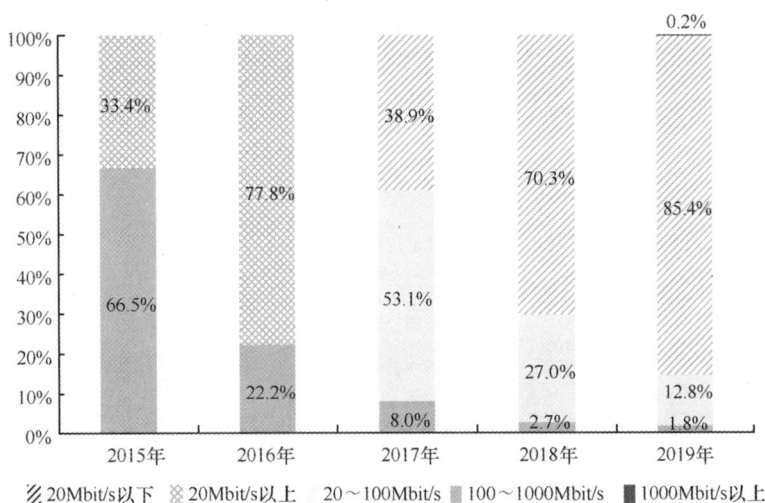

图7　2015—2019年互联网宽带用户按接入速率的构成情况

3. 家庭、政企宽带接入用户保持稳定增长态势

截至2019年年末，全国家庭宽带接入用户总数达38858万户，全年净增3506万户，比2018年年末增长9.9%，占固定宽带接入用户的比重达86.5%，家庭互联网宽带接入普及率达94.8部/百户；政企宽带接入用户全年净增用户683.5万户，总数达6070万户，比2018年年末增长12.7%。2015—2019年家庭、政企宽带接入用户的发展情况如图8所示。

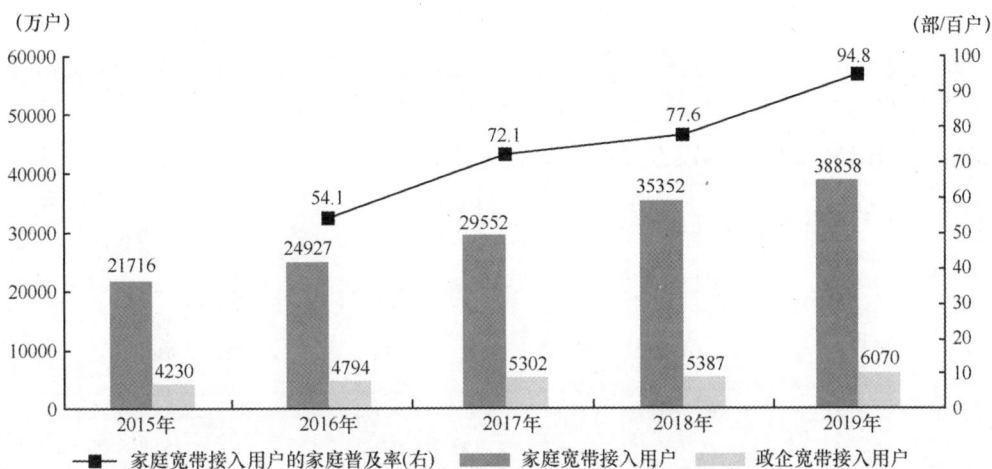

图8　2015—2019年家庭、政企宽带接入用户的发展情况

（四）移动互联网业务的发展情况

1. 移动互联网用户稳步提升，手机上网用户超13亿户

截至2019年年末，我国移动互联网用户规模达131853万户，全年共计新增用户4371万户。

其中，手机上网用户达131540万户，手机上网用户在移动电话用户中的渗透率为82.1%，较2018年年末提升1.1个百分点。2015—2019年移动互联网用户及手机上网用户的发展情况如图9所示。

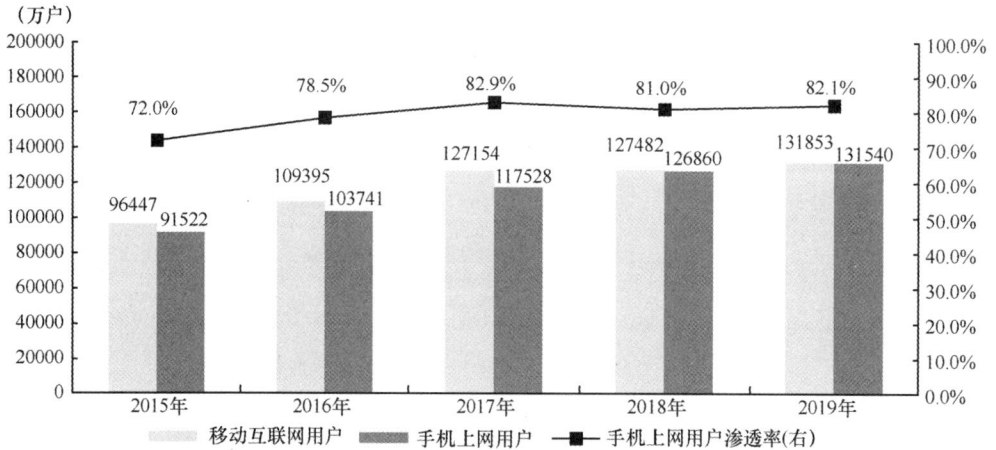

图9　2015—2019年移动互联网用户及手机上网用户的发展情况

2. 移动互联网流量增长较快，月户均流量（DOU）稳步提升

线上线下服务融合创新保持活跃，各类互联网应用加快向四五线城市和农村用户渗透，使移动互联网接入流量消费保持较快增长。2019年全年移动互联网接入流量为1220亿GB，同比大幅增长72.1%，月户均移动互联网接入流量突破7.8GB/户·月，是2018年的1.7倍；12月当月DOU高达8.6GB/户·月。其中，手机上网流量继续保持爆发式增长态势，总量达1210亿GB，同比增速高达72.4%，在总流量中的比重达99.2%，成为推动移动互联网流量高速增长的主要因素。2015—2019年移动互联网流量的发展情况如图10所示。

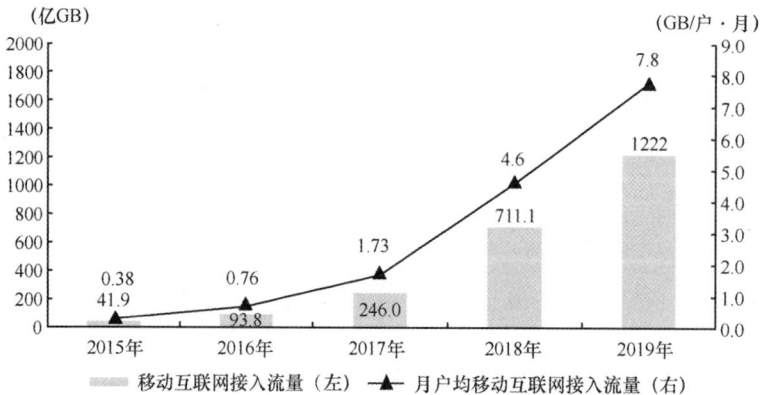

图10　2015—2019年移动互联网流量的发展情况

3. 移动流量资费持续下降，每GB流量资费降至5元

随着提速降费政策的深入实施，移动流量资费不断下降，2019年移动流量和手机流量资费分别降至5.0元/GB，与2018年相比下降41.2%。2017—2019年移动流量资费情况如图11所示。

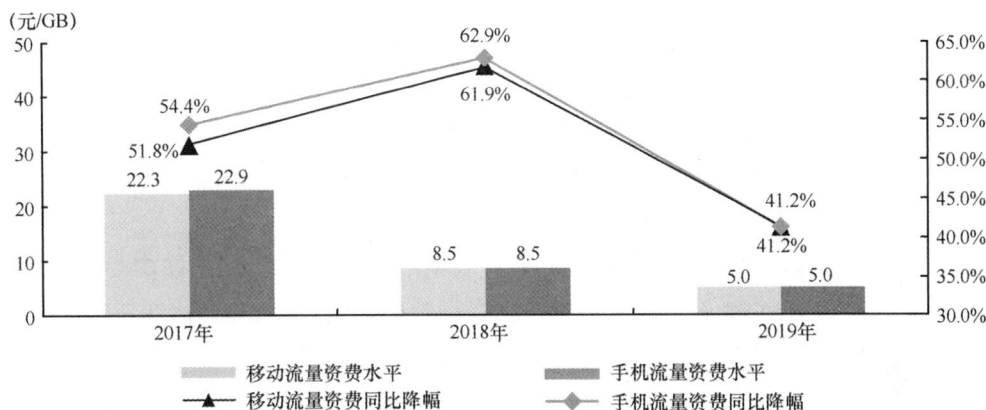

图11 2015—2019年移动流量资费情况

（五）融合创新业务的发展情况

1. 物联网终端用户规模快速扩大，全年净增3.6亿户

物联网终端用户持续保持高速增长态势，截至2019年年末，物联网终端用户达102779万户，全年净增35718万户，同比增长53.3%。其中，NB-IoT连接数达7109万户，实现水表与燃气表两个千万级、多个百万级单行业规模应用。2019年全年物联网终端接入流量达86683万GB。2015—2019年蜂窝物联网用户数如图12所示。

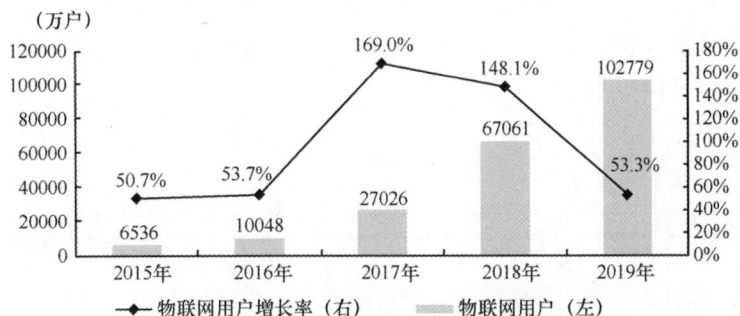

图12 2015—2019年蜂窝物联网用户数

从2019年物联网终端用户结构上来看，智能制造终端用户、智慧公共事业终端用户、智能交通和车联网终端用户、智慧农业终端用户分别达21549万户、21085万户、17690万户、783万户，具体如图13所示。

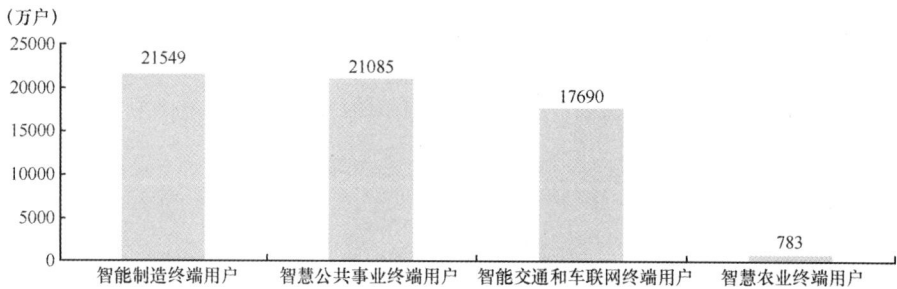

（万户）

图13　2019年物联网终端用户的发展情况

2. IPTV（网络电视）用户持续增长

截至2019年年末，IPTV（网络电视）用户规模达29396万户，全年净增3870万户，同比增长15.2%。IPTV（网络电视）用户占家庭宽带用户的比例达75.6%，比2018年提高了3.4个百分点。2015—2019年IPTV（网络电视）用户的增长情况如图14所示。

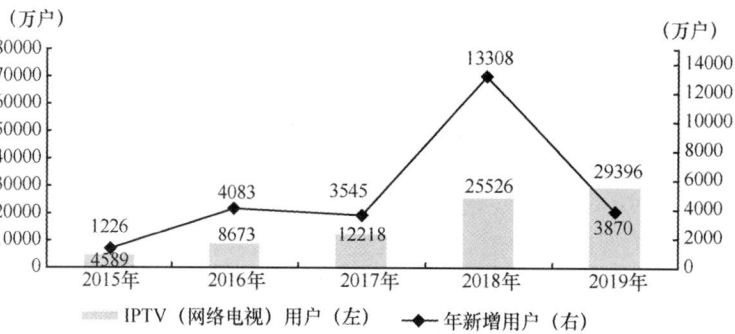

图14　2015—2019年IPTV（网络电视）用户的增长情况

3. 云计算业务客户接近百万户，大数据、数据中心业务客户过万户

截至2019年年末，云计算业务客户达98.1万户，大数据业务客户达1.6万户，数据中心业务客户达3.0万户，具体如图15所示。

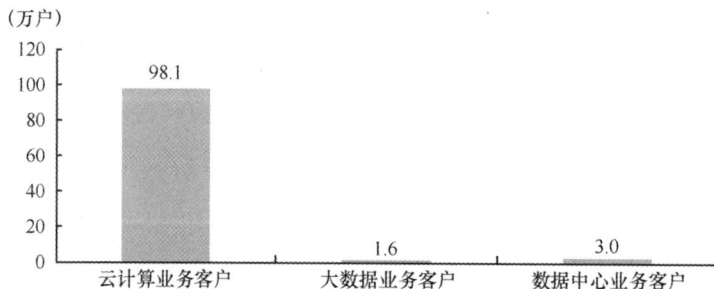

图15　2019年云计算、大数据、数据中心业务客户的发展情况

三、电信网络能力分析

（一）固定通信和传输网能力

1. 固定电话网的容量大幅下降，局用交换机的实装率大幅提升

2019年，局用交换机的容量为7190万门，较2018年减少4250万门，下降了37.2%。设备利用率方面，基于IP技术的IMS软交换设备规模部署，传统交换机加速退网。2015—2019年局用交换机容量如图16所示。

图16 2015—2019年局用交换机容量

2. 光纤宽带部署规模不断扩大，本地中继和接入网光纤快速增长

2019年，光网改造工作效果显著，光纤宽带部署规模不断扩大。全国新建光缆线路424万公里，光缆线路总长度达4741万公里，同比增长9.8 %。2015—2019年光缆线路的总长度变化情况如图17所示。

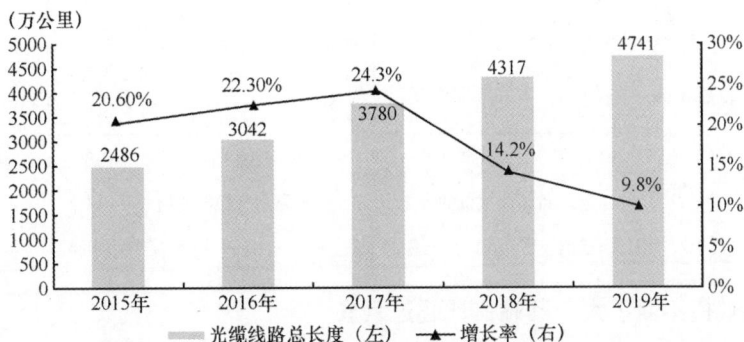

图17 2015—2019年光缆线路的总长度变化情况

2019年，接入网光缆、本地中继光缆、长途光缆长度分别为2947万公里、1685万公里、108万公里，同比增速分别为5.0%、19.5 %、9.1%。全国新建光缆以本地中继和接入网光缆为主。接入网光缆、本地网中继光缆和长途光缆线路所占比重分别为62.2%、35.5%和2.3%。2015—2019年各种光缆线路的长度情况如图18所示。

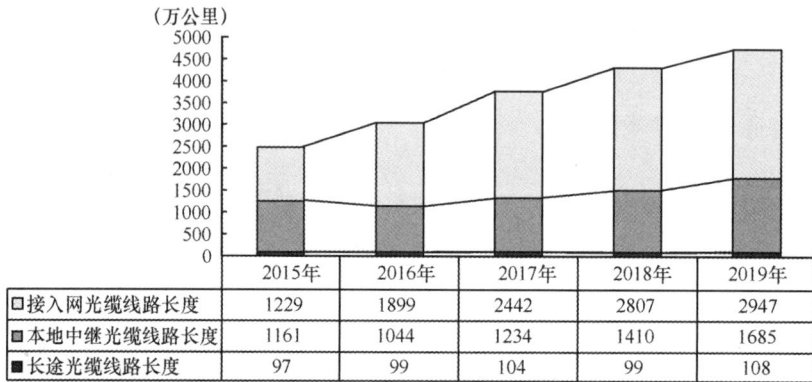

（万公里）

	2015年	2016年	2017年	2018年	2019年
□接入网光缆线路长度	1229	1899	2442	2807	2947
▨本地中继光缆线路长度	1161	1044	1234	1410	1685
■长途光缆线路长度	97	99	104	99	108

图18　2015—2019年各种光缆线路的长度情况

（二）移动通信网的能力

1. 移动电话网的容量小幅上升，交换机的实装率小幅下降

2019年，移动电话交换机的容量为272524万户，较2018年增加13071万户，上升了5.0%。设备利用率方面，由于移动电话新增用户大幅下滑，用户增长率仅为2.3%，移动电话交换机实际的装机率较2018年下降1.6个百分点，降至58.8%。2015—2019年移动电话交换机的容量情况及移动交换机的增长率如图19所示。

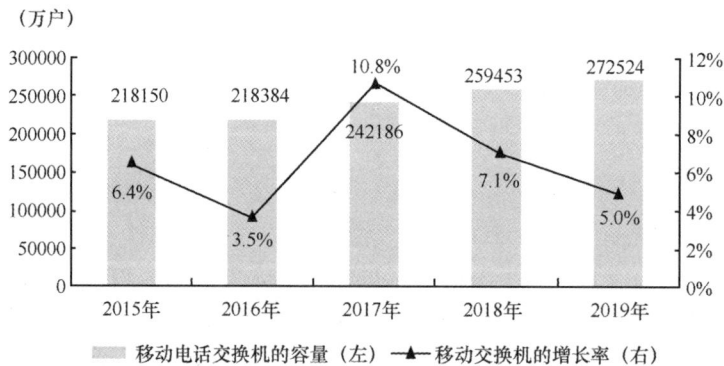

（万户）

▨ 移动电话交换机的容量（左）　▲ 移动交换机的增长率（右）

图19　2015—2019年移动电话交换机的容量情况及移动交换机的增长率

2. 4G网络规模不断扩大，基站占比超过六成

截至2019年年末，全国移动通信基站的总数达841.0万个，净增173.8万个。其中5G基站达15.3万个，占全国移动通信基站数的比重为1.8%；4G基站快速部署，较2018年年末新增171.7万个，累计达544.1万个，占全国移动通信基站数的比重为64.7%，4G网络已经覆盖了全国所有城市和主要乡镇；3G基站规模较2018年年末减少9.2万个，减至107.1万个，占全国移动通信基站数的比重为12.7%。2015—2019年全国移动通信基站数如图20所示。

（万个）

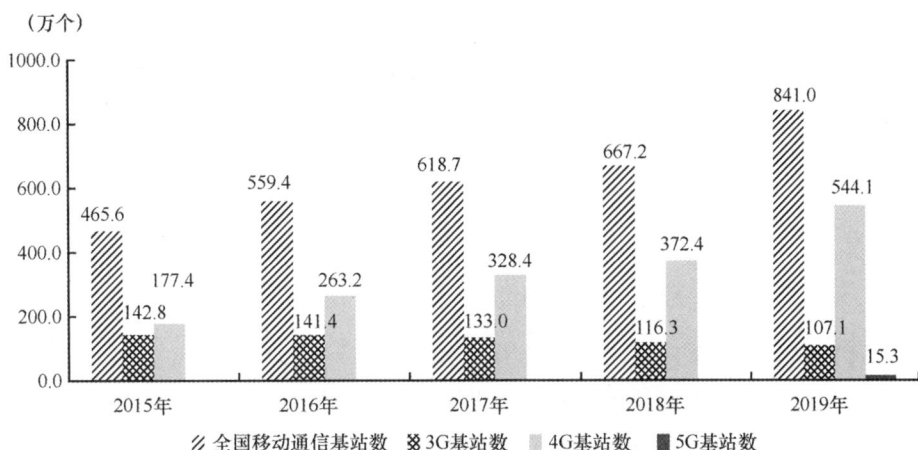

图20　2015—2019年全国移动通信基站数

（三）互联网通信能力

互联网的接入规模持续攀升，光网改造工作成果显著

2019年，在"提速降费"等政策的推动下，互联网的接入规模和能力持续提升。互联网宽带接入端口的数量提升至91578万个，同比增长5.6 %。同时，宽带网络加速向全光网升级，高速率宽带接入能力显著提高。2019年，我国光纤接入（FTTH/O）端口达83617万个，同比增长8.4%。2015—2019年互联网宽带接入端口的数量如图21所示。

（万个）

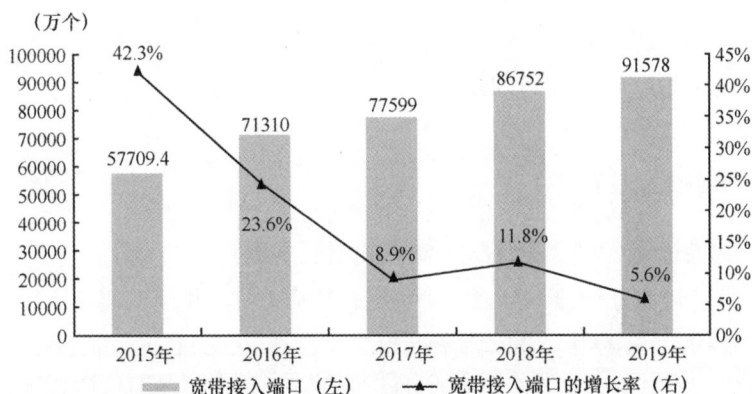

图21　2015—2019年互联网宽带接入端口的数量

（四）新型基础设施的能力

1. 窄带物联网（NB-IoT）基站累计部署超过60万个

2019年，NB-IoT网络部署加快，全年部署26.1万个NB-IoT基站，三家基础电信企业已累计部署超过63.2万个NB-IoT基站，同比增长70.4%。2018—2019年年末NB-IoT基站的数量如图22所示。

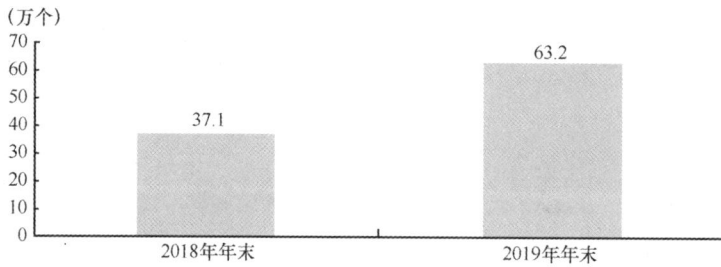

图22 2018—2019年年末NB-IoT基站的数量

2. 互联网数据中心快速发展，机架数量大幅增长

2019年，互联网数据中心快速发展，全年新增互联网数据中心机架达16.0万个，总数达61.4万个，同比增长35.2%。2016—2019年互联网数据中心机架的数量如图23所示。

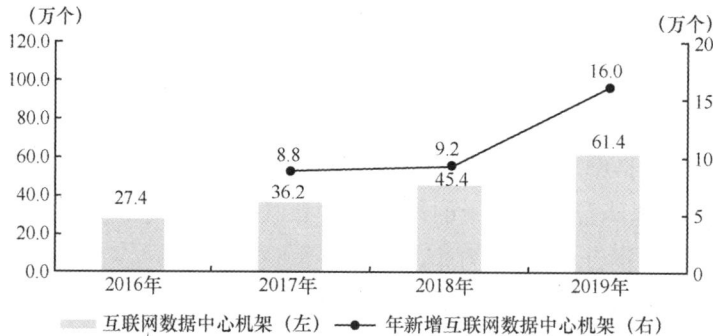

互联网数据中心机架（左） ——年新增互联网数据中心机架（右）

图23 2016—2019年互联网数据中心机架的数量[1]

四、电信业固定资产投资分析

（一）电信业投资概况

1. 固定资产投资企稳回升，预计进入新一轮增长周期

随着2019年下半年5G正式商用，5G网络开始规模建设，我国电信业固定资产投资也呈企稳回升态势。2019年，我国电信业固定资产投资总额达3654.1亿元，同比增长4.2%，近四年内首次实现正增长。在5G等信息通信基础设施建设的带动下，我国电信业固定资产投资预计进入新一轮增长周期。2015—2019年电信业固定资产投资总额及增长率如图24所示。

2. 移动通信网、互联网和传输是投资重点，创新及增值平台、信息系统、局房及营业场所的投资逆势上升

2019年，移动通信网、传输、互联网及数据通信领域的固定资产投资分别占到总固定资产投资的47.8%、14.5%、11.0%，是投资的重点领域。分项看，受到5G建设投资带动，移

---

1 三家基础电信运营企业合计数，不含增值电信企业数。

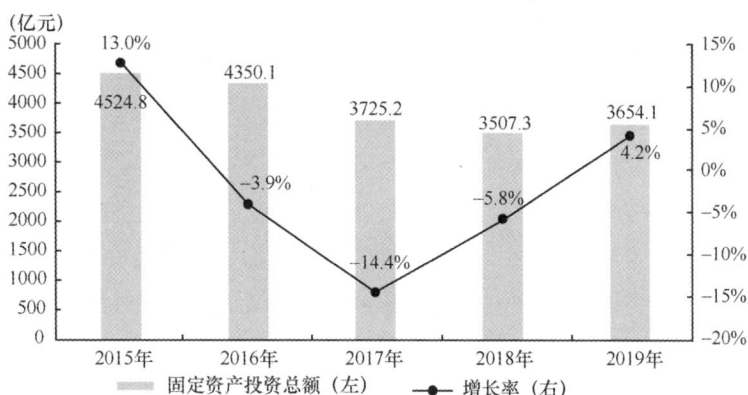

图24　2015—2019年电信业固定资产投资总额及增长率

动通信网的投资额为1746亿元，同比增长23.7%，在连续三年下降后首次出现大幅回升。其中，2019年4G投资额为1164.4亿元，同比增长8.2%，在运营商加大网络优化投入后实现止跌回升。2019年5G投资额为382.2亿元，是支撑移动通信网投资快速增长的主要动力。传输投资额为530.8亿元，同比下降6.3%，降幅进一步扩大。互联网及数据通信投资额为402.0亿元，同比下降38.5%。其中，互联网宽带接入投资额为267.1亿元，同比下降43.4%，占互联网及数据通信投资的66.4%，占比较2018年下降3.5个百分点，是导致互联网及数字通信投资大幅下降的主要原因。固定通信网投资、信息系统投资、局房及营业场所投资增速亮眼，2019年的投资额分别为5.94亿元、200.1亿元、363.9亿元，增速较2018年分别上升了28.9个百分点、25.1个百分点、20.0个百分点。2016—2019年电信投资结构的变化情况如图25所示。

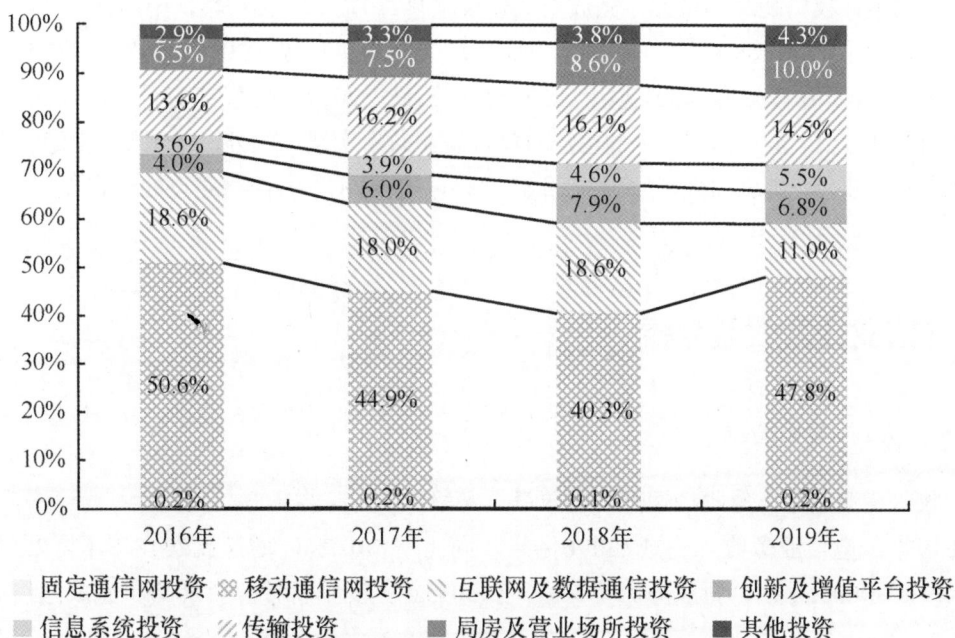

图25　2016—2019年电信投资结构的变化情况

（二）电信业投资效果分析

1. 投资收入比回升，行业投资效益呈下降趋势

从投入产出水平来看，2019年我国电信行业固定资产投资收入比为27.9%[固定资产投收入比＝（固定资产投资）/电信业务收入×100%]，同比升高2.7个百分点，行业整体投资效益有所下降。从原因看，受环境影响，电信业收入增长乏力，而投资在国家大力推动5G建设的背景下将不断增加，最终导致投资收入比小幅回升，预期未来仍将持续。2015—2019年电信投资收入比如图26所示。

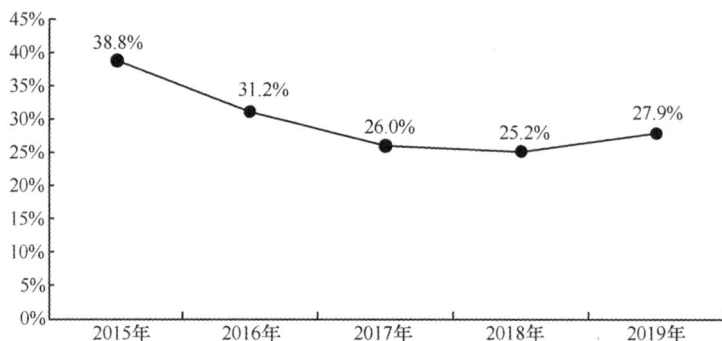

图26　2015—2019年电信投资收入比

2. 共建共享不断深化，助力网络强国战略实施落地

在共建共享政策的有力推动下，我国电信业共建共享程度不断加深。自中国铁塔成立五年以来，已累计投资超2000亿元，完成塔类建设项目220万个。2019年，中国铁塔塔类租户数达323.9万个，同比增长8.8%。在共享率方面，塔类站均租户数从2018年同期底的1.55提升到1.62，新建铁塔共享率提升到80%以上。同时，中国铁塔2019年统筹5G建设需求26.5万个，建成5G站址16.1万个，其中97%以上利用已有站址资源改造实现。此外，中国铁塔2019年地面宏站、微站利用社会资源比例分别达17.3%和84.7%，有效降低了5G网络建设的投资[2]。

五、电信业经营效益分析

（一）收入增长情况

1. 收入增速放缓，量收增速剪刀差收窄

2019年，电信业务收入完成13096亿元，同比增长0.7%，增速比2018年下降2.2个百分点。流量业务增长见顶，新业务尚待探索，以2015年不变单价计算，2019年完成电信业务总

2　数据来源：中国铁塔2019年财报数据。

量106811亿元，比2018年增长62.7%，增速较2018年下降75.1个百分点。电信业务总量与电信业务收入增长的剪刀差由2018年的134.8个百分点缩小至62.0个百分点。2015—2019年业务收入的增长情况如图27所示。

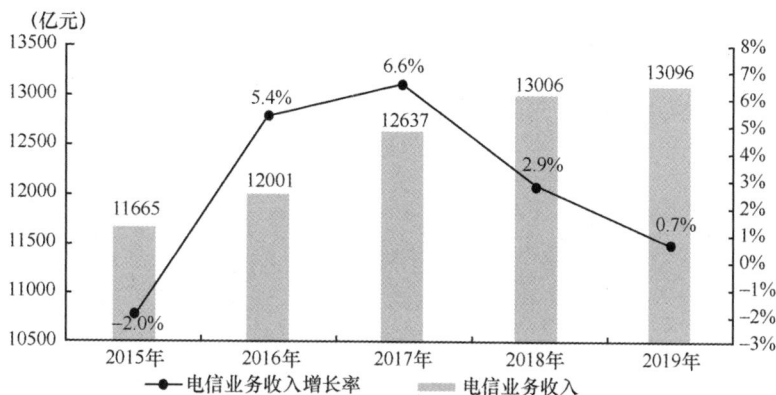

图27　2015—2019年业务收入的增长情况

2. 固定数据及固定增值业务收入占比提升

2019年，固定数据及互联网业务收入稳步增长，占比稳步增至16.6%，较2018年提高0.7个百分点。随着云计算、大数据、数据中心等业务的快速发展，固定增值业务占比达10.5%，较2018年增加2.1个百分点。话音收入占比为12.3%，较2018年期末下降2.6个百分点。移动数据及互联网业务仍是占电信业务收入比重最大的业务，收入占比达46.6%，较2018年提高0.6个百分点。2015—2019年电信业务收入的结构变化情况如图28所示。

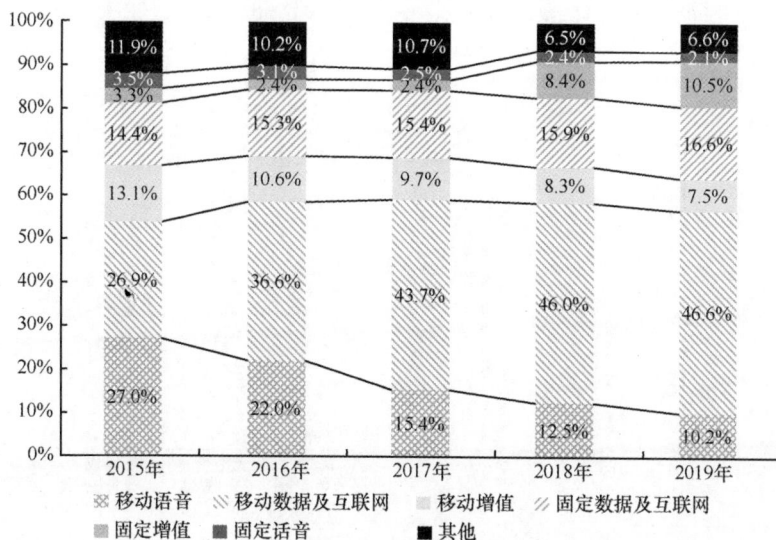

图28　2015—2019年电信业务收入的结构变化情况

3. 移动数据业务收入增速继续下降，对收入增长的贡献有所下降

2019年，移动数据及互联网收入累计达6096.2亿元，同比仅增长1.9%，增速同比下降8.3个百分点。移动数据业务不仅是占电信业务收入比重最大的业务，同时也是电信业务收入增长的主要动力之一，2019年对电信业务收入增长的贡献率为124.2%，较2018年同期下降10.8个百分点。从业务发展趋势看，移动流量收入的增长已接近增长的天花板，未来对电信业收入的拉动作用有限。2015—2019年移动互联网业务收入的发展情况如图29所示。

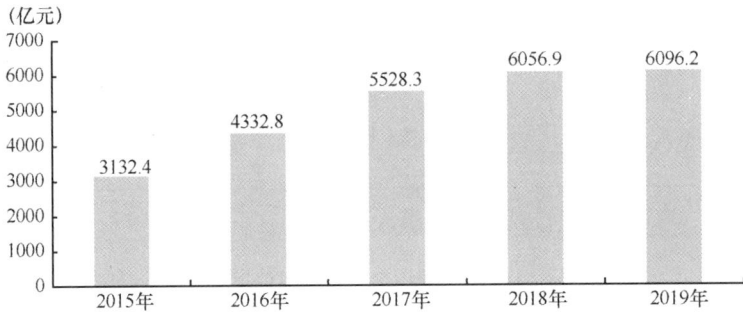

图29　2015—2019年移动互联网业务收入的发展情况

4. 新业务收入快速增长，成为收入稳步增长的重要驱动力

运营商积极提供物联网、大数据、云计算等新兴业务，为政府注智、为行业赋能，物联网业务和固定增值及其他业务逐渐成为行业发展新动力。2019年，物联网业务收入达130.7亿元，同比增长25.2%。固定增值业务收入为1374.4亿元，同比增长26.0%。其中，IPTV（网络电视）、数据中心、云计算、大数据、集成业务收入分别为294.5亿元、546.2亿元、114.1亿元、21.8亿元、382.3亿元，同比增长21.6%、18.2%、81.7%、27.3%、28.9%，如图30所示。

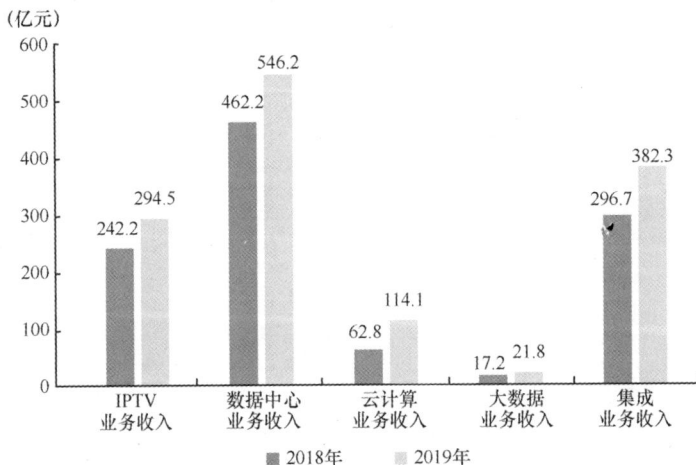

图30　2018—2019年新业务的收入情况[3]

3　2019年统计口径扩大，由原来的两家基础电信运营企业扩展到中国电信、中国移动、中国联通三家企业。

（二）利润增长情况

1. 电信业务成本费用增速放缓，应付职工薪酬和营业费用占比最高

2019年，电信业务的成本总额为8941.3亿元，同比增长2.3%，增速较2018年同期下降2.3个百分点。2015—2019年电信业务成本费用如图31所示。从费用分项看，营业费用、财务费用分别较2018年下降7.7%、66.9%，管理费用、应付职工薪酬分别较2018年提高1.6%、6.3%。从占比看，应付职工薪酬和营业费用占比最高，占比分别为19.4%和14.9%。

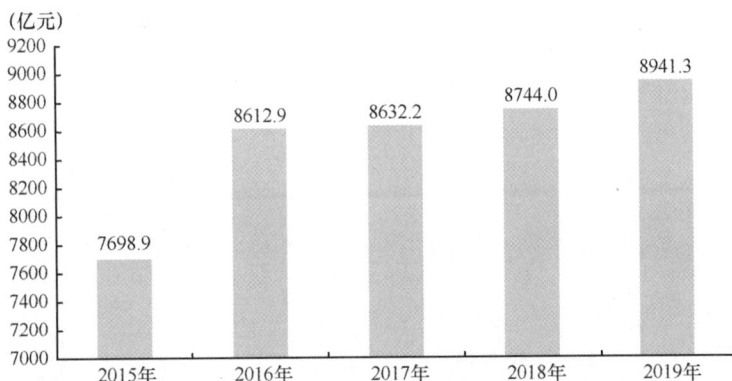

图31　2015—2019年电信业务成本费用

2. 受益于流量收入增长和有效的成本控制，利润率小幅提升

2019年，实现电信利润总额1833.7亿元，同比增长3.8%。2019年电信收入利润率为14.0%，比2018年同期提高0.4个百分点。近年来，流量收入规模不断扩大，物联网、IPTV、数据中心、云服务和大数据为主的创新业务收入快速增长，成为拉动电信业务收入增长的主要因素。同时，营业费用的有效控制降低了业务成本。2015—2019年电信利润总额及电信收入利润率如图32所示。

图32　2015—2019年电信利润总额及电信收入利润率

六、电信业地域发展分析

（一）区域发展和差距分析

1. 各地区电信业务收入份额较稳定

2019年，东部地区实现电信业务收入6493亿元，占全国电信业务收入比重为50.9%，较2018年提升0.3个百分点。西部地区收入占比为23.7%，较2018年提升0.1个百分点。中部地区、东北地区的收入占比分别为19.6%、5.8%，分别较2018年下降0.1个百分点、0.3个百分点。2015—2019年东部地区、中部地区、西部地区、东北地区的电信业务收入比重如图33所示。

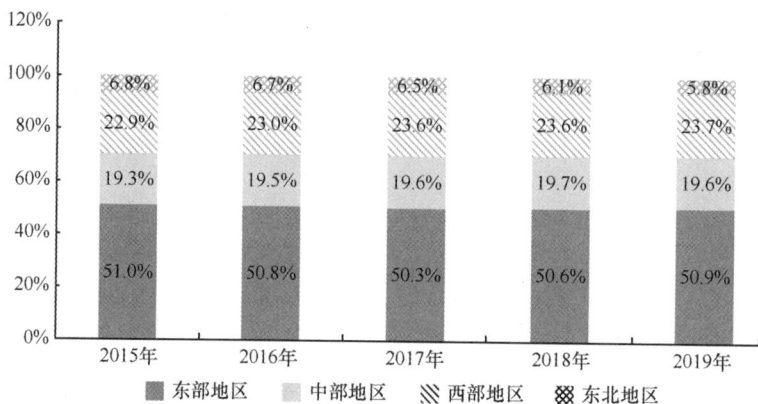

图33　2015—2019年东部地区、中部地区、西部地区、东北地区的电信业务收入比重

2. 东部地区百兆及以上固定互联网宽带接入用户占比较东北地区略低

截至2019年年底，东部地区、中部地区、西部地区、东北地区100Mbit/s及以上固定互联网宽带接入用户分别为17143万户、9285万户、9602万户和2360万户，在本地区宽带接入用户中占比分别达86.1%、86.0%、83.3%和87.5%。2017—2019年各地区100Mbit/s及以上固定宽带接入用户的渗透率情况如图34所示。

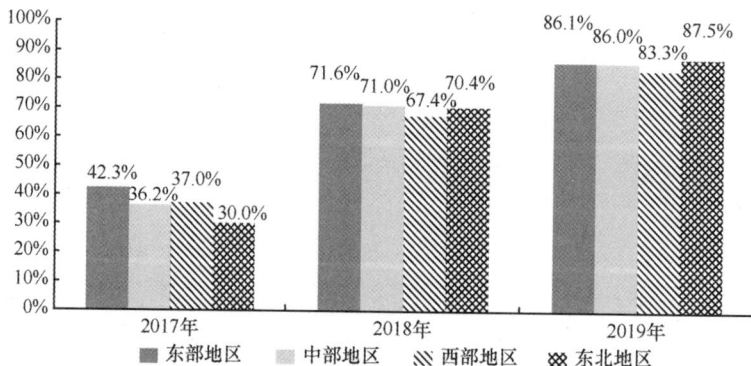

图34　2017—2019年各地区100Mbit/s及以上固定宽带接入用户的渗透率情况

3. 西部地区移动互联网流量增速全国领先

2019年，东部地区、中部地区、西部地区、东北地区移动互联网接入流量分别为531亿GB、262亿GB、355亿GB和72.5亿GB，较2018年分别增长68.6%、75.6%、76.9%和62.5%，西部地区增速比东部地区、中部地区和东北地区增速分别高8.3个、1.3个和14.4个百分点。2017—2019年东部地区、中部地区、西部地区、东北地区移动互联网接入流量的增速情况如图35所示。

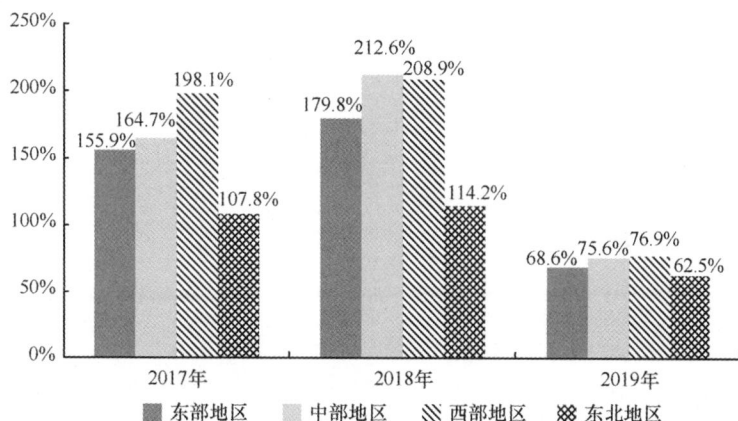

图35 2017—2019年东部地区、中部地区、西部地区、东北地区移动互联网接入流量的增速情况

（二）城乡发展与差距分析

1. 城乡宽带接入用户快速增长，农村用户占比提升

2019年，全国城市宽带接入用户全年净增2454.1万户，总数达31450.5万户，较2018年增长8.5%。全国农村宽带用户全年净增1736万户,总数达13477.3万户，较2018年增长14.8%，增速较城市宽带用户高6.3个百分点。农村宽带用户在固定宽带接入用户中占30%，占比较2018年提高了1.2个百分点。2015—2019年城市宽带接入用户和农村宽带接入用户的发展情况如图36所示。

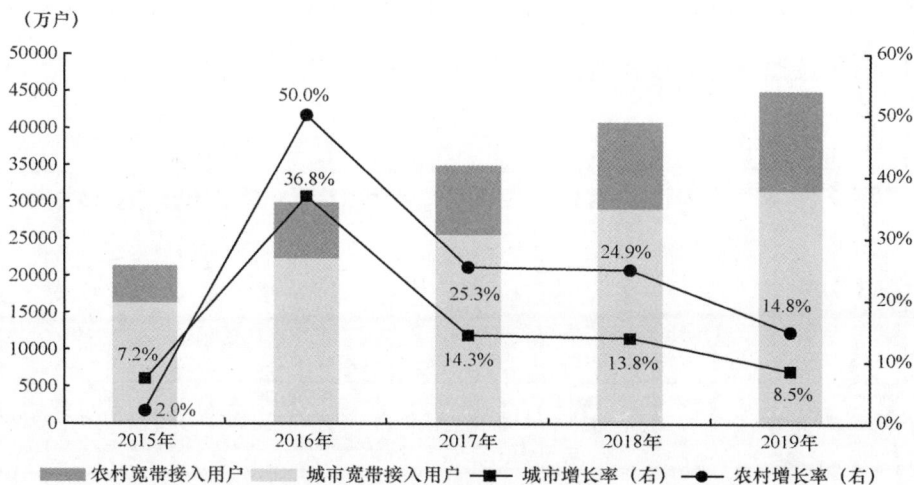

图36 2015—2019年城市宽带接入用户和农村宽带接入用户的发展情况

2. 城乡互联网宽带普及水平差距进一步缩小

2019年，城市宽带接入用户占全国城镇总人口的比例达37.1%，农村宽带用户占全国农村总人口的比例达24.4%，城乡互联网宽带接入普及率的差距为12.6个百分点，较2018年下降1.4个百分点。2015—2019年城市和农村互联网宽带接入普及率的发展情况如图37所示。

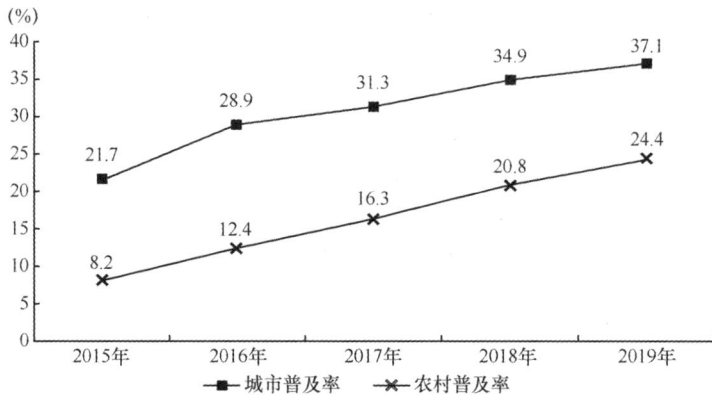

图37　2015—2019年城市和农村互联网宽带接入普及率的发展情况

（三）各省电信业发展情况对比分析

1. 多数省份固定电话普及率有所下降

2019年，天津、河北、浙江、山东、广东、内蒙古、重庆、四川、西藏、青海10个省（自治区、直辖市）的固定电话普及率较2018年有所上升，其他21个省（自治区、直辖市）均有不同程度的下降。其中，北京的降幅最大，平均每百人减少了1.6部固定电话，较2018年下降了5.9个百分点。2019年各省（自治区、直辖市）固定电话普及率如图38所示。

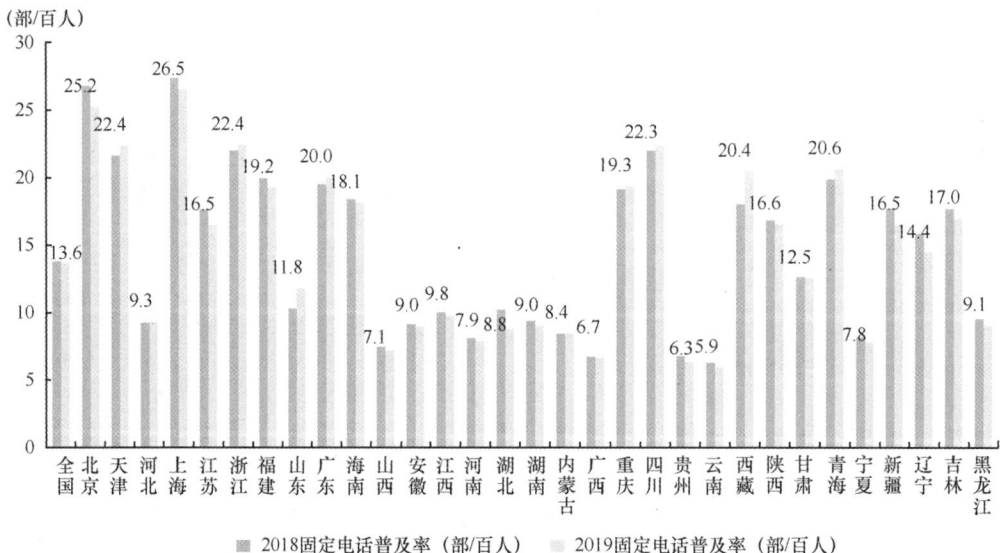

图38　2019年各省（自治区、直辖市）固定电话普及率

2. 多数省份移动电话普及率有所提升

2019年，广东、内蒙古、陕西、青海、宁夏、吉林6个省（自治区）的移动电话普及率较2018年有所下降，其他25个省（自治区、直辖市）的移动电话普及率均有不同程度的提升。其中，上海的增幅最大，平均每百人增加了11.5部移动电话，较2018年增长了7.5个百分点。2019年各省（自治区、直辖市）移动电话普及率如图39所示。

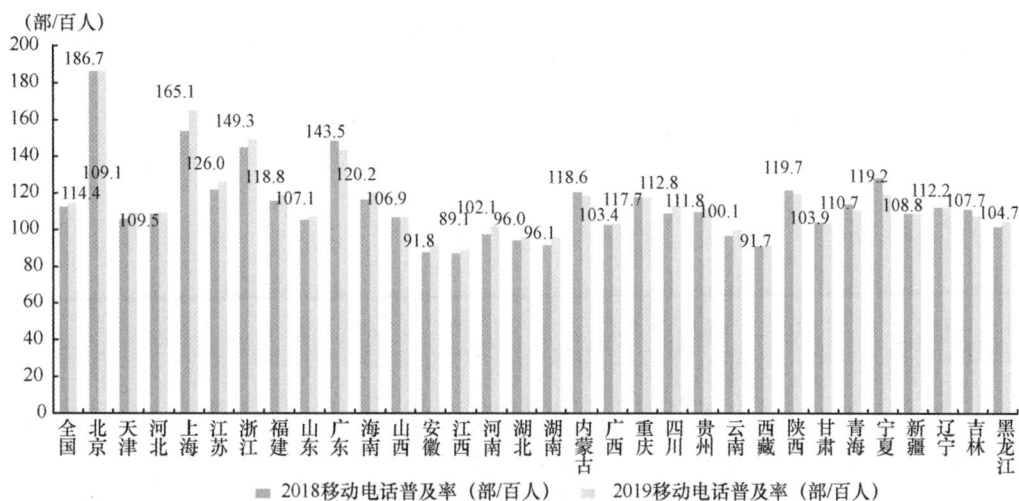

图39　2019年各省（自治区、直辖市）移动电话普及率

3. 各省（自治区、直辖市）互联网宽带接入普及率均有所提升

2019年，全国互联网宽带接入普及率平均水平为32.1%，浙江省互联网宽带接入普及率最高，为47.5%，黑龙江互联网宽带接入普及率最低，为22.6%，相差近25个百分点，差距较大，如图40所示。东部地区互联网宽带接入普及率领跑全国，在位于全国平均水平之上的11个省份中占据7个，其中，浙江、福建、江苏3个省份的互联网宽带接入普及率超过40%。

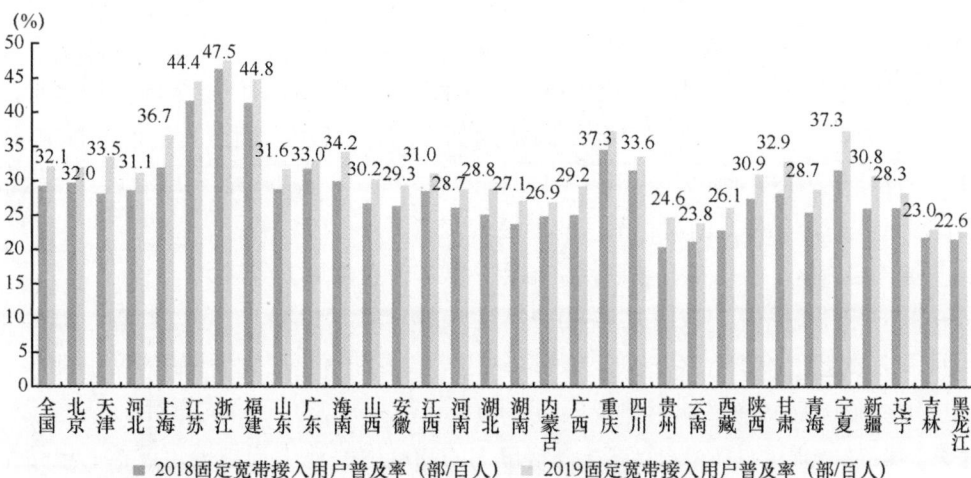

图40　2019年各省（自治区、直辖市）互联网宽带接入普及率（固定宽带）

4. 多数省（自治区、直辖市）移动互联网流量有所增长

2019年，全国手机上网用户占移动电话用户比重的平均水平为82.1%，比2018年提高了1.1个百分点。海南、山东、重庆、安徽、湖北、北京、浙江、上海、山西、云南、吉林、新疆、四川、黑龙江14个省（自治区、直辖市）的手机上网用户占移动电话用户的比重低于全国平均水平，其他17个省（自治区、直辖市）均位于全国平均水平之上。与2018年相比，上海、浙江、福建、海南、安徽、湖北、湖南、四川、云南、黑龙江10个省（直辖市）的手机上网用户的占移动电话用户的比重有所下降，其他21个省（自治区、直辖市）均有不同程度的提升；其中，河北省增幅最大，增长了6.1个百分点。2019年各省（自治区、直辖市）手机上网用户/移动电话用户的情况如图41所示。

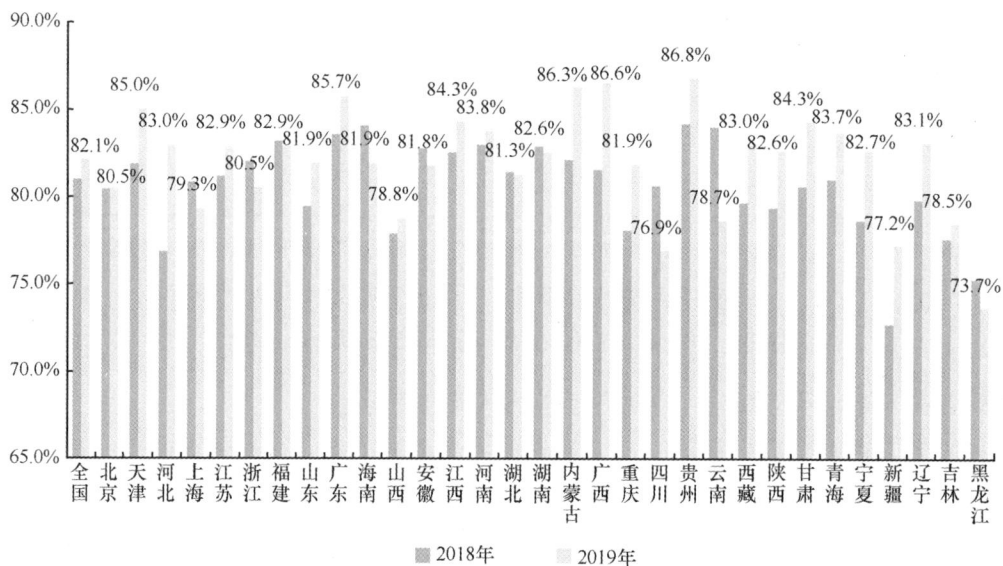

图41　2019年各省（自治区、直辖市）手机上网用户/移动电话用户的情况

2019年，全国DOU平均水平为8.6GB/户·月，比2018年增长了37.5%。湖北、河北、辽宁、上海、黑龙江、河南、山东、四川8个省（直辖市）的DOU低于全国平均水平，其他23个省（自治区、直辖市）均位于全国平均水平之上；其中，西藏自治区的DOU最高达14.1GB/户·月。与2018年相比，四川省的DOU出现下降，其他30个省（自治区、直辖市）均有不同程度的提升，其中，西藏自治区的增幅最大，增长了104.4%。

5. 各省（自治区、直辖市）物联网终端用户数和流量发展差异较大

2019年，全国物联网用户数达102779万户，较2018年增长了53.3%。广东、江苏、浙江3个省份的物联网用户数超过1亿户，3个省份的物联网用户数之和占全国物联网用户数的40%。

2019年，全国物联网终端用户规模与移动电话用户规模存在一定差距。从区域分布来看，北京、上海、浙江、江苏4个省（直辖市）的物联网终端用户规模超过移动电话用户规模，其中，北京接近2.5倍。

从接入流量来看，2019年，全国物联网终端接入流量与移动互联网接入流量存在巨大差距。重庆、山东、北京、江西、上海、河北、广东、江苏、云南9个省（直辖市）的物联网终端流量与移动互联网接入流量的比值超过全国平均水平。

6.各省（自治区、直辖市）电信业投资收入比差异有所下降

电信固定资产投资占电信业务收入的比例体现了电信投资力度和投入产出水平。2019年，全国投资收入比的平均水平较2018年回升了0.9个百分点；全国共15个省（自治区、直辖市）的投资收入比有所回升，其中，上海、天津、青海、广东、北京、重庆、四川、江西、浙江、河南10个省（自治区、直辖市）的投资收入比回升幅度超过全国平均水平；其他16个省（自治区、直辖市）的投资收入比均有不同程度的下降，其中，西藏自治区降幅最大，达39.2个百分点。全国共16个省（自治区、直辖市）的投资收入比高于全国平均水平，其中，西部地区有9个、东部地区有3个、中部地区有2个、东北地区有2个。2019年各省（自治区、直辖市）的投资收入比如图42所示。

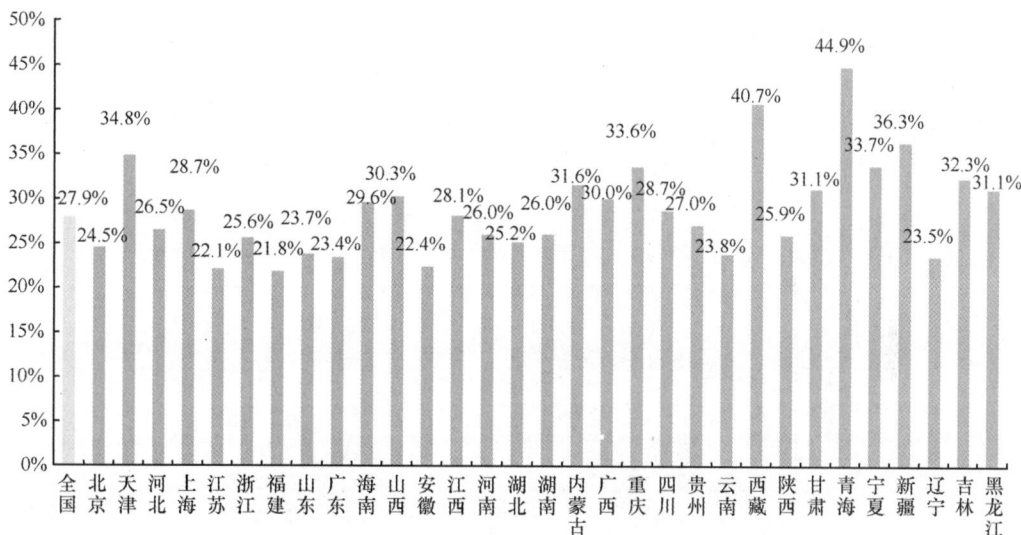

图42　2019年各省（自治区、直辖市）的投资收入比

七、基础电信企业的发展情况对比分析

（一）用户发展对比

1.移动电话和4G市场格局略有优化，中国移动市场份额持续下降

2019年，中国电信不断完善4G业务体验，加强与自有宽带业务的深度融合，推动其移动电话市场份额进一步提升至21.0%，较2018年同期提升1.1个百分点。在激烈的市场竞争中，中国移动和中国联通的市场份额分别下降了0.8个百分点和0.2个百分点，降至59.1%和

19.9%。中国移动的市场份额仍呈现一家独大的态势，但占比有所下降。2018—2019年基础电信企业移动电话用户的市场份额如图43所示。

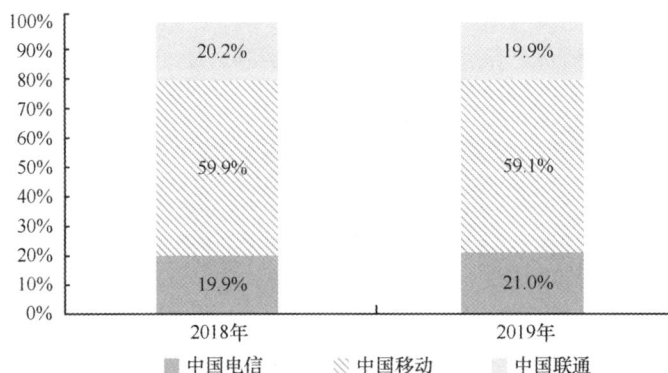

图43 2018—2019年基础电信企业移动电话用户的市场份额

中国电信和中国联通持续发力4G业务，推动两家4G用户市场份额稳步增长。2019年中国电信和中国联通4G用户市场份额分别为21.1%和20.0%，较2018年同期分别增加1个百分点和1.1个百分点。中国移动4G用户占比继续下降，市场份额降至58.9%，较2018年同期下降2.1个百分点。2018—2019年基础电信企业4G用户的市场份额如图44所示。

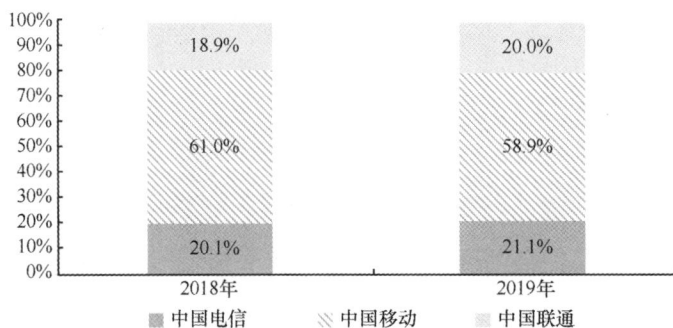

图44 2018—2019年基础电信企业4G用户的市场份额

从总体情况看，移动电话用户和4G用户的市场格局进一步优化。2019年，移动电话用户市场和4G用户市场的赫芬达尔指数[4]达0.433和0.432，分别较2018年下降0.007和0.016，反映出移动电话用户和4G用户的市场集中度均呈现下降趋势。

2. 有线宽带市场集中度进一步提升，中国移动市场占比进一步扩大

在有线宽带市场，中国移动在资费优势的基础上，通过提升"营装维服"一体化服务水平、推进智慧家庭运营等系列举措，用户份额进一步提升。2019年，中国移动家庭宽带的市场份额达41.6%，较2018年同期提升了3.2个百分点，反超中国电信成为用户份额最高的运营商。中国电

---

4 赫芬达尔指数：即赫芬达尔—赫希曼指数，简称赫芬达尔指数，是一种测量产业集中度的综合指数，指数越接近1，表明行业集中度越高。

信、中国联通宽带用户的市场份额持续下降，分别较2018年同期下降1.9个百分点、1.3个百分点。2019年有线宽带市场赫芬达尔指数为0.366，较2018年同期提升0.005个百分点，反映了有线宽带市场集中度有所提升。2018—2019年基础电信企业宽带接入的市场份额如图45所示。

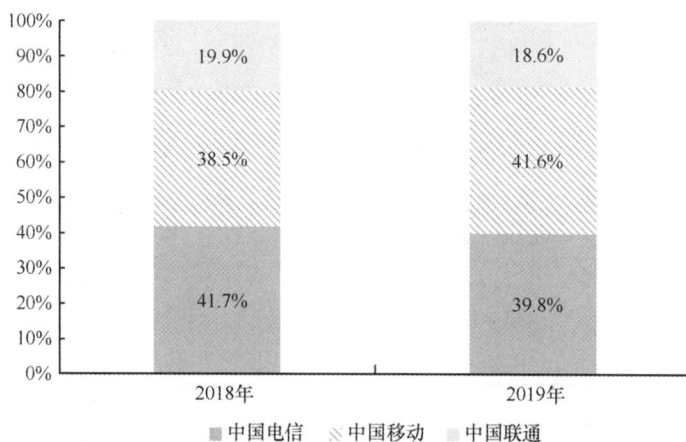

图45　2018—2019年基础电信企业宽带接入的市场份额

（二）经营效益对比分析

1. 各企业收入份额变动不大，业务收入市场集中度保持稳定

从业务收入情况看，中国电信全面发力新业务，推动其2019年收入较快增长，带动其收入市场份额较2018年同期提高0.2个百分点，达28.1%。中国联通和中国电信收入市场份额分别与2018年同期下降0.1个百分点，达20.1%和28.1%。2019年通信市场赫芬达尔指数为0.388，与2018年基本持平，整体通信行业收入市场集中度保持稳定。2018—2019年同期基础电信企业收入市场份额如图46所示。

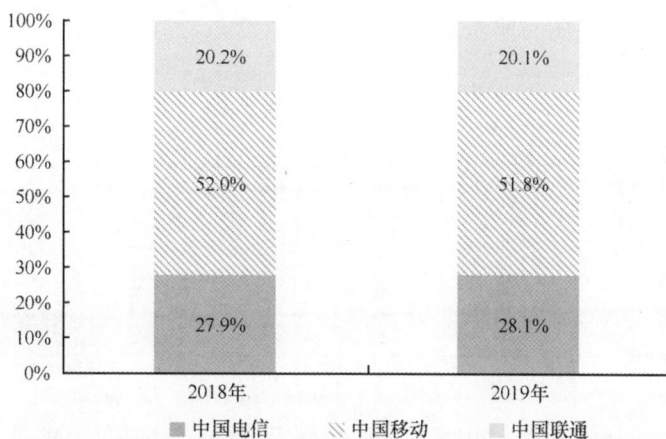

图46　2018—2019年同期基础电信企业收入的市场份额

2. 利润市场集中度持续下降，中国联通和中国电信市场份额提升

中国联通通过有效的成本管控，在营收下降的背景下，净利润较2018年增长36.2%，盈利能力仍实现快速提升，市场份额进一步扩大。2019年中国联通净利润市场份额达5.3%，较2018年提升0.7个百分点。由于固定宽带基础业务受到中国移动冲击，中国电信利润市场份额小幅下降至12.8%。中国移动受到提速降费、携号转网等政策影响，利润市场份额略有下降，较2018年下降0.4个百分点。从市场集中度看，2019年赫芬达尔指数为0.690，较2018年下降0.007，利润市场的市场集中度略有下降。2015—2019年同期三家运营商利润占比情况如图47所示。

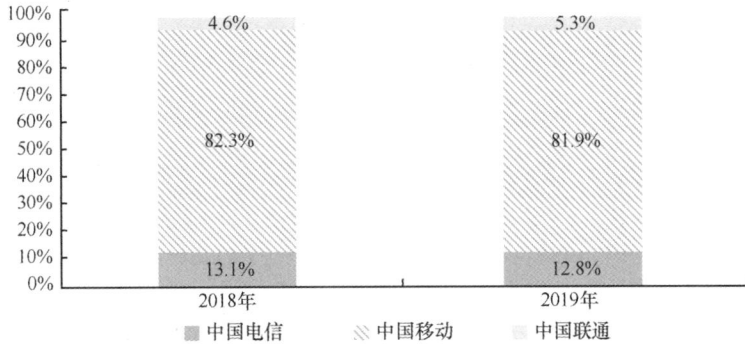

图47　2018—2019年同期三家运营商利润占比情况

3. 企业落实提速降费政策，用户ARPU值持续回落[5]

移动电话市场，由于5G刚刚商用，对ARPU的提升作用还比较有限，受提速降费、携号转网等因素影响，三家电信运营商用户ARPU均呈小幅下降趋势。2019年中国移动、中国联通、中国电信ARPU分别达49.1元/月·户、40.4元/月·户、45.8元/月·户，较2018年同期下降4.0元/月·户、5.3元/月·户、4.7元/月·户。对比三家运营商，中国移动由于在移动市场的传统优势，移动业务ARPU最高，中国电信凭借融合业务，ARPU略低于中国移动，中国联通引入互联网思维，推出资费优惠的互联网套餐，移动业务ARPU值最低。2015—2019年基础电信企业移动电话用户ARPU对比如图48所示。

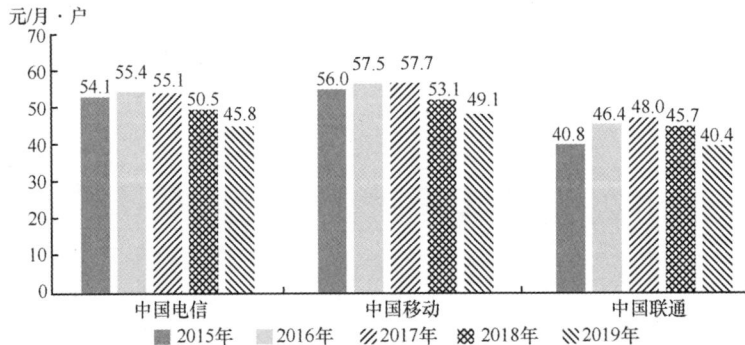

图48　2015—2019年基础电信企业移动电话用户ARPU对比

5　数据来源：中国移动、中国联通、中国电信年度报告。

　　互联网宽带接入用户ARPU值方面，在提速降费等政策的影响下，中国电信小幅下降1.7元/月·户，达42.6元/月·户；中国联通ARPU降至41.6元/月·户，较2018年同期下降3.0元/月户。中国移动坚持"拓规模、树品牌、建生态、提价值"，2019年家庭宽带综合ARPU提高0.9元/月·户至35.3元/月·户，实现用户价值稳定增长。从三家运营商的互联网接入用户ARPU值看，中国电信的用户价值最高，中国联通次之，中国移动由于前期低价策略影响，价值最低，但呈现逐步提升态势。2015—2019年基础电信企业有线宽带ARPU对比如图49所示。

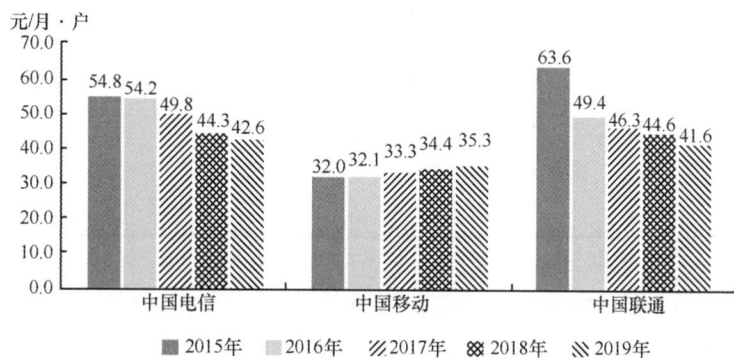

图49　2015—2019年基础电信企业有线宽带ARPU对比

2019 年互联网和相关服务业发展综述

2019年是中华人民共和国成立70周年，也是中国全功能接入国际互联网25周年。25年来，中国互联网从无到有、由弱到强，深刻改变着人们的生产和生活。特别是党的十八大以来，在习近平新时代中国特色社会主义思想特别是网络强国重要思想的指引下，我国互联网和相关服务业保持平稳较快的增长态势，业务收入和利润保持较快增长，业务模式不断创新、拓展，对数字经济发展的支撑作用不断增强。

一、互联网和相关服务业发展的主要指标

2019年，全国互联网和相关服务业[1]实现收入12655亿元，同比增长29.2%。互联网和相关服务企业达48636家，互联网和相关服务业研发人员达59.2万人。发展的互联网接入宽带用户达6402万户。

二、互联网和相关服务业的主要发展特点

（一）互联网和相关服务业发展保持平稳增长

2019年，我国互联网和相关服务业继续保持良好的增长势头。2019全年完成业务收入12655亿元，占全行业收入[2]比重约为84.3%，比2018年（81.9%）提升2.4个百分点，在全行业新增的3047亿元收入中，互联网和相关服务企业收入增长93.8%，比2018年（75.2%）上升18.6个百分点，继续推动整个行业的发展。2015—2019年互联网和相关服务企业收入与基础电信企业增值业务收入对比情况如图1所示。

---

1 不含基础电信企业的互联网和相关服务业务，下同。
2 按包含基础电信企业与互联网和相关服务企业收入在内的全口径计算。

单位：亿元 单位：%

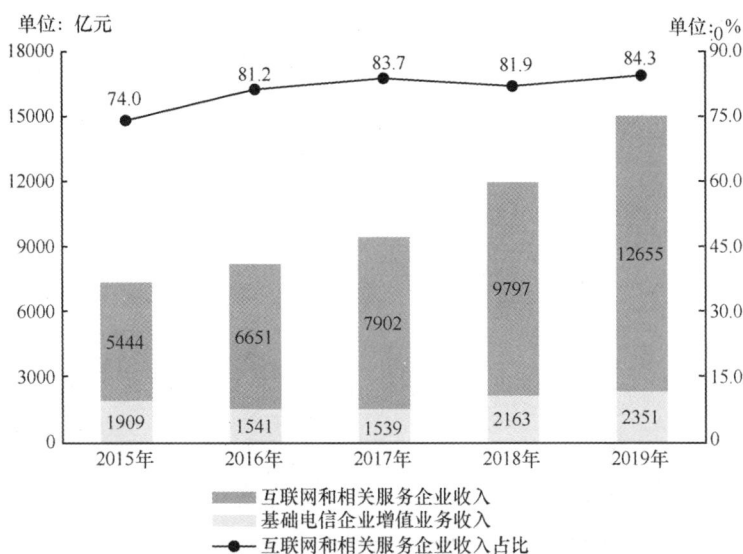

图1 2015—2019年互联网和相关服务企业收入与基础电信企业增值业务收入对比情况

（二）民营控股企业占据市场主体地位

2019年互联网和相关服务业市场经营主体数量增加15300个，企业总数为48636个。其中，民营控股企业数量为43305个，占企业总数的89.0%，比2018年（89.3%）降低0.3个百分点，牢牢占据市场主体地位。2015—2019年民营控股互联网和相关服务业企业数量的对比情况如图2所示。

单位：万个 单位：%

图2 2015—2019年民营控股互联网和相关服务业企业数量的对比情况

（三）信息服务业务收入占比近六成

2019年，以网络游戏、新闻内容、阅读信息内容服务为主的信息服务业务收入达7188亿元，占互联网和相关服务业总收入的56.8%，是最主要的收入来源和增长动能。以各类生活服务、第三方支付、网络销售等为主的互联网平台业务收入达2686亿元，占互联网和相关服务业的比重达21.2%。互联网接入及相关服务业收入、互联网数据服务业务收入和互联网安全服务业务收入分别占总收入的6.8%、5.2%和0.4%，如图3所示。

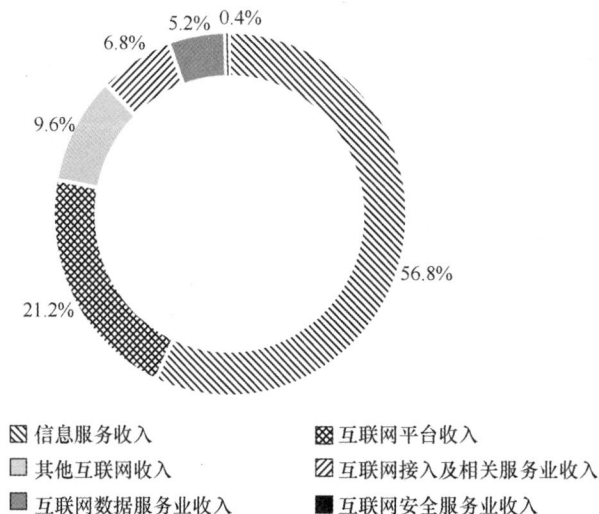

图3　2019年互联网和相关服务业的收入结构

（四）宽带接入用户规模大幅扩大

2019年，在宽带中国战略和深化宽带接入网业务开放试点等政策的推进下，民营资本持续进入宽带接入市场，用户数量稳步增长。全年互联网企业共发展宽带接入用户达6402万户，比2018年增长38.5%。

（五）东部地区聚集近四分之三企业

2019年全国互联网和相关服务业企业共48636家，其中东部地区的企业数量达35361家，占企业总数的72.7%，占比与2018年基本持平，东部企业集中了行业88.7%的收入。中部地区的企业数量为5718家，占比为11.8%。西部地区的企业达5298家，占企业总数的10.9%。东北部地区的企业达2259家，占企业总数的4.6%。

（六）近六成行业人才汇集北上广

从互联网和相关服务业研发人员的分布看，其中，排名第一的是广东省，其互联网和相关服务业研发人员达17.8万人，排名第二的是北京市，其互联网和相关服务业研发人员达12.0万人，排名第三的是上海市，其互联网和相关服务业研发人员达5.5万人，三省（市）研发人员占全国的59.8%，如图4所示。

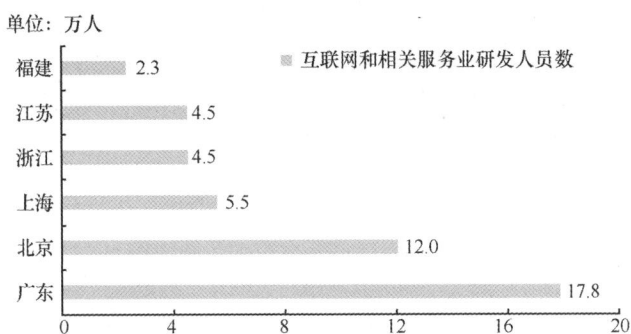

图4 2019年全国排名前六地区的互联网和相关服务业研发人员数情况

（七）超八成行业的收入集中在北上广江浙

互联网和相关服务业区域聚集特点显著，北京、广东、上海、浙江、江苏经济发达地区是主要聚集地，有59.8%的企业集中在这5个地区，贡献了全行业81.5%的业务收入，如图5所示。

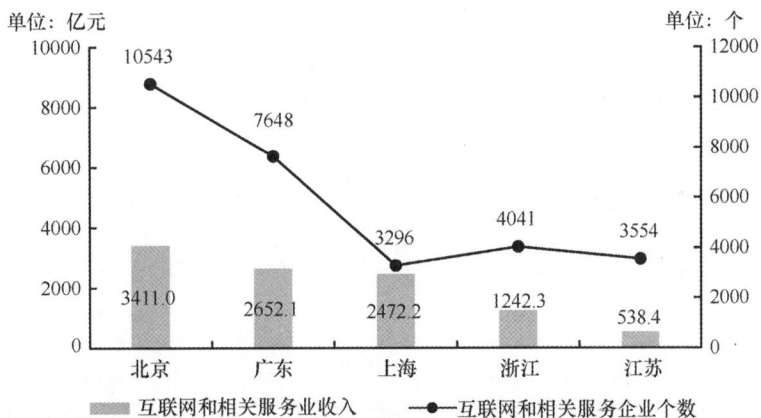

图5 2019年全国排名前五地区的互联网和相关服务业务收入和企业个数情况

（八）互联网和相关服务业惠民利民便民红利充分释放

2019年，我国互联网应用与人民群众的生活结合得日趋紧密，实现了衣食住行各类生活场景的全覆盖，不断提升群众生活品质，具体突出体现在：一是网络内容应用质量不断提升，短视频、直播等应用发展迅猛，不断丰富群众文化娱乐生活。互联网知识产权环境更加完善，推动优质文化内容持续增长，带动用户内容付费意愿和用户规模不断提升。二是互联网和相关服务业成为群众数字化生活的基础平台。通过满足用户消费、娱乐、信息获取、社交、出行等各类需求，与人民群众的生活结合得日趋紧密，吸引四五线城市和农村地区用户使用，提升用户生活品质。三是社交、支付等应用在社会公益方面发挥正效能。2019年上半年，民政部指定的20家互联网公开募捐信息平台，募捐总额超过18亿元人民币，累计获得52.6亿人次的点击、关注和参与。互联网极大地降低了网民参与公益活动的门槛，积少成多为慈善事业的发展注入了巨大活力。

同时，互联网在助力扶贫攻坚、推动乡村振兴方面正发挥日趋重要的作用。一是积极带动广大网民参与脱贫攻坚行动。在了解网络扶贫活动的网民中，近七成网民参加过各类网络扶贫活动。二是通过短视频带动乡村旅游、推动农产品销售的方式，拉动贫困地区经济发展。简单易用的短视频成为农民的娱乐、生产工具，贫困地区群众通过拍摄家乡自然风光、风土人情的短视频吸引游客，推动乡村旅游，带动当地经济发展。同时越来越多的农民在短视频的帮助下解决了特产的销售问题。截至2019年9月，已超过1900万人在快手平台上获得收入，其中超过500万人来自国家级贫困县，有115万人通过在快手平台卖货，年销售量总额达193亿元。四川凉山彝族自治州"悬崖村"利用短视频实现脱贫，山东泰安、陕西杨凌等地的短视频乡村创业、扶贫等活动均取得了较好的成果。三是电商直播拉动农产品销售，为贫困地区脱贫致富提供了有力支撑。电商直播的兴起为行业整体用户规模增长注入了新的活力，丰富了网络直播行业的内容与变现方式。阿里巴巴、京东、拼多多等电商平台陆续涉足该领域，将实体商品交易与互动直播形式进行融合，提升了用户消费体验与黏性。2019年7月，浙江省与阿里巴巴集团举办的"电商扶贫浙里行"活动，由砀山县、平武县、咸丰县等12个重点对口县干部与公益明星主播共同推介家乡特色农产品，在三小时内销售额就突破1000万元。

（九）上市企业市值创历史新高

2019年，随着新技术、新产业、新业态、新模式的不断涌现，我国消费呈现消费行为高度数字化、线上与线下消费多渠道全面融合的特征。在数字经济的引领下，我国互联网企业迅速发展壮大，整体实现较快发展，上市企业市值普遍增长并创历史新高。

截至2019年年末，我国互联网上市企业在境内外的总市值达11.12万亿元人民币，较2018年年底增长40.8%，创历史新高。其中，我国排名前十的互联网企业市值占总体市值的比重为84.6%，较2018年年底增长0.4%。从全球互联网公司市值排名情况看，2019年年底在全球市值排名前30的互联网公司中，我国占据9个，其中阿里巴巴和腾讯稳居全球互联网公司市值前十强。

三、中国互联网基础设施的资源情况

（一）各项基础设施建设稳步推进

在网络强国战略和提速降费专项行动等政策的指引下，我国互联网基础设施各方面的建设持续推进。2019年，我国新建光缆线路长度达434万公里，全国光缆线路总长度达4750万公里，如图6所示。接入网络基本实现全光纤化升级，截至2019年年底，互联网宽带接入端口数量达9.2亿个，比2018年年底净增4826万个；其中光纤接入（FTTH/O）端口达8.4亿个，比2018年年底净增6479万个，占互联网接入端口的比重由2018年年底的88.9%提升至91.3%。13个互联网骨干直联点的IPv6改造全部完成，网间带宽扩容持续推进，IPv6网络及服务性能提升明显。国际通信能力进一步提升，新增建设4条国际互联网数据专用通道，总数达31条。

单位：万公里

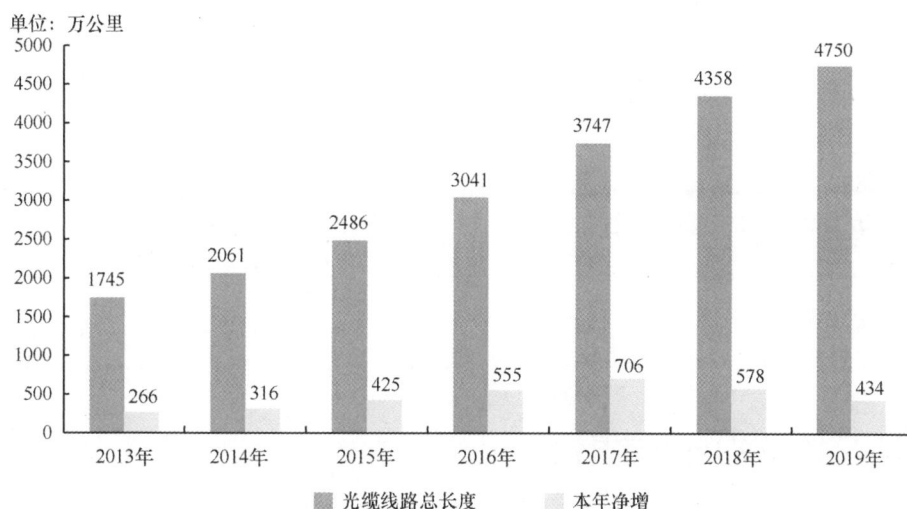

图6　2013—2019年全国光缆线路总长的发展情况

（二）移动宽带网络优化发展，5G时代开启新征程

2019年，新增移动通信基站173.8万个，基站总数达841.0万个。其中，4G基站全年新增171.7万个，总数达544.1万个，比2018年增长46.1%，在移动基站中的占比提升到64.7%，比2018年同期增长7.2个百分点。电信普遍服务试点项目成效显著，4G覆盖盲点不断被消除，移动通信核心网的能力持续提升。2019年，我国5G商用牌照正式发放，商用发展迈出关键一步。截至2019年年底，5G基站建设达15.3万个，在约50个地级城市提供5G商用服务，在工业、交通和医疗等行业和领域，已形成上百个5G创新应用场景。

（三）"云网融合"加速推进，网络服务能力提升

2019年，三大基础电信运营企业大力发展"云网融合"，推进网络IT化、软件化、云化部署，优化网络结构，构建云网互联平台，夯实为各行业提供智慧服务的网络能力。中国联通作为境内唯一实现骨干网全面软件定义网络（Software Defined Network，SDN）化的基础电信企业，云联网已广泛接入阿里、腾讯、百度、华为、AWS等境内外排在前10位（TOP10）的云商

合计超过50个云资源池，以及遍布全国的200个联通内外部数据中心，形成约100个"云+网络+X"云网融合解决方案。中国电信设立云网运营部，利用"5G+天翼云"的云网融合优势，积极运用大数据、人工智能、云计算等数字技术，提供全面、平稳、安全的云服务。中国移动发布中国首张覆盖全球的云网络，推出的iSolutions云网融合业务连接世界顶级云计算服务商，服务覆盖全球47个城市的60个云连接节点，为企业一站式呈现所有云网产品。

（四）数据中心需求强劲，云计算进入增长期

截至2019年年底，互联网企业中提供数据中心服务的企业达370家，占比达13.1%；全年实现互联网数据中心服务收入达1663亿元，同比增长24.3%，高于全行业收入增速的12.3个百分点。三大基础电信企业部署数据中心机架达61.4万个，同比增长35.3%；互联网数据中心部署服务器数量达193.6万台，同比增长17.3%，其中以云计算服务为主的数据中心服务器部署数量占比达46.8%，同比增长26.5%。随着公有云的普及和云在企业信息系统中的应用趋势，云计算的应用正从互联网行业向政府、金融、工业、交通、物流、医疗健康等传统行业渗透，同时云计算也是正在兴起的工业互联网的基础和支撑，因此对数据中心提供的基础设施即服务的需求将更加旺盛。

四、中国互联网用户的消费情况

（一）宽带用户渗透率稳步提升，并不断向高速率迁移

2019年，工业和信息化部、国务院国有资产监督管理委员会印发《关于开展深入推进宽带网络提速降费支撑经济高质量发展2019专项行动的通知》，明确提出"双G双提"[3]目标，推动固定宽带和移动宽带双双迈入千兆（吉比特）时代。截至2019年年底，全国移动电话用户总数达16亿，移动电话用户普及率达114.4部/百人，比2018年年末提高2.2部/百人，其中移动宽带用户（3G/4G）数达14.2亿，同比增长4.5%，在移动电话用户中的渗透率达88.8%，远高于全球平均75%的水平。固定宽带用户加速向高速率迁移，截至2019年年底，三大基础电信企业的固定互联网宽带接入用户总数达4.49亿，其中光纤接入（FTTH/O）用户占比92.9%，比2018年年底提高0.4个百分点，光纤到户渗透率远高于全球平均64%的水平；其中100Mbit/s及以上接入速率用户数达3.84亿，占固定宽带用户数的85.4%，占比较2018年提高15.1个百分点；在普及百兆宽带后，提升千兆网络能力和扩大千兆用户规模成为固定宽带业务下一阶段的发展目标，截至2019年年底，全国1000Mbit/s及以上接入速率的用户达87万户。

---

3 "双G双提"指：推动固定宽带和移动宽带双双迈入千兆(吉比特)时代，100MB及以上宽带用户比例提升至80%，4G用户渗透率力争提升至80%。

（二）网络资费持续下降，户均移动流量快速提升

随着网络"提速降费"的深入开展，2019年我国固定宽带接入平均单价持续下降，户均支出达35.6元/月·户，如图7所示，比2018年下降9.5%；全国移动数据流量平均资费单价下降至5.0元/GB，比2018年下降41.5%。资费下降以及移动支付、移动出行、视频直播、短视频、餐饮外卖等应用服务爆发式增长，直接带动移动互联网接入流量消费快速增长，2019年全国移动互联网流量消费累计达1220亿GB，同比增长71.6%，12月当月户均流量消费达8.59GB/月·户，同比增长37.5%，如图8所示。随着5G应用的展开，流量消费潜力将进一步释放。

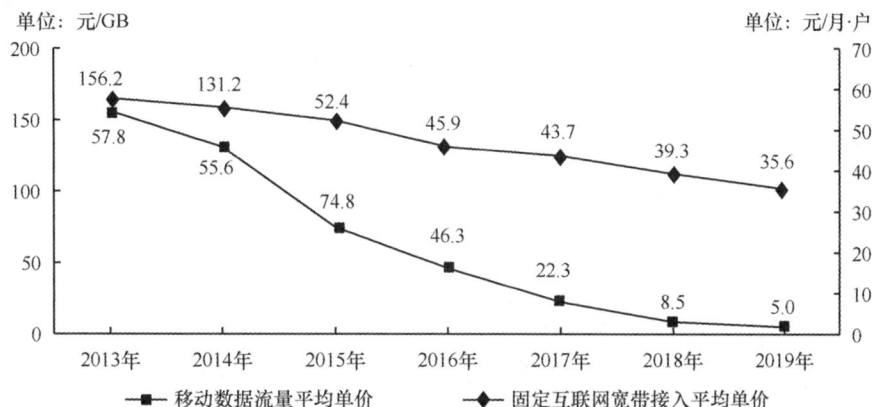

图7 2013—2019年全国移动数据流量和固定互联网宽带的资费水平下降情况

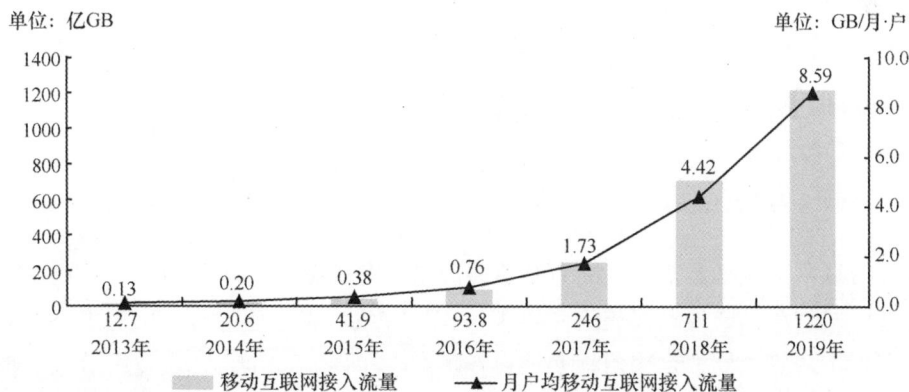

图8 2013—2019年移动互联网接入流量及月户均移动互联网接入流量的增长情况

（三）普遍服务成效显著，基本实现城乡"同网同速"

电信普遍服务政策的落实和资费下调，使农村地区信息通信基础设施建设加快，补齐脱贫攻坚信息化短板，有效消除城乡数字化"鸿沟"。截至2019年年底，我国农村固定宽带用户总数达1.35亿，比2018年增长14.8%，增速较城市宽带用户高6.3个百分点，在固定

宽带用户中的占比达30.0%，占比较2018年年底提高1.2个百分点。行政村通光纤和通4G比例超过98%，电信普遍服务试点地区平均下载速率超过70Mbit/s，基本实现了农村和城市的"同网同速"。

（四）物联网用户规模扩大，新业态发展潜力初现

在网民红利和流量红利逐渐消失的背景下，物联网有望成为新一轮信息红利增长的主要来源，对产业变革和经济社会绿色、智能、可持续发展具有重要意义。截至2019年年底，三家基础电信企业发展蜂窝物联网用户达10.3亿户，净增3.6亿户，同比增长53.3%。在智能制造领域，物联网终端是智能制造的重要应用基础和切入点，我国智能制造物联网终端用户达2.2亿户，占比达21%，随着智能制造和工业互联网的推进，用户数将继续扩大。在智慧公共事业领域，为实现能源的优化分配和节约，各种智能终端不断得到推广应用，如在智能建筑中使用连网的传感器和建筑控制系统，可控制室内的明暗和温度的高低；智能电表自动向电网公司报告用电数据，实现实时监控；智能路灯根据行人和车辆的通过情况，调节灯光的亮度以减少浪费；智能水网利用配水传感网络实时收集信息和识别泄漏。目前，我国智慧公共事业终端用户达2.1亿户，占比达20.5%。在智慧交通和车联网领域，为解决交通拥堵、交通安全和交通节能减排，近年智慧交通和车联网终端发展迅猛，用户达1.77亿户，占比达17.2%，在新基建的推动下，未来将实现智能车路协同，将无线通信、传感器和智能计算等前沿技术综合应用于车辆和道路基础设施中，通过车与车、车与路信息的交互和共享，能够实现安全辅助驾驶、路径优化、低碳高效等目标。

五、中国互联网重点领域的发展情况

（一）产业互联网的发展情况

1. 工业互联网产业初具规模，助力制造业形成新增长点

工业互联网创新发展战略实施近两年来，在地方政府和产业界的共同努力下，我国工业互联网的发展正从概念框架走向落地实践，在网络、平台、安全、标识解析等方面形成一系列突破，加快构建多方协同的工业互联网生态体系。一是标识解析体系初具规模，五大顶级节点功能逐步完备，实现与主要标识解析体系国际根节点的对接，40个二级节点部署上线，接入企业超过900家，标识注册量接近15亿。二是全国各类型平台的数量已有数百家[4]，具有一定区域、行业影响力的平台数量超过50家，平均工业设备连接数近60万台（套），孵化出一批新型工业App，形成一批具有亮点的创新解决方案和应用模式，成为促进工业数字化

4　数据来源：工业互联网联盟《工业互联网平台白皮书（2019年）》。

转型、实现高质量发展的重要驱动。2019年年底，工业和信息化部启动实施"5G+工业互联网"512工程[5]，明确工业互联网作为5G技术落地的重要应用场景，将进一步推进5G+工业互联网融合创新发展。

2. 人工智能重要性日益凸显，引领产业互联网创新

人工智能（Artificial Intelligence，AI）是新一轮产业变革的核心驱动力，我国政府高度重视，密集出台相关政策，2017—2019年连续三年在政府工作报告中提及，2020年更是作为新基建七大领域之一被提出，其发展意义已上升至国家竞争力层面；我国人工智能政策从最初智能制造、"互联网+"阶段，2019年提升到"智能+"的国家战略，政策重心越来越强调人工智能与实体经济的深度融合，释放人工智能对新技术、新产品的"赋能"效应。百度、阿里、腾讯等平台型互联网企业积累了扎实的技术基础、丰富的应用场景和海量数据，成为人工智能领域的领军力量，2019年百度围绕话音和自动驾驶持续发力，腾讯深耕视觉解决方案，阿里着力打造自主芯片生态，持续从不同维度推进人工智能技术的发展和产业落地；同时，在一些技术领域不断取得突破并加快应用，如在全球自然语言处理领域顶级赛事GLUE Benchmark中，阿里巴巴达摩院超Google、微软等企业夺冠，刷新自然语言理解技术世界纪录，这一技术被广泛应用于阿里旗下阿里小蜜、蚂蚁金服、优酷等业务，其语言模型和阅读理解技术也被用于行业赋能，推进AI技术在医疗、电力、金融等行业的落地。

3. 智慧物联网成行业发展新方向，应用快速拓展

2019年，受益于智能家居场景的率先爆发，据估计中国智慧物联网连接量已达45.7亿个[6]。众多大型互联网公司进军物联网行业，其中阿里云宣布升级为阿里云智能，将"IT技术设施的云化，核心技术的互联网化，应用的数据化、智能化"作为自身新战略，计划使阿里所有的技术通过阿里云对外开放输出，帮助降低各界数字化转型门槛；金山云推出人工智能物联网（Artificial Intelligence & Internet of Things，AIoT）业务，主要面向建筑人居类场景（精装房、酒店、短租、长租、智慧园区、智慧社区、智慧康养等），解决方案覆盖室内居住体验与室外运营管理。得益于供给端技术的快速成熟，与之带来的硬件、数据平台、AI算法的成本降低，大大降低了使用AIoT平台的门槛，使消费者、企业、城市能够在与过去相似的预算水平下实现更智能的应用，在5G商用的大背景下，AIoT的应用范围和需求大大拓展，从需求端驱动AIoT产业发展。

（二）电子商务领域的发展情况

1. 电商市场持续蓬勃发展，影响日益深化

截至2019年年底，我国开展电商相关业务的互联网企业数超1.2万家，业务范围以网络

---

5 "5G+工业互联网"512工程指：打造5个产业公共服务平台，构建创新载体和公共服务能力；加快垂直领域"5G+工业互联网"的先导应用，内网建设改造覆盖10个重点行业；打造一批"5G+工业互联网"内网建设改造标杆、样板工程，形成至少二十大典型工业应用场景。

6 数据来源：艾瑞咨询数据。

销售为主，物流快递和金融借贷类企业也快速增长。2019年，来自电商平台企业的业务收入同比增长19.3%，在全国互联网业务收入中的占比达9.8%，较2018年提高1.2个百分点。其中，受新零售、跨境电商、社交电商等新模式拉动，提供网络销售服务的平台企业的业务收入同比增长达32.7%。电商平台交易活跃，交易规模不断扩大。2019年，全国网上零售额达10.6万亿元[7]，比2018年增长16.5%。其中实物商品网上零售额达8.5万亿元，增长19.5%，占社会消费品零售总额的比重为20.7%，比2018年提高2.3个百分点。

2. 企业在细分市场展开竞争，生鲜及社交电商崛起

在千亿元级的生鲜电商市场中，综合类电商和垂直电商的竞争不断升级，依托各自的优势深耕专业细分领域。美菜网、百果园、盒马、每日优鲜等垂直电商率先占领市场，阿里、京东等电商巨头入局，不断加码供应链及物流等基础建设投资，并带来了线上、线下融合的新零售模式，使得生鲜电商市场备受关注。进入2019年以来，生鲜电商市场竞争从疯狂扩张步入战线收缩调整阶段，与前置仓、社区团购等模式结合，在经营模式、网购生鲜用户覆盖数以及供应链方面不断优化升级。社交电商作为一种新业态，是基于社交媒体或支持社会互动的网络媒体，通过客户参与推动在线购销产品和服务，与传统电商相比具有体验式购买、用户主动分享、销售场景丰富等独特优势。社交电商的高效获客和裂变能力吸引众多企业加入，自2018年开始逐步成为资本市场的热点，拼多多、云集、蘑菇街等企业的上市更是将社交电商推上风口，行业规模快速增长。2019年，中国社交电商市场规模约2.1万亿元，同比增长63.2%，社交电商消费者人数达5.1亿[8]，成为电子商务创新的重要力量。

3. 农村经济搭上"电商快车"，推动农村振兴

截至2019年12月底，我国农村宽带接入数达1.3亿，占总宽带接入数量的34.7%，中国农村地区互联网普及率已达较高水平，农村网络技术水平逐步与城镇水平拉近，为农村电商发展奠定基础。随着国家的数字乡村建设、电子商务进农村综合示范、网络扶贫等工作的深入开展，互联网的基因正逐步渗透到我国乡村的各个角落，让更多群众使用互联网，让农产品通过互联网走出农村成为现实，以大宗农产品B2B（企业对企业）交易、生鲜农产品B2C（企业与消费者）与O2O（线上到线下）交易、农贸农服的综合性电商交易方式的农村电商线上交易模式日益成熟，促使农村电商发展进入快车道。2019年，农产品电子商务企业的业务收入同比增长67%，全国农产品网络零售额达3975亿元，同比增长26.6%[9]。电子商务为农产品交易开辟了新通道，激活农村地区创业创新潜力，推动农业升级、农村进步、农民发展，成为农村经济增长的新引擎。

4. 跨境电商高品质发展，有力促进跨境交易

---

7 数据来源：国家统计局。

8 数据来源：《2019中国社交电商行业发展报告》。

9 数据来源：商务部。

国内消费升级使跨境电商发展迅猛。2019年，全国新增跨境电商企业超6000家[10]，跨境电商零售进口总额达1862亿元，对整体外贸增长贡献率达5.0%。2019年，《中华人民共和国电子商务法》正式出台，规范中国跨境电商市场，有力促进了跨境电商市场良性有序发展。跨境电商以数据为依托，有效提高了运营的精确程度，其无货源模式打破传统外贸行业发展壁垒，解决了传统型外贸存在的订单流程烦琐、周期长、地域局限等问题，重塑了国际贸易结构，未来"数据+生态"双轮驱动是跨境电商的发展趋势。

（三）泛娱乐领域的发展情况

泛娱乐产业紧密结合网络强国和文化强国战略，不断提升自身的发展质量和效益，培育产业发展新业态、新模式，满足人民日益增长的美好生活需求。在数字经济不断更新迭代的推动下，以创意性和新技术为特征的泛娱乐产业也表现出新的发展趋势。

1. 游戏行业增速放缓，云游戏或成新亮点

截至2019年年底，我国游戏企业数量在互联网企业中的占比为1/4。我国游戏行业竞争激烈，收入增速放缓，2019年销售收入达2309亿元[11]，比2018年增长7.7%；我国游戏用户数达6.4亿人[12]，比2018年增长2.5%。由于版号政策的调整，大量移动游戏无法进入中国市场，但各厂商积极拓展海外市场，以及加强现有游戏的运营力度，2019年中国移动游戏收入仍同比增长18.0%[13]。自研游戏的国际影响力持续提升，2019年中国自主研发游戏海外市场销售收入达115.9亿美元[14]，增长率为21.0%，继续保持稳定增长。中国游戏企业通过积极的海外拓展，打造精品原创游戏的战略，凭借差异化的产品定位与优秀的游戏品质，成功塑造了一批优秀中国游戏品牌。随着云计算的快速发展和5G商用推进，"网速"和"延迟"等云游戏发展痛点将得到改善，未来"云游戏"将迎来快速发展期。

2. 政府加强网络视频行业监管，短视频重新布局

我国网络视频行业迅猛增长，截至2020年3月，网络视频用户规模达8.5亿户[15]，占整体网民数的94.1%。2019年，以提供音视频服务为主的企业互联网业务收入同比增长42%，营业利润快速扩大。据电信运营商流量大数据显示，7家网络视频App上榜Top10，流量消费占比高达65%。其中短视频领域延续2018年爆发式增势，业务收入增长149.7%，近一半短视频企业实现扭亏为盈，各类新兴短视频平台不断涌现，在功能和内容布局上不断丰富和优化，在内容生产、内容分发和内容变现等上下游业务环节不断创新，驱动整个行业向丰富化和成熟化发展。2019年，政府相关部门加强对网络视听领域的监管，国家广播电视总局、国家互联网信息办公室等相关部门先后出台相关规范文件，要求坚持内容管理，严肃整治部分违规平台

---

10 数据来源：海关总署。
11 数据来源：伽马数据和游戏工委发布的《2019年中国游戏产业报告》。
12 数据来源：伽马数据和游戏工委发布的《2019年中国游戏产业报告》。
13 数据来源：伽马数据和游戏工委发布的《2019年中国游戏产业报告》。
14 数据来源：伽马数据和游戏工委发布的《2019年中国游戏产业报告》。
15 数据来源：《第45次中国互联网络发展状况统计报告》。

和节目，有力促进行业健康可持续发展。

3. 网络文学"走出"文化自信，移动阅读向多领域释放价值

2019年，中国移动阅读市场规模稳步上升，收入达204.9亿元[16]，同比增长22.4%，随着移动阅读网民红利逐渐消失、短视频等其他娱乐方式的冲击，增长率比2018年有所放缓。移动阅读平台以网络文学作为文化走出去的新载体，积极布局海外市场，阅文集团的数字及实体出版已遍布二十多个国家和地区，涉及十余种语言文字；掌阅与泰国红山出版集团合作，分批次授权数十部优秀作品向泰国读者提供。值得注意的是，阅文、掌阅等企业不是粗暴地将版权输出、翻译、分发，而是因地制宜，针对不同国家做出不同形式的IP布局，将国内的全民创作生态、十几亿本土受众市场异常活跃的IP转化能力以及中国文化自身传统的丰富性有效结合，共同推动中国文化走出去。

---

16 数据来源：艾瑞咨询。

2019年基础电信企业发展综述

中国电信集团有限公司 2019 年发展综述

中国电信集团有限公司（以下简称中国电信）是一家全球大型的领先的全业务综合智能信息服务运营商，主要在中国提供固定及移动通信服务、互联网接入服务、信息服务以及其他增值电信服务。于2019年年底，中国电信拥有约3.36亿移动用户、约1.53亿有线宽带用户及约1.11亿固定电话用户。中国电信发行的H股及美国存托股份分别在香港联合交易所有限公司（以下简称香港联交所）和纽约证券交易所挂牌上市。

一、业务概览

2017年、2018年及2019年中国电信主要经营数据见表1。

表1　2017年、2018年及2019年中国电信主要经营数据

指标	单位	2017年	2018年	2019年	2019年较2018年的变化率
移动用户数	百万户	249.96	303.00	335.57	10.7%
移动话音通话总分钟数	百万分钟	769152	827724	820346	−0.9%
手机上网总流量	kTB	3597	14073	24370	73.2%
有线宽带用户数	百万户	133.53	145.79	153.13	5.0%
天翼高清用户数	百万户	85.76	105.35	112.62	6.9%
物联网连接数	百万	44.30	106.93	157.41	47.2%
翼支付月均活跃用户数	百万户	33.00	43.41	56.31	29.7%
固定电话用户数	百万户	121.80	116.48	110.85	−4.8%
固定电话本地话音通信总次数	百万次	75 144	60213	55870	−7.2%

2019年，中国电信坚持以客户为中心，进一步加快规模发展，推进价值经营，深化改革创新，提升服务水平，企业高质量发展取得新成效。公司实现经营收入为人民币3757亿元，其中，服务收入为人民币3576亿元，同比增长2.0%。新兴业务收入为人民币1977亿元，同比增长8.6%，拉动服务收入增长4.5个百分点。

（一）移动业务规模发展再上新台阶，5G引领个人信息化打造新优势

中国电信坚持有价值的规模发展，坚决采取积极进取的市场策略，聚焦客户感知和客户需求，不断深化流量经营与业务融合，持续推进套餐简化和优化升级，实现客户与企业价

值双提升。加强终端引领，强化终端运营，加大橙分期发展力度，客户终端需求得到更好满足。强化重点市场营销组织，针对商客、农村市场差异化创新拓展。2019年，中国电信移动用户净增近3257万户，净增市场份额达53.2%，继续保持行业领先。移动用户规模约为3.36亿户，跃居国内行业第二位，移动服务收入实现同比增长。

中国电信紧抓5G商用新机遇，打造"5G+权益+应用"发展新模式，构建个人信息化服务新优势。推出5G会员权益体系，加强会员体系运营，联合头部合作伙伴持续打造生态权益。发挥云网融合优势，引入高清内容，推出云VR/AR、云游戏等特色应用。5G个人信息化体验全面升级，截至2020年2月底，中国电信5G套餐用户规模达1073万户，为移动业务价值发展注入新动力。

（二）智能家庭体系全面构建，家庭信息化应用初具规模

中国电信积极布局家庭信息化，全面构建智能宽带、智家平台、智能应用、智能安全和智能服务五位一体的智能家庭产品服务体系。推出智能宽带，构建"5G+千兆宽带+智家应用"的端到端服务体系。打造智家平台，强化泛智能终端运营管理，开放平台能力为产业生态赋能，智家平台连接数超过1.2亿。丰富智能应用，4K/8K超高清视频带来丰富的内容体验，天翼看家依托云网融合资源禀赋和平台能力，广泛助力"平安小区""平安乡村"建设，为百万家庭带来安全守护。彰显智能安全，强化终端、接入、应用和云存储各环节安全，保护用户利益和信息安全。升级智能服务，持续提升智能家庭工程师队伍能力，满足不同场景Wi-Fi信号智能检测、个性化家庭组网方案设计需求，全屋Wi-Fi用户达1791万户。2019年，公司有线宽带用户净增734万户，宽带用户规模达1.53亿户，天翼高清用户达1.13亿户，智能家庭应用及服务收入同比增长63.2%，价值贡献持续提升。

（三）政企信息化创新发展，持续筑牢服务领先优势

中国电信加快推进政企业务改革，创新优化组织机制，持续提升专业化能力，聚焦重点领域，开拓应用场景，汇聚产业力量，打造"5G+云+DICT"生态，重点业务板块保持快速增长。

建成数字政府、智能城市和工业互联网创新中心，强化云、物联网等平台和业务集成能力，专业化能力不断提升。聚焦媒体直播、工业互联网、视频安防、智慧医疗等重点领域，开拓百余个重点应用场景。成立5G产业创新联盟、5G联合创新中心，设立5G开放实验室，积极构筑产业生态。公司"天翼云"在公有云IaaS市场份额排名全球第七，在全球运营商中排名第一，品牌影响力不断扩大，IDC业务国内综合排名第一。物联网开放平台终端接入超过2000万个，支持主流物联网接入协议，实现合作伙伴应用产品快速上线。2019年，公司DICT业务收入为人民币536亿元，其中，云业务收入为人民币71亿元，同比增长57.9%。物联网连接数达1.57亿，收入同比增长21.7%。

（四）持续提升运营管理水平，客户满意度保持行业领先

中国电信以数据驱动提升运营管理效能，持续优化智能中台，加强数据汇聚，精确匹配

产品策略赋能一线触点，全面上线BSS 3.0，大幅提高产品运营效率。优化渠道布局，推动核心厅店连锁化运营，探索5G+智慧家庭场景化销售，稳步提升渠道运营专业化及效能。打造以客户为中心的产品体系，不断优化以客户需求为导向的产品管理和开发运营。推进以客户为中心的服务体系建设，AI技术赋能，持续提升智慧服务效率，优化星级服务，服务价值更加显性。2019年，中国电信公众用户综合满意度和手机上网满意度继续保持行业领先。

（五）网络优势持续强化，云网融合加速推进

持续推进高质量网络建设，以CTNet2025为蓝图，推动网络智能化演进。发挥资源禀赋，坚持共建共享发展理念，优先精准覆盖高流量、高价值区域，快速推进5G网络规模部署，建成5G基站4万个，并共享中国联通5G基站超过2万个，在用5G基站规模超过6万个。以用户体验感知为导向，大数据支撑开展4G网络重点场景深度覆盖和动态扩容，有力支撑4G用户、流量增长及VoLTE业务全面商用。坚持以市场需求为导向，按需扩大光网覆盖，提高资源利用效率，在发达城区开展10G PON网络升级，满足高速率用户需求。坚持以打造高质量泛在智联网络为目标，加大技术研发创新，加快推进云网融合，全力打造简洁、敏捷、集约、开放、安全的全云化、全光化的新一代智能网络。

二、财务概览

财务重点见表2。

表2　财务重点

指标	2017年	2018年	2019年
经营收入（人民币百万元）	366229	377124	375734
EBITDA（人民币百万元）	102171	104207	1172.15
EBITDA率[2]	30.9%	29.7%	32.8%
净利润[3]（人民币百万元）	18617	21210	20517
资本支出（人民币百万元）	88712	74940	77557
自由现金流[4]（人民币百万元）	7267	22457	21725
债务权益比[5]	32.0%	27.9%	22.4%
每股净利润（人民币元）	0.2300	0.2621	0.2535
每股股息（港元）	0.115	0.125	0.125

1　EBITDA的计算方法为经营收入减去经营费用加上折旧及摊销。
2　EBITDA率的计算方法为EBITDA除以服务收入。
3　净利润为本公司股东应占利润。
4　为了更客观地反映公司的自由现金流状况，与以前年度的自由现金流口径基本可比，避免执行IFRS 16对自由现金流指标产生不可比的影响，将自由现金流的计算方法从原公式"自由现金流＝EBITDA扣减资本支出、所得税"调整为"自由现金流＝EBITDA扣减资本支出、所得税和不含土地的使用权资产折旧"。
5　总债务为公司付息债，不含租赁负债。总权益为本公司股东应占权益。

（一）概要

2019年，中国电信坚持新发展理念，不断深化改革创新，高质量规模发展成效显著。服务收入持续增长，继续保持高于行业平均水平，同时，中国电信优化资源分配，聚焦重点资源，加强精确管理，持续提升资源使用效能和运营效率，保持整体经营业绩健康稳健。2019年，经营收入为人民币3757.34亿元，比2018年下降0.4%；服务收入[6]为人民币3576.10亿元，比2018年增长2.0%；经营费用为人民币3466.64亿元，比2018年下降0.5%；中国电信股东应占利润为人民币205.17亿元，比2018年下降3.3%，剔除2018年中国铁塔股份有限公司（以下简称中国铁塔）上市一次性税后收益[7]同比增长2.0%，每股基本净利润为人民币0.25元；EBITDA[8]为人民币1172.15亿元，较2018年增长12.5%，EBITDA率[9]为32.8%，剔除执行《国际财务报告准则第16号》（以下简称新租赁准则）的影响后，EBITDA率为29.2%。

（二）经营收入

中国电信努力维护行业价值，以客户为中心推进价值经营，充分发挥网络和人才优势，深化融合经营，收入继续保持良好增长，收入结构持续优化。2019年，经营收入为人民币3757.34亿元，比2018年下降0.4%；服务收入为人民币3576.10亿元，比2018年增长2.0%。其中，移动服务收入为人民币1755.46亿元，比2018年增长4.7%；固网服务收入为人民币1820.64亿元，比2018年下降0.4%。

2018年和2019年中国电信的各项经营收入的金额及其变化率见表3。

表3　2018年和2019年中国电信的各项经营收入的金额及其变化率

（除百分比数字外，单位为人民币百万元）

经营收入	分别截至12月31日		
	2019年	2018年	变化率
话音	45146	50811	−11.1%
互联网	197244	190871	3.3%
信息及应用服务	87623	83478	5.0%
通信网络资源及网络设施服务	21978	20211	8.7%

6　服务收入为经营收入减去移动商品销售收入（2019年：人民币93.64亿元；2018年：人民币188.36亿元）、固网商品销售收入（2019年：人民币52.26亿元；2018年：人民币56.59亿元）和其他非服务收入（2019年：人民币35.34亿元；2018年：人民币21.95亿元）。

7　2018年公司确认中国铁塔上市一次性税后收益约人民币11亿元。

8　EBITDA计算方法为经营收入减去经营费用加上折旧及摊销。由于电信业是资本密集型产业，资本开支、债务水平和财务费用可能对具有类似经营成果的公司净利润产生重大影响。因此，我们认为，对于电信公司而言，EBITDA有助于对公司经营成果的分析。虽然EBITDA在世界各地的电信业被广泛地用作为反映经营业绩、借债能力和流动性的指标，但是按公认会计原则，它不作为衡量经营业绩和流动性的尺度，也不代表经营活动产生的净现金流量。此外，EBITDA也不一定与其他公司的类似指标具有可比性。

9　EBITDA率的计算方法为EBITDA除以服务收入。

（续表）

经营收入	分别截至12月31日		
	2019年	2018年	变化率
其他[10]	23743	31753	−25.2%
经营收入合计	375734	377124	−0.4%

1. 话音

2019年，持续受OTT等移动互联网业务替代的影响，话音业务收入为人民币451.46亿元，比2018年下降11.1%，占经营收入的比重为12.0%，收入结构持续改善。

2. 互联网

2019年，互联网业务收入为人民币1972.44亿元，比2018年增长3.3%，占经营收入的比重为52.5%。公司坚持以移动流量为牵引，加大生态合作力度，增强融合经营的差异化市场竞争力，用户规模持续拓展，中国电信移动用户规模约为3.36亿户，跃居国内行业第二位，流量收入持续快速增长，手机上网收入为人民币1232.03亿元，比2018年增长10.8%。中国电信宽带用户规模持续拓展，用户黏性保持稳定，但由于市场竞争日益加剧，有线宽带接入收入为人民币684.13亿元，比2018年下降7.9%。

3. 信息及应用服务

2019年，中国电信持续打造并发挥云网融合优势，信息及应用服务收入为人民币876.23亿元，比2018年增长5.0%，占经营收入的比重为23.3%。增长主要得益于IDC、云业务、物联网、互联网金融等新兴业务的快速发展。

4. 通信网络资源及设施服务

2019年，通信网络资源及设施服务业务收入为人民币219.78亿元，比2018年增长8.7%，占经营收入的比重为5.9%。增长的主要原因是数字电路服务业务和IP-VPN业务收入实现良好增长。

5. 其他

2019年，其他收入为人民币237.43亿元，比2018年下降25.2%，占经营收入的比重为6.3%。下降的原因主要是移动终端销售规模有所下降。

（三）经营费用

中国电信坚持有价值的规模发展，持续加大能力建设和研发体系投入，为未来持续发展布局。同时，聚焦重点资源，开展多维划小，持续提升资源使用效能。2019年，经营费用为人民币3466.64亿元，比2018年下降0.5%，经营费用占经营收入的比重为92.3%，比2018年下降0.1个百分点。

2018年和2019年中国电信各项经营费用的金额及其变化率见表4。

---

10 2019年其他收入是指客户合同收入中的商品销售及其他，以及其他来源收入的合计金额。

表4　2018年和2019年中国电信各项经营费用的金额及其变化率

（除百分比数字外，单位皆为人民币百万元）

经营费用	分别截至12月31日		
	2019年	2018年	变化率
折旧及摊销	88145	75493	16.8%
网络运营及支撑成本	109799	116062	−5.4%
销售、一般及管理费用	57361	59422	−3.5%
人工成本	63567	59736	6.4%
其他经营费用	27792	37697	−26.3%
经营费用合计	346664	348410	−0.5%

1. 折旧及摊销

2019年，折旧及摊销为人民币881.45亿元，比2018年增长16.8%，占经营收入的比重为23.5%，剔除执行新租赁准则的影响后，折旧摊销比2018年增长1.4%。增长的主要原因是中国电信近年来为增强网络竞争优势，资本开支适度维持在较高水平。

2. 网络运营及支撑成本

2019年，网络运营及支撑成本为人民币1097.99亿元，比2018年下降5.4%，占经营收入的比重为29.2%，剔除执行新租赁准则的影响后，网络运营及支撑成本比2018年增长5.2%，增幅比2018年大幅下降。增长的主要原因是公司持续优化提升网络能力和质量，支撑新兴业务快速发展，适度增加资源投入。

3. 销售、一般及管理费用

2019年，销售、一般及管理费用为人民币573.61亿元，比2018年下降3.5%，占经营收入的比重为15.3%。销售费用为人民币484.72亿元，比2018年下降4.6%，主要是公司持续优化营销模式，加强营销资源的精确管理，提高营销资源的效益。一般及管理费用为人民币88.89亿元，比2018年增长3.0%，主要是公司为推动高质量发展，加强核心能力建设，加大研发投入。

4. 人工成本

2019年，人工成本为人民币635.67亿元，比2018年增长6.4%，占经营收入的比重为16.9%。增长的主要原因是公司加大向高科技人才和一线员工的激励。

5. 其他经营费用

2019年，其他经营费用为人民币277.92亿元，比2018年下降26.3%，占经营收入的比重为7.4%。主要是移动终端销售规模有所下降。

6. 财务成本净额

中国电信抓住较好的市场机会，适当增加配置较优成本的债券产品，持续提升内部资金的集约能力，有效控制债务规模和融资成本，进一步提升资金周转和使用效率。2019年，财务成本净额为人民币36.39亿元，比2018年增长34.4%，剔除执行新租赁准则的影响后，比2018年下降25.0%。2019年，汇兑净损失为人民币0.41亿元，汇兑损益的变动主要是人民币兑美元汇率贬值所致。

（四）盈利水平

1．所得税

中国电信的法定所得税率为25%。2019年，所得税费用为人民币63.22亿元，实际税率为23.4%。实际税率与法定税率存在差异的原因是部分子公司和处于西部地区的部分分公司享受低税率，以及公司积极落实研发费用加计扣除等税收优惠政策。同时，中国电信应占联营公司中国铁塔的投资收益持有期间免税。

2．中国电信股东应占利润

2019年，中国电信股东应占利润为人民币205.17亿元，比2018年下降3.3%，剔除2018年中国铁塔上市一次性税后收益，同比增长2.0%。

（五）资本支出及现金流量

1．资本支出

2019年，中国电信持续优化网络体验，开展4G网络精准覆盖和动态扩容，增强网络综合优势，同时，稳步推进5G网络建设，为未来5G发展储能。2019年，资本支出为人民币775.57亿元，比2018年增长3.5%。

2．现金流量

2019年，现金及现金等价物净增加为人民币40.98亿元，2018年的现金及现金等价物净减少为人民币29.39亿元。

2019年和2018年中国电信的现金流情况见表5。

表5　2019年和2018年中国电信的现金流情况

（单位：人民币百万元）

项目	分别截至12月31日	
	2019年	2018年
经营活动产生的现金流量净额	112600	99298
投资活动所用的现金流量净额	77214	85954
融资活动所用的现金流量净额	31288	16283
现金及现金等价物增加/（减少）净额	4098	2939

2019年，经营活动产生的现金净流入为人民币1126.00亿元，净流入比2018年上升13.4%，主要原因是执行新租赁准则后，支付的租赁费用本金部分由经营活动调整至融资活动，属结构性调整。

2019年，投资活动所用的现金净流出为人民币772.14亿元，净流出比2018年下降10.2%，主要原因是中国电信本年部分短期银行存款投资到期收回。

2019年，融资活动所用的现金净流出为人民币312.88亿元，净流出比2018年上升92.2%，主要原因是执行新租赁准则后，部分原在经营活动中的现金流出本年在融资活动中反映，同时中国电信本年偿还了部分带息负债。

（六）资产负债情况

2019年，中国电信财务状况继续保持稳健。截至2019年年底，总资产由2018年年底的人民币6633.82亿元增加至人民币7031.31亿元，增长6.0%，剔除新租赁准则影响后，与2018年基本持平；总债务[11]由2018年年底的人民币957.44亿元下降至人民币790.22亿元。债务资本比[12]由2018年年底的21.8%下降至18.3%。

2019年年底和2018年年底中国电信的债务情况见表6。

表6　2019年年底和2018年年底中国电信的债务情况

（单位：人民币百万元）

项目	分别截至12月31日	
	2019年	**2018年**
短期贷款	42527	49537
一年内到期的长期贷款	4444	1139
长期贷款	32051	44852
融资租赁应付款项（含一年内到期的部分）	—	216
总债务	79022	95744

2019年年底，总债务为人民币790.22亿元，比2018年年底减少了人民币167.22亿元，主要原因是公司持续强化付息债集约管理，精细日常管控，有效提升资金的使用效率，压降付息债规模。在总债务中，人民币贷款、美元贷款和欧元贷款分别占99.4%（2018年为99.4%）、0.4%（2018年为0.4%）和0.2%（2018年为0.2%）。债务中固定利率贷款占82.9%（2018年为99.8%），其余为浮动利率贷款。

2019年12月31日，中国电信或其附属公司并无抵押任何资产作债务之抵押品（2018年为无）。

中国电信大部分业务获得的收入和支付的费用都以人民币进行交易，因此，中国电信并无任何外汇波动引致的重大风险。

（七）重大投资

截至2019年12月31日，中国电信集团于中国铁塔的所拥有联营公司的权益之账面金额为

11　总债务为公司付息债，不含租赁负债。
12　债务资本比的计算方法为总债务除以总资本；总资本的计算方法为本公司股东应占权益加上总债务。

人民币365.60亿元，占中国电信集团总资产的比重为5.2%。2019年度，中国电信确认的未变现应占中国铁塔的收益为人民币12.19亿元，已收股息为人民币0.81亿元。中国电信未来可通过中国铁塔获得更多的基础网络资源；同时作为中国铁塔的股东之一，预计未来可获益于中国铁塔利润和价值的提升。

附：财务报表

1. 合并财务状况表

截至2019年12月31日（以百万元列示）

指标	2019年（人民币）	2018年（人民币）
资产		
非流物动资产		
物业、厂房及设备净额	410008	407795
在建工程	59206	66644
使用权资产	61549	—
预付土地租赁费	—	21568
商誉	29923	29922
无形资产	16349	14161
所拥有联营公司的权益	39192	38051
以公允价值计量且其变动计入其他综合收益的权益工具	1458	852
递延税项资产	7577	6544
其他资产	4687	4840
非流动资产合计	629949	590377
流动资产		
存货	2880	4832
应收所得税	1662	121
应收账款净额	21489	20475
合同资产	474	478
预付款及其他流动资产	22219	23619
以公允价值计量且其变动计入损益的金融资产	39	—
短期银行存款	3628	6814
现金及现金等价物	20791	16666
流动资产合计	73182	73005
资产合计	703131	663382
负债及权益		
流动负债		
短期贷款	42527	49537
一年内到期的长期贷款	4444	1139
应付账款	102616	107887
预提费用及其他应付款	48516	43497
合同负债	54388	55783
应付所得税	243	601
一年内到期的租赁负债/融资租赁应付款	11569	101
一年内摊销的递延收入	358	375
流动负债合计	264661	258920
净流动负债	191479	185915

（续表）

指标	2019年（人民币）	2018年（人民币）
资产合计扣除流动负债	438470	404462
非流动负贷		
长期贷款	32051	44852
租赁负债/融资租赁应付款	30577	115
递延收入	1097	1454
递延税项负债	19078	13138
其他非流动负债	627	804
非流动负债合计	83430	60363
负债合计	348091	319283
权益		
股本	80932	80932
储备	271578	262137
本公司股东应占权益合计	352510	343069
非控制性权益	2530	1030
权益合计	355040	344099
负债及权益合计	703131	663382

2．合并综合收益表

截至2019年12月31日（除每股数字外，以百万元列示）

	2019年（人民币）	2018年（人民币）
经营收入	375734	377124
经营费用		
折旧及摊销	88145	75493
网络运营及支撑成本	109799	116062
销售、一般及管理费用	57361	59422
人工成本	63567	59736
其他经营费用	27792	37697
经营费用合计	346664	348410
经营收益	29070	28714
财务成本净额	3639	2708
投资收益	30	38
对联营公司投资的收益	1573	2104
税前利润	27034	28148
所得税	6322	6810
本年利润	20712	21338
本年其他综合收益		
后续不能重分类至损益的项目		
以公允价值计量且其变动计入其他综合收益的权益工具投资公允价值的变动	604	324
以公允价值计量且其变动计入其他综合收益的权益工具投资公允价值的变动的递延税项	147	82
	457	242

（续表）

	2019年（人民币）	2018年（人民币）
后续可算重分类至损益的项目		
换算中国大陆境外附属公司财务报表的汇兑差额	102	154
应占联营公司的其他综合收益	2	7
	100	147
税后的本年其他综合收益	557	95
本年综合收益合计	21269	21243
股东应占利润		
本公司股东应占利润	20517	21210
非控制性权益股东应占利润	195	128
本年利润	20712	21338
股东应占综合收益		
本公司股东应占综合收益	21074	21115
非控制性权益股东应占综合收益	195	128
本年综合收益合计	21269	21243
每股基本净利润	0.25	0.26
股数（百万股）	80932	80932

3. 合并现金流量表

截至2019年12月31日（以百万元列示）

	2019年（人民币）	2018年（人民币）
经营活动产生的现金净额	112600	99298
投资活动所用的现金流量		
资本支出	82853	83835
投资所支付的现金	478	328
使用权资产/预付土地租赁费所支付的现金	310	20
处置物业、厂房及设备所收到的现金	2514	1866
转让使用权资产/预付土地租赁费所收到的现金	115	45
处置投资所收到的现金	296	96
处置附属公司导致的现金净流出	—	1
短期银行存款投资额	5119	7726
短期银行存款到期额	8621	3949
投资活动所用的现金净额	77214	85954
融资活动所用的现金流量		
租赁负债/融资租赁所支付的本金	10699	73
取得银行及其他贷款所收到的现金	103315	97829
偿还银行及其他贷款所支付的现金	120107	106923
支付第八次收购对价所支付的现金	—	87
支付股息	8891	7568
支付予非控制性权益的现金	181	177
取得非控制性权益所支付的现金	8	119

（续表）

	2019年（人民币）	2018年（人民币）
非控制性权益投入	1590	855
非控制性权益资本减少	—	20
于财务公司存放存款净额	4098	—
财务公司法定存款准备金增加	405	—
融资活动所用的现金净额	31288	16283
现金及现金等价物增加/减少净额	4098	2939
于1月1日的现金及现金等价物	16666	19410
汇率变更的影响	27	195
于12月31日的现金及现金等价物	20791	16666
税前利润	27034	28148
调整		
折旧及摊销	88145	75493
金融资产及其他项目减值损失净额	1695	2050
存货的减值损失净额	61	66
投资收益	30	38
对联营公司投资的收益	1573	2104
利息收入	492	306
利息支出	4090	3093
净汇兑亏损/收益	41	79
报废和处置长期资产的净损失	2710	1757
营运资金变动前的经营利润	121681	108080
应收账款增加	2601	1848
合同资产减少	4	170
存货减少/增加	1891	622
预付款及其他流动资产减少/增加	1134	1349
其他资产减少	414	271
应付账款减少	2657	3181
预提费用及其他应付款增加	614	9842
合同负债减少	1412	6414
递延收入减少	90	138
经营产生的现金	118978	104811
收到的利息	474	306
支付的利息	4200	3094
取得的投资收益	133	34
支付的所得税	2785	2759
经营活动产生的现金净额	112600	99298

中国移动通信集团有限公司
2019 年发展综述

一、2019 年年度业绩

- 营运收入为人民币7459亿元，同比增长1.2%；其中，通信服务收入为人民币6744亿元，增长0.5%。
- EBITDA[1]为人民币2960亿元，增长7.4%[2]。
- 股东应占利润为人民币1066亿元，下降9.5%[3]。
- 移动电话客户总数为9.50亿户，净增2521万户。
- 有线宽带客户总数为1.87亿户，净增3035万户。
- 建议末期股息每股为1.723港元；连同已派发的中期股息每股1.527港元，2019年全年股息为每股3.250港元。

二、业务概览

2019年，面对流量红利快速释放、同业及跨界竞争不断加剧等严峻复杂的经营环境以及网络提速降费持续推进等政策性因素的影响，中国移动上下凝心聚力、攻坚克难，围绕创世界一流"力量大厦"总体思路，以高质量发展为主线，打造基于规模的融合、融通、融智价值经营体系，构建高效协同的能力、合力、活力组织运营体系，全面实施"5G+"计划，着力推进CHBN"四轮"[4]全向发力，中国移动整体经营业绩趋势向好，成绩来之不易。

---

1 EBITDA＝营运利润＋折旧及摊销。
2 中国移动2019年开始执行新租赁准则（IFRS/HKFRS16），若将本期数据还原至旧租赁准则（IAS/HKAS17）口径（即剔除新租赁准则影响），则2019年EBITDA同比下降1.6%。
3 若剔除新租赁准则影响及2018年中国铁塔股份有限公司上市一次性收益，则2019年净利润同比下降7.0%。
4 "四轮"指个人市场（C）、家庭市场（H）、政企市场（B）、新兴市场（N），简称"CHBN"。

（一）经营业绩

全年营运收入达到人民币7459亿元，同比增长1.2%，其中通信服务收入6744亿元，同比增长0.5%。EBITDA为人民币2960亿元，同比增长7.4%。大力增收节支、提质增效，盈利能力保持全球一流运营商的领先水平。股东应占利润达到人民币1066亿元，每股盈利为人民币5.21元，同比下降9.5%。资本开支为人民币1659亿元。自由现金流保持健康状态，为人民币817亿元。

截至2019年12月31日，年度末期股息每股1.723港元，连同已派发的中期股息每股1.527港元，全年股息合计每股为3.250港元。

（二）推进CHBN全向发力、协同发展

中国移动顺应形势变化，从通信服务向空间更广阔的信息服务转型升级，启动实施了个人、家庭、政企、新兴"四轮"市场全向发力、协同发展的战略，收入结构进一步优化，新动能持续增强。

1.个人市场方面

中国移动积极应对流量需求迅猛增长、流量价值快速下滑的挑战，强化"连接+应用+权益"融合运营，客户发展稳固，进一步夯实收入根基。2019年，移动客户净增2521万户，达到9.50亿户。手机上网流量同比增长90.3%，手机上网DOU达6.7 GB。移动ARPU值为人民币49.1元，保持行业领先。与此同时，中国移动深化推进"全球通"等品牌升级，加快完善服务管理机制，不断提高客户满意度。

2.家庭市场方面

中国移动坚持"拓规模、树品牌、建生态、提价值"，提升"营装维服"一体化服务水平，推进智慧家庭运营，增势强劲。家庭宽带客户达1.72亿户，同比增长17.1%。其中，"魔百和"用户达1.22亿户，渗透率达70.9%。家庭宽带综合ARPU值达人民币35.3元。

3.政企市场方面

中国移动积极打造新的增长引擎，充分发挥云网融合优势和DICT[5]牵引作用，推进"网+云+DICT"智能化服务，客户、收入均实现快速增长。截至2019年年底，政企客户数达1028万家，同比增长43.2%。聚焦工业、农业、教育、政务、医疗、交通、金融等重点行业，大力推广与场景深度融合的DICT行业解决方案，DICT收入同比增长48.3%，达人民币261亿元，对整体收入的拉动贡献进一步加大。

4.新兴市场方面

中国移动继续加大国际业务、股权投资、数字内容、金融科技四大新领域的拓展力度，初见成效。2019年，国际业务收入同比增长31.4%，规模不断加大；围绕"价值贡献、生态

5　DICT包括IDC、ICT、移动云、大数据及其他政企应用及信息服务。

构建、产投协同"，加大股权投资力度，股权投资收益对净利润贡献占比达11.9%；"咪咕视频"月活跃用户同比增长46.4%，"和包"核心功能月活跃用户同比增长58.9%。

（三）推进"三融"，转型升级成效初显

中国移动着力打造基于规模的融合、融通、融智价值经营体系，转型升级成效初显。

融合拓市场。中国移动深化开展网龄、权益、终端等融合营销，推广内容权益融合流量产品，精准满足用户差异化消费需求，全量业务融合率达82.7%，同比提升33个百分点。与此同时，加大"云改"力度，优化云资源布局，丰富云网络、云专线、云数据库等产品，着力打造全网一朵"移动云"，全年移动云收入同比增长59.3%。

融通增价值。中国移动加快渠道融通发展，强化线上线下、2B2C协同，传统实体渠道酬金占比下降11个百分点，全网线上渠道业务办理占比达58.8%，政企"护航行动"拓展高价值客户2356万户；积极构建共享IT平台，推动平台全网共享运营和共性能力互用，全网IT云规模达22万台，集中大数据平台已初步汇聚B/O/M三域全网数据，共享价值进一步提高。

融智提效率。中国移动不断完善智能中台，推进人工智能、大数据等技术的应用，提升对网络、市场、服务、安全、管理等各领域的智能化支撑能力。2019年，中国移动NFV建设取得关键性进展，全面引入SDN技术，国际、政企专用传送网实现一站式开通、带宽可灵活调整；引导31省集中运营平台建成统一基本运营功能，实现触点间协同、跟踪评估，大幅提升精准营销成功率；自研新一代客服系统持续迭代，持续提升智能客服能力；自主研发的九天AI平台和AI研发云，孵化多款规模化AI应用，助力降本增效。

（四）打造"三力"，改革创新取得突破

中国移动全面深化改革创新，以强能力、聚合力、激活力为出发点，加速构建协同高效的组织运营体系。

进一步优化运营体系。完善市场经营体系、政企经营体系、网络运营体系，在企业云化转型、智慧家庭拓展、智慧中台打造、加速国际化经营等多个方面深化改革，调整组织布局，强化统筹指挥，整合资源能力，理顺运营机制，提升组织效率，调动各方积极性，充分发挥总部管总、区域主战、专业主建的协同优势，确保组织运营体系适应中国移动战略需要。

持续增强网络能力。坚持4G/5G协同发展，4G基站数达309万个，有力支撑流量增长。开展千兆宽带网络建设，优先完成地市城区高价值区域OLT设备升级改造，城区约80%区域的设备已具备千兆业务快速开通能力。积极推动IT系统、业务平台、核心网元云化演进，并逐步实现集中化部署，加快完善移动云资源布局，提升云服务能力。新增国际、政企专用传送网带宽25.9Tbit/s。国际海缆、跨境陆缆、PoP点能力得到长足提升。

深化推进开放合作。与12个地方政府、31家大型企事业单位建立、深化战略合作伙伴关系，围绕5G以及多个数字化服务创新方向展开合作，推动优势资源互补，助力经济社会发展。与产业链上下游、科技创新型企业、高等院校、科研院所等建立新型合作机制，5G"朋

友圈"的构建取得良好进展。积极探索以资本为纽带的战略协同，面向5G、云计算、数字内容、网络安全等领域，推动构建资本生态圈。

有效激发企业活力。启动新一轮期权计划，相关工作进展顺利，同时推进科技子企业股权和分红，逐步建立健全利益共享、风险共担的中长期激励机制；稳步推进"双百行动"，3家子企业正积极落实推动改革工作，取得良好进展；扎实推进国家级"双创"示范基地、联合实验室等建设，强化跨产业、跨领域的应用研发和成果转化，共筑繁荣创新生态；积极探索网格化运营，划小基层经营单元，明确责任人，统一责权利，充分调动员工积极性，激发基层活力。

（五）"5G+"计划实现良好开局

2019 年6月获得5G牌照以来，中国移动加快5G发展布局，全面实施"5G+"计划，取得良好开局。

一方面，中国移动积极参与5G国际标准制定，引领技术发展。牵头5G国际标准关键项目61个，5G专利超过2000 件，推动SA国际标准的持续完善。"6项5G系统架构国际标准"以及"5G NR终端、基站射频等38项国际标准"包揽中国通信标准化协会2019年度科学技术奖一等奖，充分彰显了中国移动在5G通信标准化领域的引领作用。

另一方面，加速"5G+"落地。推动5G+4G协同发展，建设开通5G基站超5万个，在50座城市提供5G商用服务；推动5G+AICDE[6]融合创新，集成关键能力超过200 项，100余个5G联创项目取得突破；推动5G+Eco生态共建，5G联创中心、产业数字化联盟聚合超过1900家合作伙伴，成立"中国移动5G终端先行者联盟"，引导厂商推出32 款5G终端，推动2.6GHz产业链与3.5GHz产业链成熟度基本持平。

得益于前瞻布局和高效执行，5G+X应用延展，融入百业，服务大众，成果显著。在公众市场方面，中国移动推出5G客户专属套餐以及超高清视频、云游戏、全面屏视频彩铃等特色业务，截至2020年2月底，5G套餐客户已达1540万户，保持行业领先。在垂直领域方面，中国移动深入挖掘5G与AICDE的能力结合，联合产业合作伙伴，深入典型生产场景，打造5G智能制造、5G远程医疗、5G无人矿山等应用，实现50个集团级应用示范项目落地。

面向5G，未来无限可能。中国移动将继续系统谋划、稳步实施"5G+"计划，加快技术升级、网络升级、应用升级、运营升级和生态升级，以技术融合打造产业升级加速器，以数据融通建强社会信息流动主动脉，以管理融智夯实数字社会建设新基石，推动5G在更广范围、更多领域应用，创造更高的综合效益和社会价值。

（六）企业管治

中国移动一直秉持诚信、透明、公开、高效的企业管治原则，严格按照上市公司规则要

---

6 AICDE分别指人工智能、物联网、云计算、大数据和边缘计算。

求，确保高水平的企业管治。

优化董事会成员结构。坚持董事会成员多元化政策，充分发挥独立非执行董事的经验和专长，促进公司治理结构和决策机制的进一步完善。

坚持合规经营，提升合规管理能力。持续推进"合规护航"计划的实施，加强合规管理体系建设，深化依法治企和法治建设职责的落实，践行"严守法纪、尊崇规则、践行承诺、尚德修身"的企业合规理念，推广"和法同行、尊享规则"的企业法治文化，不断完善监管体系。

完善风险及内控管理体系，提升预判风险的能力和管控风险的效果，进一步强化对重点业务发展质量、重要成本费用等关键领域的监督，防范经营风险和堵塞管理漏洞，确保企业健康运营。

（七）社会责任与公司荣誉

致力于满足人们对美好生活的需要，中国移动竭力发挥企业专长，积极回馈社会。

中国移动落实网络强国建设，助力数字经济发展，持续贯彻提速降费，如期全面实行携号转网，不断降低数字化服务获取门槛，促进数字红利普惠于民。与此同时，推进建立行业协作机制，营造健康有序的竞争环境，促进行业高质量发展。

此外，中国移动在切实保障应急通信、维护信息安全、助力精准扶贫、开展公益行动、推进节能减排等方面主动担当作为。

在助力抗击新型冠状病毒肺炎疫情方面，全力做好通信保障、服务保障和防控保障，全面加强疫情防控重点区域、重点场所的通信网络建设与优化；充分发挥"中国移动App"等线上优势，为客户提供全天候便捷服务；疫情期间免费提供云视讯、咪咕视频等业务供客户使用。

在应急通信保障与维护信息安全方面，全年共完成应急通信保障6800次，在灾害应急救援、重大通信保障中发挥重要作用；积极参与防范电信网络新型违法犯罪，努力创造健康、安全的通信环境。

在助力扶贫攻坚与开展公益行动方面，积极实施精准扶贫资费优惠政策，自主开发的精准扶贫系统已在全国14省92个市县投入应用，覆盖816.9万名贫困群众；中国移动"蓝色梦想"项目累计培训农村中小学校长127338名，爱"心"行动累计帮助救治5973名贫困先心病患儿。

在节能减排方面，中国移动持续实施"绿色行动计划"，践行低碳发展，2019年单位信息流量综合能耗比2018年下降43%；在供货商中推广绿色包装应用，新增主设备绿色包装应用比例达69%。

中国移动的综合表现赢得广泛认可，在中央广播电视总台"2019中国品牌强国盛典"中摘得"十大年度榜样品牌"荣誉。此外，《The Asset》杂志授予中国移动"环境、社会责任及企业管治大奖——金奖"，《Institutional Investor》杂志授予中国移动"亚洲最受尊崇企业"，《Corporate Governance Asia》杂志向中国移动颁发"最佳公司企业管治典范""最佳投资者关系公司"等奖项。

与此同时,穆迪公司和标普公司于2019年年内继续维持中国移动的企业债信评级,等同于中国国家主权评级。

(八)未来展望

当前,经济社会发展正在经历4个"范式变迁":一是经济发展范式变迁,数字经济成为拉动经济增长的主要动能;二是技术应用范式变迁,新兴信息技术成为产业转型升级的核心引擎;三是商业竞争范式变迁,科技创新成为构筑企业竞争优势的关键支撑;四是大众消费范式变迁,美好数字生活成为人民群众的普遍需求。

这些变迁给信息通信业带来广阔"蓝海"。5G发展提速,将为人工智能、物联网、云计算、大数据、边缘计算、区块链等技术大规模应用提供更好的载体和更多的场景,推进千行百业数字化转型和数字生活消费升级。同时,我们也面临数字化服务形态的颠覆性变化、5G时代网络演进和商业模式的新挑战,以及行业、跨界跨域竞争的新动向。

善谋者胜,远谋者兴。面对机遇挑战,中国移动将加快推动"三个转变",即业务发展从通信服务向信息服务拓展延伸,业务市场从聚焦移动市场向个人、家庭、政企、新兴"四轮"市场全向发力,发展方式从资源要素驱动向创新驱动转型升级。

中国移动将按照创世界一流"力量大厦"总体部署,以做网络强国、数字中国、智能社会主力军为总目标,以高质量发展为主线,以转型升级和改革创新为着力点,大力实施"5G+"计划,扎实推进"三融三力"体系的落地和落实,向创建世界一流示范企业迈出更大的步伐。

2020年,中国移动将努力克服新型冠状病毒肺炎疫情给业务发展和5G建设带来的影响,同时充分把握此次疫情催生的线上化、智能化、云化服务等发展机遇,借助5G积极拓展信息通信服务行业新空间。通过各方面的努力,中国移动力争实现通信服务收入保持增长、净利润保持稳定、客户满意度保持领先的目标。

附：财务报表

1. 合并综合收益表

截至2019年12月31日（以人民币列示）

	2019年（百万元）	2018年（百万元）
营运收入		
通信服务收入	674392	670907
销售产品收入及其他	71525	65912
	745917	736819
营运支出		
网络运营及支撑成本	5175810	200007
折旧及摊销	182818	154154
雇员薪酬及相关成本	102518	93939
销售费用	52813	60326
销售产品成本	72565	66231
其他营运支出	46244	40775
	632768	615432
营运利润	113149	121387
其他利得	4029	2906
利息及其他收入	15560	15885
融资成本	（3246）	（144）
按权益法核算的投资的收益	12641	13861
除税前利润	142133	153895
税项	（35342）	（35944）
本年度利润	106791	117951
本年度其他综合收益，除税后：		
以后不会重分类至损益的项目		
以公允价值计量且其变动计入其他综合收益的金融资产的公允价值变动	（75）	（168）
应占按权益法核算的投资的其他综合收益	14	60
以后可能重分类至损益的项目		
外币报表折算差额	683	1160
应占按权益法核算的投资的其他综合收益	428	1188
本年度总综合收益	107841	120191
股东应占利润：		
本公司股东	106641	117781
非控制性权益	150	170
本年度利润	106791	117951
股东应占总综合收益：		
本公司股东	107691	120021
非控制性权益	150	170
本年度总综合收益	107841	120191
每股盈利——基本	人民币5.21元	人民币5.75元
每股盈利——摊薄	人民币5.18元	人民币5.75元

2．合并资产负债表

截至2019 年12月31日（以人民币列示）

	2019年（百万元）	2018年（百万元）
资产		
非流动资产		
物业、厂房及设备	674832	666496
使用权资产	74308	—
在建工程	67978	72180
土地使用权及其他	27455	27778
商誉	35343	35343
其他无形资产	3475	2620
按权益法核算的投资	155228	145325
递延税项资产	32628	29654
以公允价值计量且其变动计入		
其他综合收益的金融资产	513	587
受限制的银行存款	10063	12369
其他非流动资产	17551	8442
	1099374	1000794
流动资产		
存货	7338	8857
合同资产	5003	5022
应收账款	32694	26540
其他应收款	34133	39543
预付款及其他流动资产	26708	27002
应收最终控股公司款项	1350	570
预付所得税	1278	1959
以公允价值计量且其变动计入		
当期损益的金融资产	114259	76425
受限制的银行存款	371	9
银行存款	130799	291887
现金及现金等价物	175933	57302
	529866	535116
总资产	1629240	1535910
权益及负债		
负债		
流动负债		
应付账款	164818	190847
应付票据	2896	3221
递延收入	57825	63185
应计费用及其他应付款	182368	195572
应付最终控股公司款项	21677	11020
应付所得税	9815	10553
租赁负债	22668	—
	462067	474398
非流动负债		
租赁负债——非即期	51635	—
递延收入——非即期	6861	4881
递延税项负债	1388	822
	59884	5703

（续表）

	2019年（百万元）	2018年（百万元）
总负债	521951	480101
权益		
股本	402130	402130
储备	701643	650275
归属于本公司股东权益	1103773	1052405
非控制性权益	3516	3404
总权益	1107289	1055809
总权益及负债	1629240	1535910

中国联合网络通信集团有限公司 2019 年发展综述

一、业务概览

2019年，面对提速降费、市场饱和、激烈市场竞争以及4G流量红利逐步消退，中国联合网络通信集团有限公司（以下简称中国联通）坚持差异化经营和互联网化转型，有效提升用户发展成本使用效能，强化融合经营，努力避免简单的价格战，维护公司的价值，积极推进高质量可持续发展。

（一）移动业务

2019年，中国联通深化聚焦战略，持续推进市场经营的互联网化转型，构建市场为先、产品为纲、触点为王、能力为本的中国联通"四为"市场体系。立足用户需求的深度挖掘与细分市场，引领产品设计、触点适配、能力打造、品牌宣传等市场差异化优势。构建标准化+差异化的互联网化产品体系，通过灵活配置基础业务包、全产品加载副卡/亲情卡、全产品融合化、全场景叠加权益，满足分众营销用户的细分需求。存量经营转向大数据驱动的集约化精准化经营，打造互联网化新型营销网络，围绕客户生活轨迹，做广做轻接触网、做优做强交付网、构建中国联通互联网化新型营销网，实现全场景营销、多样化交付，提高客户感知和运营效率，大力拓展轻成本、广覆盖的新型触点。

（二）固网宽带

持续强化融合发展，突出高速和内容应用优势，推出"1+4+X"的智能家庭产品体系，推出"沃家组网、沃家电视、沃家固话、沃家神眼"4项重点产品，通过家庭应用形成新的收入增长点。同时，落实宽带高质量发展工作要求，全面提升产品效能，逐步提升家庭用户的价值。尽管2019年固网宽带收入同比下降1.7%，四季度宽带接入收入和ARPU值已出现止跌回升，扭转宽带业务收入持续下降的局面。2019年全年宽带用户净增260万户，达8348万户，宽带用户接入ARPU值为人民币41.6元；FTTH用户占比达85%，同比提高3.5个百分点。

（三）产业互联网

在云计算方面，聚焦云引领，加强合作与提升自有能力相结合，制定云网一体、安全可信、多云协同、专属定制的云业务整体发展策略；围绕云计算能力打造，发布沃云战略规划，重新布局联通全网云资源池，确定联通云品牌；积极开展"云光慧企"营销活动助力行业客户上云，2019年云计算收入达人民币23.6亿元，同比增长147%。在大数据方面，建成优政、兴业、惠民的1+2+3+4+N产品服务体系，持续提升行业影响力和市场品牌价值，注重产学研，积极与科研院所开展创新合作，2019年收入达人民币12.3亿元，同比增长103%。在物联网方面，以平台为核心，持续强化物联网整体服务能力，打造通用使能能力和行业应用产品，通过自研+合作的模式打造端到端的服务能力，连接数接近1.9亿，2019年收入达人民币30.4亿元，同比增长46%。在IT服务方面，聚焦重点领域垂直赋能，全面提升自主核心能力，聚焦重点市场取得明显突破，2019年收入达人民币100亿元，同比增长78%。

（四）网络能力

2019年，中国联通全面落实"聚焦"战略，推行以投资收益为导向的科学建设方法，积极探索互联网化网络建设、运营和优化的新模式，从用户角度打造一张覆盖好、上网快的高质量网络。截至2019年年底，4G基站达141万个，4G人口覆盖率达93%，4G行政村覆盖率达84%，固定网络方面继续扩大新增区域网络覆盖和PON+LAN区域网络改造，宽带端口总数达2.2亿个，其中FTTH端口占比达85%。

2019年，中国联通与中国电信签署合作协议，在全国范围内共建一张5G接入网络，在大幅节省资本开支的同时，实现5G网络覆盖翻倍、带宽翻倍、容量翻倍和速率翻倍，为用户提供更好的服务感知，中国联通可用5G基站超过6万个，支撑5G服务从试验初步迈向商用。

中国联通持续完善国际网络布局。截至2019年年底，国际海缆资源容量达34TB；互联网国际出口容量为3.2TB，回国带宽达2.8TB；国际漫游覆盖达253个国家和地区的625家运营商。

（五）市场营销

1．品牌策略

2019年，中国联通围绕塑品牌、促业务、强口碑三个方面，全面塑造联通新品牌形象，加强用户感知，深入推进品牌互联网化。宣传联通为精准扶贫、提速降费所做贡献彰显央企实力和担当形象。构建联通5G整体品牌体系架构，发布5G品牌标识5G"及主题口号——让未来生长，针对5G商用上市，着重围绕"联通5G赋能智慧冬奥"、庆祝中华人民共和国成立70周年等重点展会、重大事件等宣传，增强业务解读和用户体验，提升联通5G"品牌认知；以联通5G邀请"每个三亿分之一"共赴冰雪为主题整合传播，强化联通冬奥品牌印记。持续通过线上互联网精准传播、线下活动创新推广，强化智慧沃家、跨域服务、行业应用、国际业务等重点业务宣传，提升业务口碑。

2．营销策略

2019年，中国联通深入贯彻新发展理念，积极推进高质量发展。加大中高端产品的发展力度、清理无效低效产品，改善用户质态；全面推进以大数据驱动的集约化运营，实现存量用户精细化、精准化经营，提升用户价值；积极推进5G营销，拓展价值增长新空间；实施校园、家庭等重点细分市场突破，探索价值增长新模式。积极顺应国家数字经济发展大趋势，大力推进"云+网+X"组合营销新模式，拓展产业互联网市场。大力推进互联网化转型，构建互联网化的产品体系、渠道体系、营销体系等，提升营销效率。

3．营销渠道

2019年，中国联通积极落实互联网化转型战略，推进在线线下一体化，进一步做广做轻接触网。实体渠道稳盘托底的同时，大力拓展在线及轻触点，构建低成本、广覆盖的触点体系。做优做强交付网，构建以专职队伍、实体渠道复用等有机组成、上门为主的交付体系。依托中台，实现全场景销售，多样化交付，打造中国联通互联网化新型营销网，提升客户感知和企业运营效率。

4．客户服务

2019年，中国联通以服务百姓为宗旨治理顽疾问题，实现服务口碑持续改善，加快推进服务互联网化转型，进一步提升服务渠道运营效率、客户体验。截至2019年四季度，移网客户口碑（NPS）同比提升7.2分，固网提升8.1分；截至2019年12月底，工信和信息化部有效申诉率同比下降50%。

二、财务概览

（一）概述

2019年，中国联通持续深化实施聚焦战略，实现营业收入达人民币2905.1亿元，同比下降0.1%；服务收入达人民币2643.9亿元，同比增长0.3%；实现净利润达人民币113.3亿元，同比增加人民币11.3亿元。

2019年，中国联通经营活动现金流量净额为人民币936.8亿元，资本开支为人民币564.2亿元。截至2019年年底，公司资产负债率为43.0%。

（二）营业收入

2019年，中国联通营业收入实现人民币2905.1亿元，同比下降0.1%。其中，服务收入为人民币2643.9亿元，同比增长0.3%，收入结构不断优化。

表1反映了中国联通2019年和2018年服务收入构成的变化情况及各业务服务收入所占服务收入百分比的情况。

表1　2019年和2018年服务收入构成的变化情况及各业务服务收入所占服务收入百分比的情况

亿元（人民币）	2019年		2018年	
	累计完成	所占服务收入百分比	累计完成	所占服务收入百分比
服务收入	2643.9	100.00%	2636.8	100.00%
其中：话音业务	394.8	14.93%	460.6	17.47%
非话音业务	2249.1	85.07%	2176.2	82.53%

1．话音业务

2019年，中国联通话音业务收入实现人民币394.8亿元，同比下降14.3%。

2．非话音业务

2019年，中国联通非话音业务收入实现人民币2249.1亿元，同比增长3.3%。

（三）成本费用

2019年，中国联通成本费用合计为人民币2763.5亿元，同比下降0.5%。

表2列出了2019年和2018年，中国联通成本费用项目以及每个项目所占营业收入的百分比变化情况。

表2　2019年和2018年，中国联通成本费用项目以及每个项目所占营业收入的百分比变化情况

亿元（人民币）	2019年		2018年	
	累计发生	所占营业收入百分比	累计发生	所占营业收入百分比
成本费用合计	2763.5	95.12%	2778.0	95.50%
营业成本	2792.5	96.12%	2817.5	96.86%
其中：网间结算支出	115.1	3.96%	125.8	4.32%
折旧及摊销	830.8	28.60%	757.8	26.05%
网络、营运及支撑成本	432.4	14.88%	550.8	18.93%
雇员薪酬及福利开支	505.2	17.39%	481.4	16.55%
销售通信产品成本	264.1	9.09%	276.0	9.49%
销售费用	335.4	11.55%	351.7	12.09%
其他经营及管理费	309.5	10.65%	274.0	9.43%
财务费用（抵减利息收入）	8.5	0.29%	−0.9	−0.03%
应占联营公司净盈利	−13.6	−0.47%	−24.8	−0.85%
应占合营公司净盈利	−6.5	−0.22%	−6.0	−0.21%
净其他收入	−17.4	−0.60%	−7.8	−0.27%

1．网间结算支出

2019年，中国联通受话务量下降影响，网间结算支出为人民币115.1亿元，同比下降8.5%，所占营业收入的比重由2018年的4.32%下降至3.96%。

2．折旧及摊销

2019年，中国联通资产折旧及摊销为人民币830.8亿元，同比增长9.6%，所占营业收入的比重由2018年的26.05%上升至28.60%，主要是受执行新租赁准则的影响。

3．网络、营运及支撑成本

2019年，中国联通网络、营运及支撑成本为人民币432.4亿元，同比下降21.5%，所占营业收入的比重由2018年的18.93%下降至14.88%，主要是受执行新租赁准则的影响。

4．雇员薪酬及福利开支

2019年，随着中国联通经营业绩上升，雇员薪酬及福利开支为人民币505.2亿元，同比增长4.9%，所占营业收入的比重由2018年的16.55%上升至17.39%。

5．销售通信产品成本

2019年，中国联通销售通信产品成本为人民币264.1亿元，同年销售通信产品收入为人民币261.3亿元，销售通信产品亏损为人民币2.8亿元。其中，终端补贴成本为7.9亿元，同比下降17.0%。

6．销售费用

2019年，随着中国联通适时调整移动业务发展策略，深化互联网化运营转型，严控用户发展成本，销售费用为人民币335.4亿元，同比下降4.6%，所占营业收入的比重由2018年的12.09%下降至11.55%。

7．其他经营及管理费

2019年，其他经营及管理费为人民币309.5亿元，同比增长12.9%，主要是ICT业务快速增长导致相关服务成本增加，以及加大对创新业务技术支撑的投入。

8．财务费用（抵减利息收入）

2019年，中国联通净财务费用为人民币8.5亿元，同比增加人民币9.4亿元，主要是受执行新租赁准则的影响。

9．净其他收入

2019年，中国联通实现净其他收入为人民币17.4亿元，同比增加人民币9.6亿元。

（四）盈利水平

1．税前利润

2019年，中国联通得益于发展质量和盈利能力的持续提升，税前利润为人民币141.7亿元，同比增长8.3%。

2．所得税

2019年，中国联通的所得税为人民币28.0亿元，全年实际税率为19.7%。

3．年度盈利

2019年，中国联通净利润为人民币113.3亿元，同比增加人民币11.3亿元。每股基本盈利为人民币0.370元，同比增长11.1%。

（五）EBITDA

2019年，中国联通EBITDA为人民币943.6亿元，同比增长11.1%，EBITDA占服务收入的百分比为35.7%，同比提高3.5个百分点，主要是受执行新租赁准则的影响。

（六）资本开支及现金流

2019年，中国联通各项资本开支合计为人民币564.2亿元，主要用于移动网络、宽带及数据、基础设施及传送网建设等方面。经营活动现金流量净额为人民币936.8亿元，扣除本年资本开支后自由现金流为人民币372.6亿元。

表3列出了中国联通2019年主要资本开支项目的情况。

表3　2019年主要资本开支项目的情况

单位：亿元（人民币）	累计支出	占比
合计	564.2	100.00%
其中：移动网络	296.5	52.54%
宽带及数据	84.3	14.94%
基础设施及传送网	114.2	20.23%
其他	69.2	12.29%

（七）资产负债情况

截至2019年年底，中国联通资产总额由2018年年底的人民币5403.2亿元上升至人民币5625.0亿元，负债总额由2018年年底的人民币2260.3亿元上升至人民币2417.4亿元，资产负债率由2018年年底的41.8%上升至43.0%，债务资本率由2018年年底的11.3%上升至15.2%，主要是受执行新租赁准则的影响；截至2019年年底，净债务资本率为5.9%。

附注1：　净利润为本公司权益持有者应占盈利。

附注2：　EBITDA反映了在计算财务费用、利息收入、应占联营公司净盈利、应占合营公司净盈利、净其他收入、所得税、折旧及摊销前的年度盈利。由于电信业是资本密集型产业，资本开支和财务费用可能对具有类似经营成果的公司盈利产生重大影响。因此，本公司认为，对于与本公司类似的电信公司而言，EBITDA有助于对公司经营成果分析，但它并非公认会计原则财务指标，并无统一定义，故未必可与其他公司的类似指标作比较。

附注3：　自由现金流反映了扣除资本开支的经营现金流，但它并非公认会计原则财务指标，并无统一定义，故未必可与其他公司的类似指标作比较。

附：财务报表

1. 合并损益表

截至12月31日（单位：人民币百万元，每股数除外）

指标	2019年	2018年
收入	290515	290877
网间结算成本	11513	12579
折旧及摊销	83080	75777
网络、营运及支撑成本	43236	55077
雇员薪酬及福利开支	50516	48143
销售通信产品成本	26412	27604
其他经营费用	64480	62561
财务费用	2123	1625
利息收入	1272	1712
应占联营公司净盈利	1359	2477
应占合营公司净盈利	646	598
净其他收入	1735	783
税前利润	14167	13081
所得税	（2795）	（2824）
年度盈利	11372	10257
应占盈利		
本公司权益持有者	11330	10197
非控制性权益	42	60
年内本公司权益持有者应占盈利的每股盈利		
每股盈利——基本（人民币元）	0.37	0.33
每股盈利——摊薄（人民币元）	0.37	0.33

2．合并综合收益表

截至12月31日（单位：人民币百万元）

指标	2019年	2018年
年度盈利	11372	10257
其他综合收益		
不会重分类至损益表的项目		
经其他综合收益入账的金融资产的公允值变动（不可转回）	583	383
经其他综合收益入账的金融资产的公允值变动之税务影响（不可转回）	2	2
经其他综合收益入账的金融资产的公允值变动，税后（不可转回）	581	381
其他	1	4
	582	385
日后可能重分类至损益表的项目		
外币报表折算差额	81	140
税后年度其他综合收益	501	245
年度总综合收益	10871	10012
应占总综合收益		
本公司权益持有者	10829	9952
非控制性权益	42	60

3.合并财务状况表

截至12月31日（单位：人民币百万元）

项目	2019年	2018年
资产		
非流动资产		
固定资产	367401	384475
预付租赁费	—	9290
使用权资产	43073	—
商誉	2771	2771
所拥有的联营公司权益	36445	35758
所拥有的合营公司权益	4771	3966
递延所得税资产	1226	3401
合同资产	595	570
合同成本	4923	5632
以公允值计量经其他综合收益入账的金融资产	3323	3903
以公允价值计量且其变动计入当期损益的金融资产	568	—
其他资产	13808	14645
	478904	464411
流动资产		
存货及易耗品	2359	2388
合同资产	1308	1254
应收账款	17233	14433
预付账款及其他流动资产	12456	11106
应收最终控股公司款	7688	7431
应收关联公司款	240	935
应收境内电信运营商款	3448	3812
以公允价值计量且其变动计入当期损益的金融资产	202	770
短期银行存款及受限制的存款	3716	3720
现金及现金等价物	34945	30060
	83595	75909
总资产	562499	540320
权益		
归属于本公司权益持有者		
股本	254056	254056
储备	（18803）	（20154）
留存收益		
——拟派末期股息	4529	4100
——其他	80265	75920
	320047	313922
非控制性权益	708	364
总权益	320755	314286
负债		
非流动负债		
长期银行借款	2869	3173
中期票据	998	—
公司债券	2998	999
租赁负债	21535	—
递延所得税负债	87	111

（续表）

项目	2019年	2018年
递延收入	4851	3609
应付关联公司款	3042	3042
其他债务	174	190
	36554	11124
流动负债		
短期银行借款	5564	15085
短期融资券	8995	—
一年内到期的长期银行借款	437	441
一年内到期的公司债券	—	16994
租赁负债	10790	—
应付账款及预提费用	121564	122458
应交税金	1534	911
应付最终控股公司款	1779	1214
应付关联公司款	7851	8843
应付境内电信运营商款	2174	2144
应付股利	920	920
递延收入的流动部分	—	78
一年内到期的其他债务	2604	2844
合同负债	40648	42650
预收账款	330	328
	205190	214910
总负债	241744	226034
总权益及负债	562499	540320
净流动负债	121595	139001
流动总资产减流动负债	357309	325410

4．合并现金流量表

截至12月31日（单位：人民币百万元）

项目	2019年	2018年
经营活动的现金流量		
经营活动所产生的现金	94952	93882
已收利息	1551	1688
已付利息	2521	2457
已付所得税	304	726
经营活动所产生的净现金流入	93678	92387
投资活动的现金流量		
购入固定资产及使用权资产	56187	52176
购入其他资产	4355	4590
出售固定资产及其他资产所得款	1512	1090
以公允值计量经其他综合收益入账的金融资产收取之股利	205	203
以公允价值计量且其变动计入当期损益的金融资产之投资收益	24	36
处置以公允价值计量且其变动计入当期损益的金融资产所得款	507	—
收取联营公司之股利	82	20
短期银行存款减少	34	3094
取得以公允价值计量且其变动计入当期损益的金融资产支付的现金净额	423	585
取得以公允值计量经其他综合收益入账的金融资产支付的现金净额	3	—
取得联营公司权益支付的现金净额	12	67
取得合营公司权益支付的现金净额	137	1000
联通集团财务有限公司（「财务公司」）向关联公司提供贷款	11434	13558
财务公司收回一家关联公司贷款	11134	6354
投资活动所支付的净现金流出	59053	61179
融资活动的现金流量		
非控制性权益持有者投入资本	508	7
短期银行借款所得款	28784	53306
发行短期融资券所得款	8995	—
发行中期票据所得款	992	—
发行公司债券所得款	2000	—
关联公司之借款	50	3090
偿还短期银行借款	38290	60730
偿还长期银行借款	418	435
偿还短期融资券	—	9000
偿还关联公司之借款	48	475
偿还最终控股公司之借款	—	1344
偿还中期票据	—	18000
偿还公司债券	17000	—
偿还融资租赁	—	493
已付租金之本金	11123	—
支付中期票据之发行费	—	67
支付股息予本公司权益持有者	4100	1591

（续表）

项目	2019年	2018年
关联公司从财务公司存放存款净额	236	2354
财务公司法定存款准备金增加	351	680
融资活动所产生的净现金流出	29765	34058
现金及现金等价物的净增加/减少	4860	2850
现金及现金等价物年初余额	30060	32836
外币汇率变动的影响	25	74
现金及现金等价物年末余额	34945	30060
现金及现金等价物分析		
现金结余	1	1
银行结余	34944	30059
	34945	30060

将税前利润调整为经营活动所产生的现金如下。

截至12月31日（单位：人民币百万元）

	2019年	2018年
税前利润	14167	13081
调整项目		
折旧及摊销	83080	75777
利息收入	1272	1712
财务费用	1991	1676
处置固定资产损失	2179	4148
预期信用损失和存货跌价准备	3663	3846
以公允值计量经其他综合收益入账的金融资产之股利	205	203
以公允价值计量且其变动计入当期损益的金融资产之投资收益	24	36
其他投资收益	96	31
应占联营公司净盈利	1359	2477
应占合营公司净盈利	646	598
A股公司授予本集团员工限制性股票费用	571	614
营运资金变动		
应收账款增加	5928	4887
合同资产增加/减少	122	1150
合同成本增加	2188	3001
存货及易耗品增加	335	385
受限制的存款减少/增加	321	581
其他资产增加/减少	796	1584
预付账款及其他流动资产增加/减少	1876	60
应收最终控股公司款增加	7	20
应收关联公司款减少	745	2339
应收境内电信运营商款减少	364	871
应付账款及预提费用增加	2386	6591
应交税金增加	623	33

（续表）

	2019年	2018年
预收账款增加	2	45
合同负债减少	2002	4322
递延收入增加	1164	1474
其他债务减少/增加	16	68
应付最终控股公司款增加	322	40
应付关联公司款增加/减少	216	868
应付境内电信运营商款增加/减少	30	394
经营活动所产生的现金	94952	93882

中国铁塔股份有限公司 2019 年发展综述

中国铁塔股份有限公司（以下简称中国铁塔）于2014年7月15日在北京注册成立，2018年8月8日在香港联合交易所主板挂牌上市，募集资金规模达588亿港币。2018年12月10日，公司股票正式纳入恒生指数系列成分股。

作为全球规模最大的通信铁塔基础设施服务提供商，中国铁塔致力于成为国际同行中最具潜力的成长型、价值型企业。公司始终坚持共享发展理念，基于遍布全国31个省（自治区、直辖市）的铁塔站址资源，持续深化资源共享，不断满足运营商客户日益增长的移动网络覆盖以及其他行业客户需求，努力为客户提供优质服务，包括面向通信行业开展塔类业务和室分业务服务，面向社会不同行业客户提供跨行业站址应用与信息服务和能源经营服务。截至2019年年底，中国铁塔总资产为人民币3380.67亿元。塔类站址规模达199.4万个，塔类租户数为323.9万，塔类站均租户为1.62，整体共享水平持续提升。

2019年，中国铁塔入选福布斯全球数字经济100强，名列第71位；在《财富》全球未来50强中排名第22位。

一、财务摘要

财务摘要见表1。

表1　财务摘要

主要财务指标	2019年	2018年	同比变化率
营业收入（人民币百万元）	76428	71819	6.4%
其中：塔类业务（人民币百万元）	71406	68597	4.1%
室分业务（人民币百万元）	2658	1819	46.1%
跨行业及能源经营业务（人民币百万元）	2080	1222	70.2%
其他（人民币百万元）	284	181	56.9%
营业利润（人民币百万元）	11281	9081	24.2%
EBITDA1（人民币百万元）	56696	41773	35.7%
归属于本公司股东的利润（人民币百万元）	5222	2650	97.1%
资本开支（人民币百万元）	27123	26466	2.5%

（续表）

主要财务指标	2019年	2018年	同比变化率
经营活动现金流量净额（人民币百万元）	49935	45540	9.7%
每股盈利（人民币元）	0.0297	0.0179	65.9%

二、业务概览

2019年，公司继续高擎共享旗帜，深入推动"一体两翼"战略落地，着力锻造核心竞争能力，进一步培育多点支撑的业务增长格局，经营业绩稳健增长，健康可持续发展态势良好。表2为公司的主要运营数据。

表2　公司的主要运营数据

指标名称	单位	2019年	2018年	同比变化率
塔类租户数	万户	323.9	297.8	8.8%
其中：运营商租户数	万户	306.3	283.7	8.0%
跨行业租户数	万户	17.6	14.1	24.8%
塔类站址数	万	199.4	192.5	3.6%
塔类站均租户数	户/站址	1.62	1.55	4.5%
塔类站址平均年收入	元/年	37407	36941	1.3%
室分楼宇覆盖面积	亿平方米	25.7	14.6	76.0%
室分地铁里程	千米	3370	2887	16.7%
室分高铁隧道里程	千米	5318	4376	21.5%

注：塔类站址平均收入 =（塔类业务收入 + 跨行业收入）/[(期初塔类站址数 + 期末塔类站址数)/2]。

（一）发挥能力优势，推动运营商业务稳健发展

2019年，公司顺应"共享经济"发展要求，积极统筹利用自有资源和社会资源，着力推动从单一的铁塔共享迈向综合共享和一体化服务，移动网络覆盖综合解决方案服务能力不断提升，共享水平持续提高，需求满足更加经济高效。截至2019年年底，塔类站均租户数达1.62户，较2018年提升0.07户，其中运营商业务站均租户数达1.54户。每站址平均年收入为人民币37407元/站址，较2018年提升1.30%。

塔类业务：公司坚持以提升效益、创造价值为导向，从杆塔、机房、电源等传统资源共享，延伸至传输、监控维护等综合共享，向客户提供差异化的移动网络覆盖综合解决方案，扩大服务范围，提升服务品质，降低客户综合使用成本，巩固差异化竞争优势，为客户、行业创造价值。2019年塔类站址数达199.4万座，较2018年增长3.6%；新增运营商业务租户22.6万户，运营商业务租户总数为306.3万户，较2018年增长8.0%。

室分业务：公司以统筹进场优势为抓手，立足共享，突出综合成本优势，助力客户降本

增效。在巩固地铁、大型场馆、高端商务楼宇等重点场景外，通过移动网络覆盖综合解决方案的综合成本优势重点突破校园、医院、景区及住宅小区等场景，逐步形成多样化、有比较优势的室分产品体系，不断拓展各类室分市场。2019年，室分业务覆盖楼宇总面积达25.7亿平方米，较2018年增长76.0%；覆盖地铁总里程为3370千米，较2018年增长16.7%；覆盖高铁隧道总里程为5318千米，较2018年增长21.5%。

（二）聚焦重点领域，积极拓展两翼业务

面向社会其他行业客户，公司立足资源优势和专业能力，积极开展跨行业站址应用与综合信息服务，以及能源的社会化经营，进一步培育多点支撑的业务增长格局。

跨行业业务：公司立足资源优势，变通信塔为社会塔，向客户提供以资源共享为核心的跨行业站址应用与信息业务，助力公司业务多元化发展。2019年，围绕"智享、智联、智控"三大业务品牌，以科技赋能，通过数据采集和分析，提供动态监测、监控和实时预警等综合信息服务，满足行业客户在环境监测、灾害防控、污染防治、社会治理等相关领域的实际需求，实现跨行业业务高质量增长，彰显公司价值。2019年，跨行业租户数达17.6万户，较2018年增加3.5万户。

能源经营业务：公司坚持共享协同，将基于站址的电力保障和备电服务能力向社会延伸，充分发挥站址资源、物业关系、建维能力、可视可管可控的监控平台等资源能力优势，面向社会提供多元化能源服务，积极发展备电、发电、充电业务，稳健推进换电业务，探索动力电池梯次利用，初步完成能源经营业务整体布局，各项业务起步良好。

（三）围绕客户感知，持续提升服务能力

公司始终坚持以"客户为根、服务为本"的服务理念，不断提升综合服务能力和水平，为客户创造价值。全面强化主动营销，以综合解决方案为基础，通过宏微结合、室内外协同，为客户提供更加经济合理的解决方案，并在客户关心的提升共享、降低综合成本、解决疑难站址等方面开展持续攻关，与客户同向而行、互利共赢，经济高效满足客户需求，推动行业共赢发展。

公司切实关切客户感知和诉求，通过构建一体化综合服务体系，不断强化维护服务保障能力，提高客户满意度。一方面，通过优化完善客户对接服务体系、服务品质保障体系，以及优化改进基于互联网的"可视可管可控"的生产服务全流程，持续推进精准维护，提高通信保障能力和服务品质。2019年，机房站址100%实现了7×24小时实时监控，生产效率持续提升；标准站址平均断电退服时长为9.6分钟/站/月，较2018年下降2.0%；断电退服率为5.2%，较2018年下降11.8%。全年应急通信和重要通信保障累计出动人员为27.7万人次，车辆为12.7万车次，油机为33.6万台次，发电保障为27.5万站次，圆满完成了中华人民共和国成立70周年重大活动通信保障和抗震、抗洪、抗台风等重大自然灾害应急通信保障。另一方面，以客户问题和诉求为导向，通过争取政策支持、精益管理、实施一体化综合维护和联合行动等举措，切实解决客户的痛点、难点问题，提升客户服务能力，得到了客户的高度认可。

（四）深化开放合作，营造良好的发展环境

2019年，公司充分把握国家"网络强国"和加快推动5G网络等新型基础设施建设的良好机遇，积极争取政策支持，全力营造发展环境，企业形象和信息通信基础设施建设主力军的作用得到了更广泛的认可。

借力5G加快发展的机遇，公司立足共享，广开合作之门，积极争取社会各界支持，进一步强化与铁路、电力、邮政、互联网、房地产等多个行业的战略合作，充分发掘资源共享，助力一体两翼业务拓展。运营商业务上，京张高铁等一批重点项目实现了同步规划、同步设计、同步实施、同步开通；监控杆、路灯杆、电力塔等社会杆塔资源的利用率进一步提升，新建微站社会资源利用率约为84%，新建宏站社会资源利用率约为17%。跨行业业务上，与气象、环保、地震等社会民生行业客户，与互联网、石油石化等垂直行业企业建立战略合作关系，不断提升跨行业的综合信息化服务和平台运营能力；能源经营业务上，与银行、邮政物流、新能源动力电池厂商等建立战略合作关系，助力能源经营业务快速布局。

（五）加强技术创新，支撑5G网络建设

面对运营商5G网络建设加速，公司持续强化技术创新，致力于经济高效满足5G基站建设。积极攻克高频段5G信号室内覆盖难题，研发出系列5G共享无源室分产品，支持多家电信企业2G/3G/4G/5G系统全接入，灵活满足不同场景下室分存量改造和新建需求，为5G室分规模建设提供了低成本、有效的解决方案；联合产业链推出市电削峰创新方案，最大可实现削减40%的市电需求；研发应用模块化电源，支持动态按需扩容、差异化备电，提升了供电系统管理的精细化；创新推出新型电池合路器，支持新旧电池共用、铅酸铁锂电池混用，提高了蓄电池配置的灵活性和经济性，有效降低5G建设的难度和外市电扩容的成本；结合5G天线新特性，研究推出损耗小、价格优的新型中空复合材料美化罩，满足景区、园区等有美化要求的场景部署需求。

三、财务概览

（一）概述

2019年，公司坚持战略引领，深化共享发展，拓展多元市场空间，持续推进精益管理，经营业绩稳步提升。

2019年，公司营业收入达764.28亿元（如未特别注明，本财务概览金额均以人民币列示），比2018年增长6.4%；营业利润达112.81亿元，比2018年增长24.2%；净利润达52.22亿元，比2018年增长97.1%；EBITDA为566.96亿元，比2018年增长35.7%，资本开支为271.23亿元，自由现金流达228.12亿元。

公司于2019年1月1日起执行国际财务报告准则第16号《租赁》。根据准则要求，公司作为承租人于资产负债表内确认了反映未来租金付款的租赁负债及使用权资产（若干短期租赁或低价值租赁被选择豁免处理），同时确认使用权资产的折旧和租赁负债的融资成本，以替代原计入场地租赁费项下的相应租赁支出，并将租赁负债的现金还款于现金流量表的筹资活动现金流量下呈列。若公司未执行国际财务报告准则第16号，则与2018年相同口径数据进行比较（以下简称"可比口径"），2019年营业利润为102.24亿元，比2018年增长12.6%；EBITDA为442.84亿元，比2018年增长6.0%，自由现金流为115.93亿元。

（二）营业收入

2019年，公司立足资源共享，以塔类、室分等运营商业务为主体，以跨行业业务和能源经营业务为两翼，积极推进"一体两翼"战略布局。2019年，公司营业收入达764.28亿元，比2018年增长6.4%，业务收入持续稳健增长,收入结构趋于多元化，包含室分业务和两翼业务在内的非塔类业务收入占营业收入比重由2018年的4.5%提升至6.6%。

表3为公司2019年和2018年营业收入构成的变化情况。

表3 公司2019年和2018年营业收入构成的变化情况

	2019年		2018年	
	累计完成（人民币百万元）	占营业收入比重	累计完成（人民币百万元）	占营业收入比重
营业收入	76428	100.0%	71819	100.0%
其中：塔类业务	71406	93.4%	68597	95.5%
室分业务	2658	3.5%	1819	2.5%
跨行业及能源经营业务	2080	2.7%	1222	1.7%
其他业务	284	0.4%	180	0.3%

1. 塔类业务收入

2019年，公司积极推进塔、机房、维护监控等资源综合共享和一体化服务，通过宏微结合、室内外协同的移动网络覆盖综合解决方案，低成本高效率满足客户需求，塔类业务持续增长，塔类业务收入达714.06亿元，比2018年增长4.1%。

2. 室分业务收入

2019年，公司充分发挥重点场景统筹进场优势，加大对外合作力度，通过有源与无源相结合的多样化建设方案，积极拓展室分市场，室分业务收入达26.58亿元，比2018年增长46.1%，室分业务收入占营业收入的比重为3.5%，比2018年提升1.0个百分点。

3. 跨行业及能源经营业务收入

2019年，公司发挥核心资源优势，积极开展基于平台运营和综合信息服务的跨行业业务模式创新，在备发电、充电、换电及梯次电池利用等方面探索和布局能源的社会化经营和服务，跨行业及能源经营业务收入达20.80亿元，比2018年增长70.2%，其中跨行业业务收入为

18.87亿元；能源经营业务收入为1.93亿元。跨行业及能源经营业务收入占营业收入的比重为2.7%，比2018年提升1.0个百分点。

4．其他业务收入

2019年，公司提供传输代建等其他服务实现营业收入达2.84亿元。

（三）营业开支

公司坚持精益化管理，依托单站核算体系强化成本对标管控；借助于透明、高效的互联网管理模式，精准集约使用成本，促进降本增效。2019年，营业开支累计达651.47亿元，比2018年增长3.8%；营业开支占营业收入比重为85.2%，比2018年下降2.2个百分点。

表4为公司2019年和2018年营业开支构成的可比口径变化情况。

表4　公司2019年和2018年营业开支构成的可比口径变化情况

	累计完成（人民币百万元）	2019年		2018年	
		可比口径累计完成（人民币百万元）	可比口径占营业收入比重	累计完成（人民币百万元）	占营业收入比重
营业开支	65147	66204	86.6%	62738	87.4%
其中：折旧及摊销	45415	34060	44.6%	32692	45.5%
场地租赁费	639	12699	16.6%	12196	17.0%
维护费用	5993	5993	7.8%	6165	8.6%
人工成本	5863	5863	7.7%	4917	6.8%
其他营业开支	7237	7589	9.9%	6768	9.4%

1．折旧及摊销

2019年，公司折旧及摊销累计达454.15亿元。受益于共享水平的提升、综合解决方案的推进以及对社会资源的统筹利用，公司建设投资得到有效管控，折旧及摊销按可比口径比2018年增长4.2%，折旧及摊销占营业收入比重由2018年的45.5%下降至44.6%。

2．场地租赁费

2019年，公司加强场租合同续签管理，主动争取低成本站址资源，有效控制场租成本增长，场地租赁费累计达6.39亿元，按可比口径场地租赁费比2018年增长4.1%，场地租赁费占营业收入比重由2018年的17.0%下降至16.6%。

3．维护费用

2019年，公司依托覆盖全国的"物联网+互联网"无线监控体系，持续提升精准维护能力，强化维护成本管控，低成本优服务提供专业化维护保障，维护费用累计达59.93亿元，比2018年下降2.8%。

4．人工成本

2019年，公司坚持实施工效挂钩激励政策，适时补充两翼业务发展所需的专业技术人才，首次启动并执行限制性股票激励计划，人工成本累计达58.63亿元，比2018年增长19.2%。

5. 其他营业开支

2019年，其他营业开支累计达72.37亿元，按可比口径比2018年增长12.1%。主要是随着跨行业及能源经营业务发展，相关拓展成本比2018年增长4.56亿元；以及遵循谨慎性原则依据客户预期信用风险计提坏账准备3.95亿元。

（四）融资成本

公司坚持资金集中管理，多渠道低成本筹资，降低资金占用成本。截至2019年年底，公司带息负债达1203.53亿元，按可比口径比2018年年末减少38.93亿元。受带息负债平均余额减少及综合融资成本率下降的影响，2019年公司净财务费用累计达45.98亿元，比2018年下降20.2%，按可比口径比2018年下降43.2%。

（五）盈利水平

1. 营业利润及EBITDA

2019年，公司营业利润达112.81亿元，比2018年增长24.2%；EBITDA为566.96亿元，比2018年增长35.7%，EBITDA占营业收入百分比为74.2%。按可比口径，EBITDA比2018年增长6.0%，EBITDA占营业收入百分比为57.9%。

2. 净利润

2019年，公司净利润达52.21亿元，比2018年增长97.0%。每股基本盈利为0.03元。

（六）资本开支及现金流量

1. 资本开支

2019年，公司深化资源共享，统筹利用自有资源和社会资源，低成本高效率满足客户建设需求；同时，不断加强资产全生命周期管理，有效管控投资规模，资本开支累计达271.23亿元，资本开支占收比由2018年的36.9%下降至35.5%。

表5为公司2019年主要的资本开支项目情况。

表5　公司2019年主要的资本开支项目情况

	2019年	
	累计支出（人民币百万元）	占比
资本开支	27123	100.0%
其中：站址新建及共享改造	19725	72.7%
站址更新改造	4203	15.5%
IT支撑及购置综合生产用房等	3195	11.8%

2. 经营活动现金流及自由现金流

2019年，公司经营活动现金流量净额为499.35亿元，扣除本年资本开支后自由现金流为

228.12亿元。按可比口径，经营活动现金流量净额为387.16亿元，自由现金流为115.93亿元。

（七）资产负债情况

截至2019年年底，公司资产总额为3380.67亿元，负债总额为1555.06亿元，其中净债务为1141.30亿元；资产负债率为46.0%，比2019年1月1日经重列口径[1]下降1.1个百分点；净债务杠杆率[2]为38.5%，比2019年1月1日经重列口径下降1.4个百分点。

四、未来发展策略

当前，5G时代的到来推动整个信息通信行业的转型升级，加速网络强国、数字中国、智慧社会的建设进程，也为公司带来发展机遇和市场空间。展望未来，作为信息通信基础设施服务的提供者，公司将继续高擎共享旗帜，围绕高质量发展的主线，持续推动"一体两翼"战略落地，实现公司健康可持续发展。

（一）强化核心能力，实现运营商业务持续发展

面向5G规模建设，公司积极适应内外部环境变化，聚焦客户需求，强化核心竞争力，高效支撑运营商移动网络建设。不断发挥资源统筹优势，全面提升站址资源获取能力；不断深化共享，充分利用自有资源和社会资源，进一步提升共享水平；不断强化市场导向，推进移动网络覆盖综合解决方案全面落地，满足客户网络覆盖需求，为客户创造价值、与行业共赢发展。

（二）发挥协同优势，加快两翼业务规模发展

面对数字经济、新能源产业的蓬勃发展，公司将进一步发挥资源和能力优势，推动两翼业务和运营商业务协同发展。跨行业业务要加快平台建设与能力打造，加快向综合信息化服务和平台运营转变，实现规模增长和高质量发展；能源经营业务要以专业化运营为基础，聚焦重点，打造差异化、有竞争力的产品，以良好平台和服务引领业务有效益、可持续发展。

（三）聚焦提质增效，推动公司价值不断提升

持续提升创新效率和效益，攻关5G电源、室分共享等重点研发领域，加快建设统一云资源管理平台，服务业务发展；强化精益高效管理，开展"对标一流管理提升行动"，优化生产管理流程，完善单站核算和资产全生命周期管理体系，持续推动管理标准化工作；完善市场化激励机制，强化价值创造导向，促进薪酬差异化、激励方式多样化，全方位加大核心骨干人才激励力度，激发创新动力、增强发展活力。

---

1 2019年1月1日经重列口径，指公司于2019年1月1日首次执行国际财务报告准则第16号时，将2018年12月31日资产负债数据按照会计政策变更追溯调整后的金额。

2 净债务杠杆率根据净债务（计息负债减现金及现金等价物的净值）除以总权益和净债务之和乘以100%。

附：财务报表

1. 合并综合收益表

截至各年度12月31日（单位：人民币百万元）

项目	2019年	2018年
营业收入	76428	71819
营业开支		
折旧及摊销	45415	（32692）
场地租赁费	（639）	（12196）
维护费用	（5993）	（6165）
人工成本	（5863）	（4917）
其他管理开支	（7237）	（6768）
	（65147）	（62738）
营业利润	11281	9081
其他收益	154	153
利息收入	63	248
融资成本	（4661）	（6007）
税前利润	6837	3475
所得税费用	（1616）	（825）
年度利润	5221	2650
本年利润归属于：		
——本公司股东	5222	2650
——非控制性权益	（1）	—
其他综合收益（税后）	—	—
年度综合收益	5221	2650
年度利润及综合收益总额归属于：		
——本公司股东	5222	2650
——非控制性权益	（1）	—
	5221	2650
每股基本及摊薄收益（人民币元）		
基本/摊薄	0.0297	0.0179

2．合并资产负责表

截至各年度12月31日（单位：人民币百万元）

资产	2019年	2018年
非流动资产		
物业、厂房及设备	239925	249055
使用权资产	36140	—
在建工程	12263	12193
递延所得税资产	1199	706
长期预付款	—	13216
其他非流动资产	7545	8395
	297072	283565
流动资产		
应收营业款及其他应收款	26258	19158
预付款及其他流动资产	8514	7805
现金及现金等价物	6223	4836
	40995	31799
总资产	338067	315364
权益及负债		
归属于本公司股东权益		
股本	176008	176008
储备	6551	4494
归属于本公司股东权益总额	182559	180502
非控制性权益	2	—
权益总额	182561	180502
负债		
非流动负债		
借款	8480	19064
租赁负债	17862	—
递延收入	800	1039
	27142	20103
流动负债		
借款	87019	79946
租赁负债	6992	—
应付递延对价	—	382
应付账款	29313	30591
预提费用及其他应付款	4641	3263
应付所得税	399	577
	128364	114759
负债总额	155506	134862
权益及负债总额	338067	315364

3. 合并权益变动表

截至各年度12月31日（单位：人民币百万元）

	股本	资本溢价	限制性股票激励计划所持股份	以股份支付为基础的储蓄	法定储蓄	留存收益	合计	非控制性权益	权益总额
于2018年1月1日的结余	129345	—	—	—	—	(1850)	127495	—	127495
本年利润	—	—	—	—	—	2650	2650	—	2650
其他综合收益	—	—	—	—	—	—	—	—	—
本年综合收益总额	—	—	—	—	—	2650	2650	—	2650
H股总额发行股份募集资金净额	46663	3694	—	—	—	—	50357	—	50357
提取法定储备	—	—	—	—	80	(80)	—	—	—
于2018年12月31日的结余	176008	3694	—	—	80	720	180502	—	180502
会计政策变更	—	—	—	—	(80)	(1201)	(1281)	—	(1281)
于2019年1月1日（经重述）	176008	3694	—	—	—	(481)	179221	—	179221
本年利润	—	—	—	—	—	5222	5222	1	5221
其他综合收益	—	—	—	—	—	—	—	—	—
本年综合收益总额	—	—	—	—	—	5222	5222	1	5221
股息分配	—	—	—	—	—	(396)	(396)	—	(396)
限制性股票激励计划所购买股份	—	—	(1735)	—	—	—	1735	—	1735
雇员股份计划－雇员服务价值	—	—	—	247	—	—	247	—	247
非控制性权益投入	—	—	—	—	—	—	—	3	3
提取法定储备	—	—	—	—	475	(475)	—	—	—
于2019年12月31日的结余	176008	3694	(1735)	247	475	3870	182559	2	182561

4．合并现金流量表

截至各年度12月31日（单位：人民币百万元）

指标	2019年度	2018年度
经营活动现金流量		
经营活动产生的现金	51922	45757
支付的所得税	（2050）	（465）
收取的利息收入	63	248
经营活动产生的现金净额	49935	45540
投资活动现金流量		
购买物业及设备	（27798）	（32713）
购买土地使用权及其他非流动资产	（437）	（282）
处置物业及设备所得款项	99	80
对联营公司投资所支付的款项	—	（8）
投资活动所用的现金净额	（28136）	（32923）
融资活动现金流量		
H股发行股份所得款项	—	51165
借款收到的款项（不含短期融资券）	72120	165530
发行短期融资券所得款项	17000	—
由于雇员股份计划从雇员处所得款项净额	1139	—
非控制性权益持有者投入资本	3	—
限制性股票激励计划所购买的股份	（1735）	—
雇员股份计划购买股份预付款项	（147）	—
偿还借款支付的款项	（93052）	（205889）
向本公司股东支付的股息	（396）	—
偿还收购铁塔资产的递延对价（包括增值税）所支付的款项	（382）	（16884）
上市费用支出款项	（89）	（724）
支付借款之利息	（3654）	（8832）
支付租赁负债（包括本金及利息）	（11219）	—
融资活动所用现金净额	（20412）	（15634）
现金及现金等价物增加/（减少）净额	1387	（3017）
年初的现金及现金等价物	4836	7852
外币汇率变动对现金及现金等价物的影响	—	1
年末的现金及现金等价物	6223	4836

中国广播电视网络有限公司
2019 年发展综述

一、基本情况

（一）公司成立背景与发展定位

中国广播电视网络有限公司（以下简称中国广电）是根据党的十七届六中全会"整合有线电视网络，组建国家级广播电视网络公司"精神，经国务院批复，由中央财政出资，于 2014 年 5 月 28 日正式挂牌成立的中央文化企业，目前实收资本为人民币 53.804 亿元。由国家广播电影电视总局负责组建和代管；由财政部代表国务院履行出资人职责，财务关系在财政部单列；由广播电影电视总局和工业和信息化部按照职责对中国广电相关业务实行行业监管。

中国广电应中央网络强国、三网融合战略而生，是广电网络参与三网融合的市场主体，是全国有线电视网络整合和 5G 建设一体化发展的主体，是全国有线电视网络互联互通平台建设运营的主体。

中国广电以习近平新时代中国特色社会主义思想为指导，聚焦全国有线电视网络整合和 5G 建设一体化发展，整合资源、完善布局、争取政策、升级网络、开展经营，坚定不移以"智慧广电"为抓手，加快转型升级，推动全国一网整合和广电 5G 网络建设，加快广电有线无线交互发展，以内容为核心竞争力，开展垂直行业应用和公众客户服务，努力将广播电视网络建设成为兼具宣传文化媒体和综合信息服务特色的可管可控、安全可靠的新型融合网络，发挥主流舆论传播主渠道和国家信息基础设施的重要作用。

（二）业务生产经营管理情况

中国广电自 2016 年开始，通过增资入股、合作投资等方式，先后投资、设立了中国有线、中广电传媒、中广移动、中广基金、中广资本、中广终端、中广电国际、中广宽带、中广云视传媒、中广投、国广东方、东方嘉影、新疆广电、黑龙江广电 14 家控（参）股企业，初步形成了总部控股、子公司运营的集团运营管理架构。目前总资产达146.76亿元，各项重点工作有序推进，实现了国有资本的保值增值和有效放大。

截至2019年年底，中国广电已获颁互联网国内数据传送业务、国内通信设施服务业务、第五代数字蜂窝移动通信业务3项基础电信业务经营许可证；网络托管业务、国内多方通信服务业务、国内因特网虚拟专用网业务、因特网数据中心业务、呼叫中心业务、因特网接入服务业务、信息服务业务7项增值电信业务经营许可证；10099客户服务短号码许可证、15号段移动网络识别码、192号段公众移动通信网网号、10640号段机器通信号码4张电信码号资源使用证书。

截至2019年12月31日，中国广电本部及下属子公司电信指标完成情况为：中国有线固定互联网宽带接入用户共计41.28万户（其中城市宽带接入用户数为32.37万、农村宽带接入用户数为8.91万），同比增长62.26%；固定互联网宽带接入流量共计78GB，同比增长56%；长途光缆线路长度为42380公里。

2019年中国广电本部及下属子公司的电信投资情况为：电信固定资产投资完成额合计52.89万元，其中中广电传媒电信固定资产投资完成额为44万元，中广投电信固定资产投资完成额为8.89万元；互联网及数据通信投资合计1270.26万元，全部为中广投的互联网及数据通信投资。

2019年中国广电本部及下属子公司的电信经济效益指标完成情况为：中国广电本部实现营业收入为3686.94万元，营业成本为3718.45万元，利润总额为-19883.55万元，净利润为-19883.55万元。中国有线实现营业收入为82388万元。中广宽带实现营业收入为3873.68万元。其他子公司2019年均暂未发生电信业务收入和电信业务成本。

二、主要特点

中国广电是中央文化企业，《国务院关于组建中国广播电视网络有限公司有关问题的批复》（国函〔2012〕184号）中指出，中国广电的主要任务是全国有线电视网络整合、互联互通平台建设运营，并积极参与三网融合。中国广电全力推进上述工作，在工作中始终坚持把社会效益放在首位。

（一）关于全国有线电视网络整合

2019年，全国有线电视网络整合工作取得了突破性进展，获得了中央领导、中宣部领导的支持，凝聚了有线电视行业的普遍共识，加持了5G牌照等发展要素的全新动能，汇集了战略合作伙伴的强烈信心。全国有线电视网络整合即将进入新篇章。

一是行政推动力大大增强。经中央领导同志同意，成立了由中国共产党中央委员会宣传部牵头的全国有线电视网络整合发展领导小组。2019年12月，王沪宁同志主持召开中央宣传思想工作领导小组会议，审议通过了《全国有线电视网络整合发展实施方案》，并于2020年2月由中国共产党中央委员会宣传部、国家发展和改革委员会、国家广播电影电视总局、工业和信息化部等九部委联合印发。

二是战略合作谈判进展顺利。按照网络整合和5G建设一体化发展的新思路，中国广电与有关方面进行了多轮谈判，基本达成了战略合作协议签订意向。阿里巴巴等愿意作为战略投资者参与股份公司的组建，与中国广电就战略合作框架协议的签订基本达成了共识。

三是混合所有制改革积极推进。中国共产党中央委员会宣传部批复同意对"全国一网"整合组建的"全国一网"股份公司进行混合所有制改革，中国广电借鉴中央企业混改经验，结合战投谈判情况，精心设计混改具体方案，举措包括但不限于引入国资和民资等战略投资者，推进人事、劳动、分配三项制度改革，优化公司总部管控，提升资本运作能力，加强资本运作和股权运作。

（二）关于互联互通平台的建设和网络升级改造

全国有线电视网络互联互通平台是国家级的战略平台，是有线电视行业全程全网全业务全产业链的总分发、总枢纽和总播控，是全国有线电视网络物理连接、跨域传输、跨屏传播的高效、宽带、泛在、安全的基础网络设施，支撑有线电视网络与广电5G全国一网协同运营。

互联互通平台先导项目完成建设并完成一期规划。一是广电骨干传输网规模化建设加速推进，由"三横三纵"演进至"五横五纵"。截至2019年年底，省际干线光缆传输网合计完成20000公里国干网线路整改扩容，新建及在建省际干线光缆线路近10000公里，依托中国有线原国干网已实现全国覆盖，逐步向"五横五纵"演进。二是采用双平面架构的广电宽带数据网。广播电视A平面覆盖到省会，互联网B平面覆盖到全部地市。已于北京、上海、广州、武汉、西安、成都部署建成6个核心节点；于北京、上海、广州、武汉、西安、成都、郑州、长沙、南京、海口部署建成10个骨干节点；于北京、西安建设全国有线电视网络互连互通平台区域DNS节点；于北京和西安部署内容中心，每个内容中心各存储容量1PB；于北京部署运营管理中心和全局调度中心；于北京、上海、广州、南京、武汉、西安、成都、长沙、郑州、海口10个城市部署边缘服务节点，业务支撑范围覆盖10个省市。三是构建四级分布式架构的广电云平台。以北京、西安、南京等全国性云数据中心，实现资源统一调度和共享。已经完成北京2个数据中心机房，包括北京（武清）机房和北京首站142机房的建设，1个西安数据备份中心的建设，总计算能力为1.9万核CPU、240TB内存，总存储能力为9.8PB，可满足融合服务平台、流媒体内容分发网络（Content Delivery Network，CDN）中心节点、生产运营支撑管理系统的部署，其中西安数据备份中心、北京首站142机房数据中心的虚拟计算资源支持北京云平台（武清）的纳管，可以实现资源统一分配。同时，已经完成南京和西安两地云数据中心的建设规划。四是融合服务平台是互联互通核心业务支撑平台。现完成了包括统一内容收录及生产系统、统一内容管理系统、融合服务系统、流媒体CDN系统、信息安全系统、监控系统的融合服务平台先导项目的建设工作，形成了基础业务平台支撑架构体系，成为了全国最大的全IP化广电跨域融合服务平台。流媒体CDN平台完成以北京为中心节点及西安、海南、上海、南京、无锡、郑州、重庆、歌华、贵阳等11地分节点的部署工作。五是构建支撑包括5G业务在内的全业务统一运营的业务运营支撑体系。主要由中央运营支撑系统和生产运营支撑系统组成。中央运营支撑系统升级扩容，并具备4000万用户的承载能力；生产运营支撑系统具备2000万用户的承载能力。下一步结合已有有线电视网络运营支撑系统，预研运营支撑系统对通信业务场景的支撑，涵盖语音、即时消息、数据等业务的开通计费等，实现以5G业务场景为导向的有线无线融合运营支撑服务。六是研制多款融媒TV终端及开发广电宽带电视Android应用程序包。培育良好的终端生态，研发推广多屏、多制式智能终端，聚合优势资源、节约成本、增强体验。现中国广电终端支持4K视频解码能力，能够实现两路高清视频硬件解码同时输出，可以通过应用框架进行拼屏显示，支持"一云多屏、多屏互动"的传播体系。

中国广电严格遵守工业和信息化部网间互联互通管理的有关规定和技术标准规范，与中国电信、中国联通、中国移动本着技术可行、经济合理、公平公正、相互配合的原则，实现网间互联互通。截至2019年年底，中国广电分别与中国电信、中国联通、中国移动在北京、上海、西安直联点开展共40GB的互联网骨干网互联互通工作，全面实现广电网络与三大运营商网间互联互通。

（三）关于广电移动网络5G建设

一是积极推进5G牌照和频率资源的申请工作。2019年6月，中国广电获颁《基础电信业务经营许可证》，允许经营第五代数字蜂窝移动通信业务，掀开了广电创新性高质量发展的新篇章；2019年11月，工业和信息化部向中国广电颁发《无线电频率使用许可证》，允许利用3300～3400MHz于全国范围开展陆地移动业务（5G室内使用）；2019年12月，工业和信息化部正式向中国广电颁发《中华人民共和国电信网码号资源使用证书》，核配（460）15作为移动网络识别码（MNC）、核配10640号段作为机器通信号码、核配192号段作为我公司公众移动通信网号段，支持中国广电开展移动通信业务。

二是确定全国有线电视网络整合与广电5G建设一体化发展战略。工业和信息化部向中国广电颁发5G牌照后，按照中国共产党中央委员会宣传部、国家广播电影电视总局全国有线电视网络整合和5G建设一体化发展的新要求，在总局的指导下，中国广电快速响应调整总体发展战略，提出由中国广电+省网+战投联合组建的"全国一网"股份公司，作为广电网络"全国一网"的"一体"，统筹5G、有线的"两翼"，目标建成集移动通信运营、融合媒体传播、智慧广电承载、智能万物互联、国家公共服务、绿色安全监管于一体的新型国家信息基础新网络。

三是多举措推进广电5G建设。确定了广电5G采取独立组网模式、低频+中频多频叠加、

FDD+TDD协同组网的云化技术路径，应用网络虚拟化（NFV）和软件定义网络（SDN）等技术，全面部署IPv6，实现5G网络的端到端网络切片，支撑"智慧广电"和垂直行业应用，可为工业互联网提供灵活、动态的网络部署环境。加强标准制定，推动产业成熟。中国广电自加入3GPP、CCSA组织以来，在5G标准推进、加速产业链成熟、创新通信服务新业态方面获得了国际、国内产业、行业伙伴的高度认可与支持。特别是中国广电3GPP n28频段2×30MHz载波大频宽提案获得立项，助推了低频段5G生态成熟。广电5G试验示范建设与垂直行业应用取得一定成效。编制完成《中国广电5G试验网建设总体方案》，确定了19个城市为先行示范区域；建设完成核心网（北京），并于部分示范区域部署完成少量基站和天面；重点开展5G垂直应用的探索，现已开展的5G应用项目包括智慧矿山、智慧县城、智慧石油、应急广播、智慧教育、5G+4K/8k/VR融合媒体直播等。

三、面临的问题

（一）全国有线电视网络用户流失严重

中国广电即将完成"全国一网"整合，但近年来随着OTT和IPTV的竞争性侵入，有线电视用户流失严重，电视机开机率也不断降低。2019年，我国有线电视用户总量2.10亿户，数字电视用户1.91亿户,数字化率90.9%；其中，有线数字电视缴费用户持续下滑至1.44亿户。有线电视用户规模持续负增长，其中数字电视用户流失近700万户。

（二）自有资金和承担任务体量不匹配

中国广电承担的"全国一网"整合、互联互通平台建设、5G建设等工作，都是国家战略、国家任务，这些任务的开展需要巨大的资金支持，而中国广电的实收资本仅为53.804亿元，这就需要中国广电拥有创新创造来解决小马拉大车的问题。

（三）电信业务资质条件不足

中国广电在现有电信业务资质条件下积极开展"三网融合"业务，面临的现实问题和瓶颈有：一是工业和信息化部发布《工业和信息化部关于调整互联网骨干网网间结算政策的通知》，中国广电与三大运营商互联网骨干网网间结算费用下调至现有标准结算价的30%，此部分支出依旧构成了中国广电正常运营的重大成本支出；二是部分运营商现有管道资源、带宽出口依然优势明显，中国广电后期切入市场难度较大；三是缺少国际通信业务等业务资源，无法设置国际通信出、入口并开展互联网国际业务。

四、展望与目标

2020年，公司将以深入学习领会习近平新时代中国特色社会主义思想为指引，认真学习贯彻党的十九大和十九届二中、三中、四中全会精神，持续巩固"不忘初心、牢记使命"主题教育成果，学习贯彻全国宣传思想工作会议精神，认真落实全国有线电视网络整合和5G建设一体化发展工作会议精神，把握"全国一网"整合和广电5G发展的新机遇，坚定不移以"智慧广电"为抓手加快转型升级，扎实推进各项具体工作，加快广电有线无线交互发展，以内容为核心竞争力，开展垂直行业应用和公众客户服务。

五、下一步工作计划

（一）加快推进全国有线电视网络整合发展

在中国共产党中央委员会宣传部、国家广播电影电视总局的正确领导和有力推动下，中国广电积极推进全国有线电视网络整合和5G建设一体化发展，目标是通过中国广电、各省网公司、战略投资者共同参与组建，形成中国广电主导、按现代企业制度管理的股份公司，建设具有广电特色的5G网络并赋能有线电视网络，完成以全国互联互通平台为基础的有线电视网络IP化、智能化改造，促进有线电视网络转型升级，实现全国一网与5G的融合发展，建成统一运营管理体系，在提升规模效益降低成本的同时，提升有线电视网络的产品和服务供给能力，提高有线电视网络的竞争力。

（二）稳步推进互联互通平台建设

在全国一网整合工作推进的同时，中国广电将重点围绕干线光缆传输网、广电宽带数据网及应用系统、中国广电云平台、融合服务及BOSS等业务运营平台，加快推进全国有线电视网络互联互通平台建设。

（三）加快部署广电5G网络建设

一是中国广电将继续坚持全国有线电视网络整合和广电5G一体化发展战略，统筹协调、多措并举，找好、抓牢两项工作平衡点，有序、高效、扎实推进。

二是继续推进广电5G试验网建设，积极开展5G新应用、新运营模式的探索，合理规划后续商业运营计划。

三是加快推动700MHz产业链生态成熟，构建广电5G健康生态。中国广电将继续推进广电5G标准体系的建立，着力丰富700MHz 5G移动终端、行业终端和物联网模组，支撑5G各种应用场景需要；同步推出5G高中低端机型，满足不同用户群体需求，让5G真正惠及民生，孕育良好的5G商用环境。

四是加快广电5G网间互联互通的建设工作，积极争取政策支持、行业支持。

（四）加快构建特色产品体系

一是加快5G视频内容平台建设。中国广电将充分发挥广电系统内容宣传优势，整合行业资源，面向5G时代广大人民群众的视听新需求和广播电视转型再造的需要，建设以5G为传输方式，以互联互通、共建共享共同为应用方式，弘扬主旋律、传播正能量的国家级5G视频内容平台和智能化服务平台。

二是积极拓展工业互联网应用。中国广电积极参与工业和信息化部网络安全管理局组织的工业互联网网络安全服务平台创新项目，紧跟工业互联网标准体系，充分调动行业优质网络资源，利用现有技术储备，凭借安全传输保障运维经验，建设跨行业跨领域的、与工业互联网国家五大域名解析顶级节点互联互通的新型工业互联网网络安全服务平台。

三是积极探索5G垂直行业服务。中国广电联合国内多家互联网企业以及全国各省广电公司，提高站位，聚焦如何立足行业赋能有线、如何促进网络整合和5G协同发展、如何推动终端创新等方面，积极尝试申请国家政策资金、设立基金、与合作伙伴共建等方式，着力拓展音乐、教育、医疗、文旅、体育等垂直行业服务。

（五）加快制度创新、管理创新

中国广电把引入战略投资者、推进混合所有制改革作为关键一招，以体制机制创新推动广播电视网络高质量发展和创新性发展。解放思想、转变观念，以建立现代企业制度、推进混合所有制改革、健全市场化经营机制等举措为抓手，不断推进体制机制创新，着力将有线无线交互的"全国一网"运营实体打造成为文化特色鲜明、具有核心竞争力、拥有强大实力和传播力、引导力、影响力、公信力的中央大型文化企业和新型媒体集团。借鉴中央企业混改经验，充分利用国家给予5G的优惠政策，积极推进混合所有制改革，举措包括但不限于引入国资和民资等战略投资者，推进人事、劳动、分配三项制度改革，探索实行混合所有制企业员工持股，推动科技成果转化激励等。通过混改，实现各种所有制资本取长补短、相互促进、共同发展，提高国有资本配置和运行效率，形成管理人员能上能下、员工能进能出、收入能增能减的制度体系。探索改革国有资本授权经营体制，优化公司总部管控，提升资本运作能力，加强资本运作和股权运作，充分发挥市场在配置资本、人才、网络等各类资源要素中的决定性作用。

中国卫通集团股份有限公司
2019 年发展综述

中国卫通集团股份有限公司（简称中国卫通）是中国航天科技集团有限公司从事卫星运营服务业的核心专业子公司，拥有国家基础电信业务经营许可证和增值电信业务经营许可证，是我国唯一拥有通信卫星资源且自主可控的卫星通信运营企业，被列为国家一类应急通信专业保障队伍。

一、公司业务概要

中国卫通的主营业务为卫星空间段运营及综合信息服务等相关应用服务。通过投资、建设和运营通信广播卫星及配套地面测控和监测系统，中国卫通向广电、电信、政府部门、国防单位等客户以及石油、金融、教育、运输、医疗等特殊行业提供广播电视、通信、视频、数据等传输服务。

中国卫通提供的卫星综合信息服务主要依托卫星空间段资源、基础运营平台和地面应用平台，以及站网资源体系，开展卫星固定通信、卫星移动通信、卫星宽带接入、卫星机载通信服务、卫星船载通信服务，以及卫星通信网络、主站托管和终端配置等一体化综合集成和信息服务。目前，公司已经构建了天地一体卫星综合信息服务体系，全球网平台实现了对全球90%以上主要海上航线以及全球大部分陆地地区的服务覆盖，机载宽带互联网综合信息服务飞行测试效果良好，在边远地区普遍服务、远程教育医疗、基站中继回传、防灾减灾、应急和边海防安全等重点领域开展了卫星综合信息服务。

二、公司核心竞争力

（一）优质的通信卫星资源

作为世界第六大固定通信卫星运营商，中国卫通拥有优质的通信广播卫星资源。2019年，公司新增中星6C广电专用卫星，为广电用户4K/8K等超高清业务发展提供充足的优质卫星资源保障，为推进广播电视高清化、新技术的应用起到积极作用；公司控股子公司亚太卫星运营的亚太6C卫星新增用于传输付费类节目，其转发器涵盖C频段、Ku频段，助力广电业务的海外覆盖。

截至2019年12月31日，公司运营管理着15颗商用通信广播卫星，拥有的卫星转发器资源涵盖C频段、Ku频段以及Ka频段等，其中C频段、Ku频段的卫星转发器资源约520个，Ka频段的点波束有26个，卫星通信广播信号覆盖包括中国全境、澳大利亚、东南亚、南亚、中东、欧洲、非洲等国家和地区，为该区域的用户提供卫星通信服务，并为我国"走出去"战略和"一带一路"倡议提供服务。

（二）丰富的频率轨道资源

作为维护我国空间频率轨道资源权益的"国家队"，中国卫通持续开展卫星频率轨道资源兼容性研究，公司专家多次作为代表参加世界无线电通信大会并兼任重要职务。此外，中国卫通根据公司发展战略，在地球同步轨道西经41.6度至东经164度轨位弧段范围内的20多个轨道位置上，通过国家主管部门向国际电联报送了丰富的卫星网络资料，并积极开展频率协调，维护卫星网络有效性，其中10多个轨位经多年运营和维护，已成为优质的卫星频率轨道资源。同时，中国卫通不断寻求对外开展合作的机会，通过开展项目合作，拓展了通信广播卫星频率轨道资源的使用权。目前，公司申报了能够满足未来发展战略的卫星网络资料，同时也将根据现有资源情况进一步开展卫星网络资料申报和获取工作。

（三）高品质的空间段运营服务能力

中国卫通已在北京西北旺、北京沙河、香港大埔设立了测控中心，在北京西北旺、北京沙河、河北怀来、新疆喀什、海南海口建立了业务运行监测网络，对在轨卫星的运行状态进行测控并对信号传输质量进行实时监测，能够为客户提供7×24小时全天候高品质的卫星空间段运营服务。

（四）长期稳定的大客户合作关系

中国卫通凭借高品质、专业化、海陆空天全覆盖的天地一体综合信息服务能力，获得了客户的广泛认可，取得了市场先发优势。目前，公司已与广电相关单位、电信运营商、政府部门、国防单位以及金融、交通运输、石油能源等领域大型企业建立了长期稳定良好的业务合作关系。公司长期为广大民众提供安全稳定的广播电视信号传输服务，为国家政府部门和重要行业客户提供优质便捷的专属天地一体综合信息服务，为重大活动和抢险救灾等突发事件提供及时可靠的通信保障服务。优质的服务保障赢得了广大客户的好评和高度信赖，树立了良好信誉和品牌形象。

（五）突出的人才优势

中国卫通大力推进人才强企战略，遵循国际化卫星运营业人才成长规律，把握市场化业务创新发展人才保障特点，着力打造经营管理、技术研发、市场开拓和运营保障核心人才队伍。经过多年的培养、积淀，目前中国卫通拥有一批在卫星通信领域技术精湛、经验丰富的人才；具有在国际电联组织、卫星通信、空间法学会等协会担当重任的知名专家；培养造就了会管理、执行力强的经营管理队伍，创新强、能攻关的技术研发队伍，业务精、市场熟的市场开拓队伍，技术优、作风硬的运营保障队伍。

三、2019 年公司总体经营情况和业务情况

（一）2019年公司总体经营情况

面对复杂多变的外部环境，坚定战略目标，突出市场导向，锐意改革创新，各项工作均取得新进展和新成效。

1．合力攻坚克难，经营业绩保持稳健增长

在市场竞争愈发激烈的情况下，公司核心指标保持稳定，经济运作质量进一步提升，公司累计实现营业收入27.34亿元，较2018年同期增长1.49%；归属于上市公司股东的净利润为4.46亿元，较2018年同期增长6.73%，总体保持稳健增长态势。

2．成功登陆A股主板，迈上转型发展新台阶

公司坚持向改革要活力，向创新要动力，改革创新取得新成效。2019年6月28日，中国卫通成功登陆A股主板，成为公司发展史上又一个重大里程碑。上市后公司运行良好，公司市值在电信行业等多领域名列前茅，并成功跻身沪深300、上证180、富时罗素指数样本股名单。

（二）2019年公司业务情况

围绕业务转型需要，着力巩固传统转发器租售业务市场，加快推动新业务开拓，稳步推进行业应用平台建设。

1．紧贴主业发展，市场开拓取得新成效

（1）深化大市场体系建设，市场协同能力进一步提升

公司基本形成了"售前、售中、售后、数据分析"相互衔接有序的机制，统筹市场管理，制定营销策略，协调重点市场开拓。各子公司、业务部门根据分工开展相关市场业务的独立开发并在大市场体系下做好协同工作，大市场体系统筹协同、优势互补、分工合作、有效衔接的管理优势初步显现。

（2）加大市场开拓力度，卫星空间段运营取得新成绩

在境内，卫星广播电视业务总体保持平稳，实现部分省级卫视及教育台等节目在南海的覆盖及村村通业务备份；大力拓展广播电视传输卫星增量业务，高清上星节目取得新进展；通过提高资源配置效能，实现通信业务持续增长；出色完成应急通信保障工作，为重大活动和抢险救灾等提供了高质量、快响应的应急通信服务。在境外，努力保持市场稳定的同时，大力开发东南亚、欧洲等区域新市场。

（3）稳定推进行业应用平台建设，卫星通信业务开展再上新台阶

一是以"海星通"业务品牌为依托，紧盯船载重点市场，推动行业应用平台建设，用户规模不断扩大，在网船舶数量超过6000艘。二是紧跟普遍服务、应急通信、工业互联网等重点应用，全面开通三大基础电信运营商边远地区4G基站中继回传业务，启动了融合5G应用的用户需求研究工作。三是组织开展面向重点行业的场景式营销，初步完成了石油、地质灾害监测和林业等多领域的应用场景典型案例设计。

2．强化资源能力，运营服务能力提上新水平

坚持"市场统筹、资源统筹、星地统筹、资金统筹"四大统筹，大力推动星地一体化项目实践和业务支撑平台建设。

（1）统筹资源管理，卫星项目建设稳定推进

2019年，公司实现了中星6C卫星的成功发射，并纳入广电专用星资源管理；顺利完成亚太5号卫星离轨任务；面对中星18号卫星工作异常，扎实做好市场维护、归零协调、信息披露等工作，加强了与保险主承保商、再保险商的协调工作，顺利完成保险赔付。

（2）落实星体一体思想，业务运营支持能力取得新进展

公司深入研究并推动星地一体化卫星项目建设实践，以"业务平台化"为方向，加快基础支撑平台建设。搭建星地一体化仿真平台，提升资源规划、系统设计、产品开发以及典型应用场景的设计与展示能力。加快多星统一测控平台建设，完成平台设计和方案优化。稳步推进大波束卫星综合服务平台上线试运行，形成平台直接面向市场开展临时业务和数据积累的能力。建立Ka卫星宽带业务终端型谱体系，制定了Ka终端企业标准及认证管理办法。基础支撑平台的有序建设支撑了公司业务向天地一体综合信息服务转变的能力提升。

（3）推进基地站网建设，地面系统运行保障能力进一步增强

公司统筹规划站网资源设施，初步形成"一总部、三基地、全球站网"核心支撑能力。在总部建设上，中国卫星通信大厦荣获中国建设工程质量最高荣誉——鲁班奖。在推进基地建设上，完成怀来地球站基础设施项目一期工程立项和初步设计。在完善全球站网布局上，加快提升"一带一路"和中东北非等区域跨网服务保障能力。新增东南太平洋、东印度洋、西印度洋三个国际海域波束，全球海上航线覆盖范围提高到95%。加强了沙河、喀什、怀来、都江堰和卫星标校站等测控系统的运行维护管理，地面站网服务保障能力得到进一步提升。

（4）系统谋划积极沟通，频轨资源协调效果显著

公司制定了匹配未来资源建设的频轨资源规划，支持后续卫星项目建设。参加世界无线

电大会，公司代表成功当选卫星业务研究组副主席，进一步提升了我国在参与国际电信联盟相关规则制定中的影响力。

（5）加强卫星运行维护，星队管理资源保障水平不断提高

公司制定了广播电视和重要通信业务重保期卫星测控保障工作规范等管理办法，严格协作方工作接口和工作要求管理，建立了卫星操作任务分级管理机制，星队管理能力得到有效加强，经受了中华人民共和国成立70周年等重大安全播出保障的实战检验。

3．加强精细管理，经营管控打开新局面

强化战略闭环管理，向创新要动力，推进业财融合，加强风险防控，优化人力资源管理体系，提升基础管理水平。

（1）加强创新驱动

围绕公司发展战略，开展了大波束与点波束、卫星网与地面网关系的阶段性论证，推动了卫星网与5G网互联互通、直播星双向业务、物联网等多个面向重点行业的应用场景研究。

（2）强化规划牵引

对标世界一流，深入研究市场和技术趋势，编制公司中长期发展战略规划纲要，完成2019—2021三年滚动计划编制评审，启动公司"十四五"综合规划。

（3）深化人才强企

按照德才兼备、以德为先的选人用人标准，完成了公司经营层副职调整，组织选拔了一批中层年轻干部。加大毕业生选招力度，及时补充了业务市场、创新研发等领域的人才。公司组织开展多层级培训，提高员工技能本领。持续加大激励力度，畅通员工职业发展通道，加大荣誉奖励制度，增强了员工荣誉感和使命感。

（4）推进业财融合

深入推进"全要素、多维度、深层次"的全面预算管理，统筹预算指标推进及跟踪监控，加强"两金"管控，加速资金回笼。发挥上市平台作用，确保募集资金及时到位及使用管理及披露合法合规。

（5）加强风险管控

围绕风险防控"发现、识别、预防、控制"四个环节，进一步梳理主要业务流程和内控风险点，推进风险管理与业务管理的深度融合。组织年度风险评估，识别重大风险，制定管控方案，提升了对公司日常经营管理的风险防控能力。

（6）健全安全体系

按照"综合安全抓体系，业务安全抓落实"要求，完成了安全管理体系框架梳理，建立了覆盖各业务领域、各区域、各级岗位人员的安全管理责任体系，完善了重要通信业务重保期工作体系。

交通运输通信信息集团有限公司
2019 年发展综述

2019年，交通运输通信信息集团有限公司紧紧围绕高质量发展主线，秉承稳中求进、进中求变、变中求新的方针，着力工作绩效和发展质量，在国内整体经济下行的形势下，克服重重困难，顶住重重压力，各项经营指标取得爆发性增长，实现了移动卫星通信业务、交通行业专网运营发展和服务水平的双促进和良性互动循环。

一、基本情况

交通运输通信信息集团有限公司（简称交信集团）是交通运输部中国交通通信信息中心直属企业，持有国家第一类卫星通信业务基础电信业务经营许可证，运营国际移动卫星通信关口站，构建了全方位的卫星安全应急、信息通信和定位导航服务体系，形成了以多网络互联互通为主要特点的天地一体、全球覆盖、便捷通畅、无所不在的宽带卫星信息通信网络平台，面向行业、政府部门以及个人用户提供海上、空中、陆地全方位的移动卫星通信、导航和信息保障服务，致力于发展成为在移动卫星运营与应用服务领域具有全球竞争力、影响力的国际移动卫星通信与应用服务企业。

2019年集团经济总规模达27亿元。完成年度指标的130%，较2018年同期同口径增长14%；经营收入达19亿元，完成年度指标的135%，较2018年同期同口径增长25%。

2019年，在工业和信息化部的支持下，交信集团获得了工业和信息化部国际关口局的正式设置批复，完成了《国际通信信道出入口局》相关材料准备和工业和信息化部组织的专家组评审工作。

1749互联互通工作推进扎实有效，保障1749号码通达四方，履行了运营商互联互通的责任。按时保质完成与三大运营商互联互通号码配置调整工作。配合中国电信完成天通一号应急号段与海事卫星1749商用号段和应急号段的呼叫测试及配置工作。

二、主要特点

交信集团在业务主管方面，接受工业和信息化部的领导，按照相关规范要求，对标运营商开展合规性建设；在行业主管方面，支撑交通运输部通信信息化建设，提供全交通要素的通信信息化服务，赋能交通强国建设。圆满完成各类网安重保任务。完成一带一路高峰论坛、亚洲文明对话大会、护网行动攻防演练、中华人民共和国成立70周年安保以及军运会等14次重保任务的信息安全保障工作，累计重保天数达98天。

（一）致力卫星通信业务发展，全力做好服务

一年来，持续推进卫星网与移动互联网的融合，持续挖掘卫星通信海、陆、空各领域的应用创新，努力实现从卫星网络服务向卫星网络应用服务的增值发展，重点业务领域实现突破性进展。

1. 遇险安全应急通信保障有力，高质量完成各项任务

圆满完成海上遇险通信、安全通信和行业应急通信保障任务。一是"零差错"完成海事卫星遇险呼叫58次，其中真遇险6次。二是牢记使命，履职尽责，安全通信保畅通保质量，圆满完成重要用户安全保障任务约20次。三是应急通信保障有力，关键时刻发挥了关键作用，圆满完成自贡地震、"连胜湖"轮起火、全国公路军地联合演练等保障任务13次。

2. 网络运维责任落实到位，确保安全稳定

牢记"卫星通信，责任重大，遇险呼叫，人命关天"，按照"保畅通、保稳定、保质量、保安全"的总体目标，强化责任落实到部门、到组、到人。扎实有序做好基础运维，夯实卫通业务高质量发展根基；强化专业技术支撑、网络信息安全，为网络和应用畅通提供有力保障。一年来网络系统安全稳定运行，为业务发展和遇险安全应急通信保障提供坚实保障。

3. 全面推进海上应用，加强水上安全服务，服务国家战略

落实交通强国建设纲要，以水上安全为抓手，推动、核实和完善船舶遇险安全信息记录，确保遇险安全信息登记准确，全覆盖完善全球海上遇险安全系统（GMDSS）业务服务工作。推进海上宽带领航工程、船员服务安心工程，全面推进"好产品、好服务、好技术、更安全"，提高集团的美誉度。

4. 关注航空安全及客舱通信服务，打造航空安全通信平台

推动交信集团客舱互联网业务平台，推进航空安全通信数据网的建设及数据链应用，打造智慧驾驶舱安全数据通信应用，树立交信集团航空安全通信服务机构旗帜，继续做好航空安全通信业务的增量市场。

5. 聚焦陆地应用场景，提供整体应用系统成效显著

在全球各种重大事件中主动担责，依托交信集团优势资源，树立集团在行业应急安全

通信服务机构和基础电信运营商的旗帜，突出做好政府、企业的安全应急和通信保障服务工作；始终坚持以客户为中心，为用户量身设计、打造应用方案和信息化平台，促进业务可持续发展。

6．客户服务逐步协同，稳步提高服务质量

按照"服务质量提升工程"的要求，面向用户好服务、面向产品好使用、面向网络好质量、面向问题好技术四个维度，快速、高效、专业地响应市场和客户的需求，为市场提供技术支撑和发展动力，为用户提供便捷畅通的网络应用服务体验感。

（二）注重高速公路光纤网品质建设，提升行业专网应用成效

坚持以"交通强国践行者、交通智能化推动者、交通运输行业专网发展者"为使命，以"立足行业、整合资源、互利共赢、长效发展"为目标，不断深入探索发展道路，创新发展理念，努力实现"撑起一张网，致力交通兴，矢志成为交通人满意的专网运营商"的发展愿景。

全国高速公路光纤网行业专网结构进一步完善，完成3563千米（合计约51万纤芯公里）敷设，实现全年安全生产零事故；运行品质稳步提升，全年平均故障处理时间为18.47小时，与2018年19.93小时同比下降7.3%。部省业务平均故障时间为3.5小时，与2018年11.59小时缩短了69.8%。对外业务平均故障时间为2.9小时，业务可用率达到了99.9%，网络服务能力得到了极大提升。

三、面临问题

（一）卫星通信业务遭遇非法经营的挑战日趋严峻

卫星通信发展仍然处于起步阶段，在国内非法卫星业务推广方面，执法监管薄弱，合法运营商受到非法经营者的挑战日趋严峻，不但损害运营商的权利，同时也是对国家主权和国家安全的挑衅。

（二）资金与承担的社会公益任务不匹配，资金渠道紧张

全国高速公路光纤行业专网覆盖全国29个省、自治区、直辖市，地域跨度大、网络设备和通信站点多，在"以网养网"没有财政资金充分支持的情况下，网络运行维护、优化建设存在较大的资金缺口。同时网络需求建设与通信基础资源整合水平矛盾依旧突出。

四、展望与目标

（一）准确把握发展形势

新形势下，集团发展面临的机遇与挑战并存，机遇大于挑战：一是加快建设交通强国的重大战略机遇，开拓海事卫星通信赋能交通强国建设新思路新应用；二是支撑国家重大战略实施的机遇，在京津冀交通一体化暨雄安新区交通建设、长江经济带综合立体交通走廊建设、粤港澳大湾区交通运输发展、长三角交通运输更高质量一体化发展等方面，抓住技术融合、资源整合优势，提升品牌建设；三是加强运营资质建设，深度落实合规性建设，推进互联互通；四是牢牢守住国家和交通运输安全发展底线的机遇，在服务国家和交通运输行业安全体系建设、增强安保和应急处置能力方面将更加担当作为。

（二）着力事业新发展

新形势下谋求事业高质量发展，准确把握形势，认真分析问题，推进理念转变、发展转型、体制机制转换。

一是推进理念转变。我们处在交通运输行业与通信信息行业的交叉口、衔接点上，运用我们的专业、资源和技术，立足交通、依托交通、服务交通，全面聚焦通信信息领域，心无旁骛、深耕细作，发挥我们的跨界优势，成为交通运输行业的唯一、通信信息领域的特有。

二是推进发展转型。推进产业化、实体经济化方向转型，发展现代通信信息产业，插上实体经济的翅膀。

三是推进体制机制转换。体制是事业发展的必要前提，机制是事业发展的核心动力，充分运用体制和机制这两个轮子的驱动，全面推进事业做精、企业做强，使企业真正做到不断优化、轻装上阵，实现高质量发展。

五、下一步工作

（一）完善业务和内控管理流程，提高运营质量和效率

集团以ISO为抓手，扎实落实质量管理，2020年将进一步优化整合内部资源，完善业务和内控管理流程，以求提高运营质量和运营效率。

（二）立足基础电信运营，加强运营商品牌建设

一是作为国家基础电信运营商，突出1749品牌建设。二是突出CN03作为中国大陆唯一一家水上无线电通信、海事卫星通信资费结算的国际账务结算机构的标识的品牌建设。

（三）履行水上遇险安全搜救、交通运输服务监督的保障机构职责，做好服务保障工作

深入贯彻《国务院办公厅关于加强水上搜救工作的通知》，推动新一代信息技术和卫星通信在水上搜救工作中的应用，推动实现"12395"水上遇险求救电话全覆盖，切实履行水上搜救的支持保障职责，做好水上搜救的应急通信保障工作。

落实《交通运输部关于"12328"交通运输服务监督实施方案的通知》，做好"12328"热线电话系统建设维护支持保障工作。

（四）服务好行业移动卫星通信应用，提升用户体验

坚持以客户为中心，推进业务运行在面向用户好服务、面向产品好使用、面向网络好质量、面向问题好技术等，提高用户业务使用和服务体验感，全面推进"四个工程"建设。

（五）合理布局网络，优化服务质量，增强用户满意度

加速建设全国高速公路光传输网络，进一步提升网络覆盖密度及传输能力；继续在卫星通信服务上实施并运用标准化、流程化、半自动化的手段逐步向平台化、自动化、智能化运营服务演进和发展，为用户提供各类自助服务以提升系统支持能力和水平，打造界面友好、操作简单、方便好用的业务支撑系统，增强用户对服务的满意度。

（六）聚焦智能航运、智能船舶发展，跟踪国际标准，发出中国声音

积极跟踪国际标准，准备中国提案，为智能航运、智能船舶发展做好中国方案，发出中国声音。同时深入了解行业的应用需求，面向航运用户推出服务安全、节能增效的增值应用服务产品。

（七）完成工业和信息化部网络安全等级认证工作

完成公安部等级保护的复审和复测工作，对标等级保护2.0，查缺补漏。完成工业和信息化部网络安全等级测评和风险评估工作，并做好备案工作。

中信网络有限公司 2019 年发展综述

一、企业概况

中信网络有限公司（以下简称中信网络）成立于2000年3月17日，曾是中国中信集团有限公司全资子公司，后于2018年12月进行重组，目前公司股份比例为中国中信集团有限公司持股51%，北京应通科技有限公司持股49%，注册资本为448197.23万元人民币。中信网络主要负责全国光纤骨干网——奔腾网的建设、管理及运营。奔腾网是以密集波分复用技术（DWDM）为基础的、开放的通信基础网络平台，能够支持包括数据、语音、图像和各种智能与增值服务在内的综合通信业务，实现各种业务网的无缝连接。

中信网络在2002年获得基础电信业务经营许可证，可以开展"网络元素出租出售业务"；同时还获得增值电信业务经营许可证，可以开展"互联网接入服务业务"。2003年，原信息产业部调整《电信业务分类目录》，将"网络元素出租出售业务"变更为"国内通信设施服务业务"。在此业务牌照下，中信网络可以经营光纤、波道、电路等基础通信资源的出租出售。2019年7月，中信网络获得"互联网国内数据传送业务"的经营许可，该业务同样属于基础电信业务。在此业务牌照下，中信网络可以在国内经营互联网数据的传送服务，为BAT等各类互联网公司疏导流量，并且中信网络有资格接入3个国家级互联网交换中心及13个国家级互联网骨干直联点，与三大基础运营商、教育网、科技网等进行对等互联。

中信网络目前拥有"互联网国内数据传送业务"和"国内通信设施服务业务"两项基础电信业务的经营许可，同时还拥有"国内互联网虚拟专用网业务"和"互联网接入服务业务"等多项增值电信业务经营许可。中信网络目前向各种增值电信业务服务商、政府、金融企业、大型集团等用户提供跨地区点对点或多点间长途传输、长途组网服务、互联网接入等各类通信业务。

中信网络目前在全国设有18个分公司及办事处，并投资湖南中信通信有限公司与广东盈通网络投资有限公司。

中信网络现有在岗员工182人，管理人员43人，其中公司领导层12人，从事技术类工作的137人。45岁以下的员工133人，占比73.5%。大学本科以上学历的156人，占比86%。拥有专业技术职称的58人，占技术岗位员工数的42%。

拥有CCIE/HCIE/CCNP/HCNP/CCNA/HCNA/ZCTA等通信业专业资格认证的员工为52人，专家资质认证的有8人，多厂商专家资质认证的有4人。

中信网络的光纤骨干传输网目前覆盖了中国东部地区和西部大部分地区，该网络基于光传送网技术，可提供语音、图像、数据等全方位、高品质的电信服务。全网使用密集型光波复用网络系统，形成丰富的骨干带宽容量。

奔腾网已建设完成覆盖全国范围的多个业务节点，包括北京、天津、济南、徐州、合肥、南京、常州、无锡、苏州、上海、杭州、宁波、温州、福州、厦门、潮州、惠州、深圳、广州、韶关、南昌、长沙、武汉、黄石、宜昌、恩施、重庆、成都、绵阳、汉中、西安、洛阳、郑州、石家庄等，覆盖主要发达省份的省会城市和直辖市，形成了提供全国性电信业务的网络能力。

二、主要特点

鉴于目前网络资源情况，以及未来数据通信的发展方向，中信网络将主营业务定位于大数据通信骨干传送业务，增强奔腾网的互联网融合能力，打造一家行业内三大基础运营商及中国广电之外的中立的骨干网络业务平台。

中信奔腾网凭借覆盖宽广、调度灵活、有各种保护功能的大容量骨干网资源，依托合法的运营资质，持开放的平台式运营模式，与众多驻地网运营商及大型内容提供商实现互联，为中国的大数据、云计算、物联网的发展提供基础性通信网络资源。

中信网络采用全国集中网管，业务配置、调度速度快捷高效，全网7×24小时实时监控管理及服务响应，网络可用率达99.9%。中信网络奔腾网经过18年稳定运行，积累了丰富的骨干网运营管理经验，拥有专业的线路品质控制保障体系，稳定可靠的线路品质在业内享有优良的口碑。

中信网络充分分析自身情况及市场环境因素，努力挖潜，在业务发展中体现出如下特点。

① 专注：中信网络一直专注于长途传输业务，经过十多年的运营，积累了丰富的网络运行调度管理经验，在专注中关注业务流程的每个细节，不断打磨提升服务品质。

② 诚信：长期以来中信网络的母公司——中国中信集团一直将诚实守信作为经营之本，其诚信的经营作风在国内外市场赢得了广泛的赞誉。中信网络传承这种中信精神，致力于与客户建立长期合作关系，诚实经营，以此获得客户的信任。

③ 服务灵活：中信网络努力以为客户提供更好的服务来提升自身竞争力，吸引用户。我们可以针对客户的需求提供个性化、定制化的网络解决方案，满足客户特殊需求。

④ 地位中立：中信网络与客户基本没有业务竞争关系，可以消除客户的后顾之忧。中信网络与国内各个主流云服务商、主流数据中心实施了光纤互联，建立起跨地区高带宽的云交换平台，可以为各类用户的混合云、多云部署提供强有力的网络支持。

⑤ 中信集团业务协同优势如下。

· 中信网络的母公司——中国中信集团是大型国有综合企业集团，业务涉及金融、基础设施、资源能源、工业制造、工程承包、房地产等50多个行业，处于众多行业的领先地位，具有丰富的内外部资源。中信网络在业务发展中充分利用集团的资源协同能力，为客户提供超出通信领域的整体服务。

· 中信网络与中信集团拥有的其他国际电信运营企业建立了紧密的业务合作关系。通过其拥有的国内外电信运营资质及网络资源，服务于集团的国际化战略，具备为国内企业的国际化及"一带一路"战略的发展提供整合电信服务的能力。

三、展望与目标

中信网络为适应通信领域日新月异的发展和市场激烈竞争的形势，满足用户对传输带宽、传输品质和传输通道安全可靠性的要求，进一步提高企业的市场竞争能力，经过多年的发展，逐步形成能够覆盖东部南部沿海地区、中部地区、部分西部地区等经济活跃省份的独立自有的传输网络。中信奔腾网络省际干线已经建成了四条环网，未来中信网络将争取发展成为覆盖全国一线城市、二线城市及大多数三线城市的骨干网网络，通过不断完善现有传输网络，扩大覆盖范围，优化路由结构，增大传输容量，成为国家信息产业发展中重要的基础性资源。

中信网络以市场需求为目标，对现有网络扩容进行扩容和升级改造，并新增传输网络以完善网络覆盖，增强业务提供能力。

省际干线传输网络以光传送网系统为基本技术体制，采用大容量超长距的100GB系统为传输通道，将来可平滑升级为400GB的传输通道，系统容量设计为8-32TB；在新建网络中引入ROAM/OXC、ASON、SDN等网络功能，构建新一代传输网络，使得网络具备智能化、可视化、扁平化等功能，提升网络业务竞争能力。

省内、区域性干线传输网络以光传送网/分组传送网系统为基本技术体制，具体选择根据业务需求。

考虑将来5G网络发展，未来可以根据需要启动5G移动承载网的建设，移动承载网的建设主要以城域网为主，技术体制选择上目前有IPRAN、PTN、SPN、M-OTN等以承载分组业务为主的传输系统。

中信网络已经与阿里云、腾讯云、百度云、华为云、AWS、微软云、金山云、Ucloud、青云等实现大带宽互联互通，建设完成覆盖国内主流云服务商的云交换平台。后期中信网络将继续增加对云服务商、业务节点城市、IDC的覆盖，利用云、网融合的资源优势来满足用户的混合云、多云等上云需求。

中信数字媒体网络有限公司
2019年发展综述

一、基本情况

中信数字媒体网络有限公司（以下简称中信数字媒体）由原中信网络有限公司的卫星通信业务和广电等领域的投资业务分立而来。2015年5月，原中信网络有限公司分立为中信网络有限公司（存续）和中信数字媒体（新设）网络有限公司。中信数字媒体注册资本为10亿元人民币，公司经营范围包括国内卫星通信业务以及在传媒、网络、信息应用服务等领域的投资业务。中信数字媒体在承接原中信网络有限公司的国内卫星通信业务后，于2016年7月获得了工业和信息化部颁发的基础电信业务经营许可证（A2-20160003），经营业务种类为"第二类基础电信业务中的卫星转发器出租、出售业务"；同时，公司还持有增值电信业务许可证（A2-20160904），经营业务种类为"国内甚小口径终端地球站通信业务"。

2019年，公司的国内卫星通信业务发展总体平稳，大部分原有用户合同实现了顺利续约，同时公司加大了市场开拓力度，尤其是在广电市场和航空机载通信市场收效明显，保持了业务收入的稳定增长。截至2019年年底，中信数字媒体网络有限公司在国内运营的卫星包括亚洲5号、6号、7号、9号卫星，星上带宽总容量超过6GHz，电信业务总收入达31382万元，比2018年增长3.8%。

二、主要特点

1. 广电市场迎来新客户

亚洲6号卫星是一颗国内广播电视专用卫星，自2016年1月1日开始应用于国内广播电视节目的传输以来，一直只有上海文广互动一个用户，转发器的出租率迟迟无法得到提升。

2019年，公司牢牢抓住了市场机遇，经过激烈的竞争，赢得了北京鼎视传媒的转发器租用合同，为亚洲6号卫星未来业务的拓展奠定了坚实的客户基础。在争取到该项目后，中信数字媒体全力协助北京鼎视传媒，在国家广播电影电视总局规定的期限内完成了所有用户接收站点的转星工作，使北京鼎视传媒的业务得以顺利过渡到亚洲6号卫星上。

2. 航空互联网业务市场快速增长

2018年1月16日，中国民航局发布《机上便携式电子设备（PED）使用评估指南》，认为开放机上PED使用的条件已基本成熟。随后，国内各家航空公司相继发布公告，竞相解除国内民航在飞行过程中不得使用手机的禁令，允许旅客在飞行途中使用飞行模式的手机，这也给国内航空互联服务市场的发展创造了条件。

中信数字媒体从2016年5月就开始与中国电信紧密合作，使用亚洲7号卫星为国内外航空公司提供机载通信服务；2018年，公司又与联通航美签署合约，利用亚洲7号卫星为其提供机载通信服务；2019年，中国电信和联通航美先后分别启用了亚洲9号卫星作为其提供机载服务的新资源。

借助亚洲7号卫星和亚洲9号卫星，中信数字媒体已经成为国内机载卫星通信领域最大的带宽资源提供商。

3. 海洋通信业务市场发展缓慢

为了满足国内海洋通信不断增长的需求，2017年，中信数字媒体将亚洲7号卫星的可移动Ku波束调整到中国海域，开始为渤海、黄海、东海以及南海等全部领海提供大功率的覆盖，从而为国内海洋通信的发展带来新的可用资源。目前，该波束已经为数百条渔船提供了通信服务，同时也为远洋运输、海上平台、渔政海监等提供通信服务。

2019年，国内海洋通信业务的发展比较缓慢，国内最大的几家从事渔船卫星通信服务的运营商都遇到了发展的困境，纷纷放慢了步伐，全年渔船用户总量增长很少，因此对卫星转发器资源的需求也没有表现出强劲的需求。与此同时，相关的运营企业将重点放在了融资并购、产品研发、业务优化、资源整合等方面，希望能在后面的竞争中处于优势地位。

相信2020年，国内的海洋卫星通信市场将会迎来新一轮新的增长，渔船数量以及带宽需求都会出现较大的增长。

三、面临的主要问题

目前，公司的业务发展面临很多的挑战，不仅仅要面对传统卫星通信市场的激烈竞争，还要受国内频率分配、使用政策变革的影响以及新的卫星通信技术带来的冲击，具体表现在以下几个方面。

1. 广电市场竞争日益激烈

近年来，国内广电市场面临越来越大的挑战：一方面是受OTT等新媒体的冲击，有线电视的开机率、收视率在不断下降；另一方面由此带来的电视台广告收入的急剧减少，国内大部分电视台陷入亏损的境地，使得电视频道的数量呈现逐步减少的态势。虽然4K电视机的普及推广较快，但受限于4K节目制作播出成本高昂，以及对传输带宽的需求更高，4K电视频道尤其是卫星频道的数量依然是屈指可数，大多仍处于试验性质。

对于卫星电视市场而言，2019年3月，中国卫通发射了新的国内广电节目专用卫星——中星6C，2018年5月亚太卫星公司发射的亚太6C也被纳入了国内广电专用卫星的行列，新资源的出现使得国内的广电传输卫星资源出现了严重的供过于求的局面。

与此同时，为了节省传输成本，广电还在逐步推广新的编码调制技术，将节目的调制方式从QPSK调制升级到8PSK，从而降低每套节目所占用的带宽。

受上述因素的影响，未来的广电市场的竞争将会日趋激烈，我们将会面临更加严峻的挑战。

2. 国内高通量卫星给市场带来的影响

高通量卫星近年来成为全球卫星产业发展的热点，国外已经有多颗大容量的高通量卫星在轨运营，并取得了很好的收入，例如美国Viasat公司的Viasat-1、Viasat-2卫星，以及美国EchoStar公司的Jupiter-1、Jupiter-2卫星。

高通量卫星的出现，改变了以往卫星运营商以转发器带宽出租为主的业务经营模式，使卫星运营商成为端到端业务的提供者，从而成为真正意义上的电信服务商。而以往以带宽为单位的计价方式，也将转换为以流量计费为主的计价模式。同时，高通量卫星由于采用了频率复用、点波束等先进的技术，使得一颗卫星可提供的容量比传统卫星大幅提高，也大大降低了单位带宽的成本，从而降低了卫星通信应用的门槛，使更多的政府部门、企事业单位甚至个人能够用得起卫星通信。

自2017年4月国内首颗高通量卫星中星16号发射后，业务发展一直比较缓慢，尤其是在其寄予厚望的机载通信市场，由于受到产品适航取证、系统选择等方面的诸多限制，直至2019年年底尚无改装完成的国内客机。中星16的市场发展不理想，最大的原因还是其覆盖范围的局限，再加上中星18发射未能成功，使其无法为用户提供全国的覆盖，难以发挥出卫星覆盖范围广的优势。

但另一个方面，中星16也向国内用户展示了高通量卫星系统的更强的数据传输能力，得到了一些区域性用户的青睐，也使人看到了高通量卫星潜在的市场需求。

3. 低轨星座及商业航天发展的影响

近年来，受国外OneWeb、SpaceX等公司大型低轨卫星互联网星座计划的影响，国内商业航天市场也受到了空前的关注，并得到了大量资本的投入。不仅航天科技、航天科工、中国电科等国字号先后推出了虹云工程、鸿雁星座、天地一体化信息网络等低轨星座计划，民营企业如银河航天、九天微星等多家公司也在筹划自己的互联网星座，并先后发射了首颗试验卫星。国家也对建设低轨卫星通信系统极为重视，集合国内航天、电子、通信等各方力量，充分发挥国家集中力量办大事的体制制度优势，开始筹划建设我国的宽带低轨星座计划。

卫星星座的建设需要持续的大量资金以及系统研发的投入，还要解决国际频率协调、海外落地以及终端产品如相控阵天线的成本性能的提升等难题，因此短期内，国内低轨星座尚不具备商业应用的条件。但随着众多低轨星座计划的推出，尤其是SpaceX数百颗卫星的陆续发射，使人们对卫星宽带互联网充满期待。长远来看，这也会对同步轨道卫星的业务的发展带来一定的冲击。

四、2020 年的展望与目标

2020年，中信数字媒体将继续深耕国内卫星通信市场，重点依托亚洲7号、亚洲9号卫星资源，做好航空、海洋通信市场以及应急通信市场的开拓。

我们也将努力实现业务上的转型，从提供卫星带宽向提供卫星服务转变，通过与各方的合作，向用户提供全链路的通信服务，从而拓展业务领域，服务更多的用户。

同时，随着我国广播电视高清化进程的加速，也将继续做好亚洲6号卫星在广播电视领域的推广，做好节目的安全播出工作，让更多的高清、4K电视节目通过亚洲6号卫星传播到千家万户。

五、下一步工作

如前所述，高通量卫星将是未来卫星通信发展演进的重要趋势，中信数字媒体也一直密切跟踪国内外技术、市场的发展情况。中信数字媒体下一步将与亚洲卫星公司加紧落实高通量卫星的设计和建造工作，抓住机遇在国内建立起一套全新的高通量卫星通信系统，以先进的技术、优异的性能、合理的价格服务国内卫星通信市场，充分发挥卫星通信的优势，为实现"宽带中国"战略和建设网络强国贡献一份力量。

专 题 分 析

2019 年全球电信业的运行分析

一、整体发展概况

（一）全球基础电信业重回低速徘徊，数据业务贡献减弱

全球电信服务业收入保持稳定，移动数据业务拉动效应持续减弱。2019年，全球电信服务收入预计达16200亿美元，同比微涨0.6%，移动服务收入占比达66%。移动数据业务依然是核心增长力，但对整体业务收入增长的拉动力持续减弱，2019年拉动行业增长2.3个百分点，比2018年下滑0.8个百分点。我国电信业务收入累计完成1.31万亿元，比2018年增长0.8%，增速比2018年下滑2.2个百分点。图1为2015—2019年全球基础电信服务业的收入增长情况。

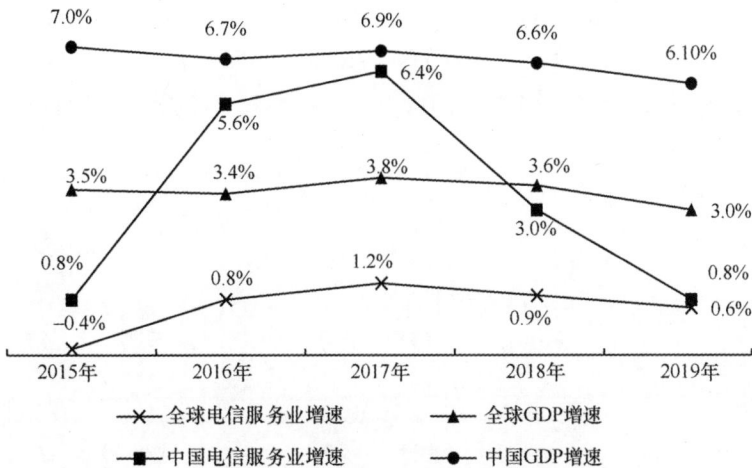

图1　2015—2019年全球基础电信服务业的收入增长情况

数据来源：Gartner、IMF、工业和信息化部、中国信息通信研究院

（二）首批5G移动用户出现，流量使用增速大幅下滑

移动普及率缓慢增长，首批5G移动用户出现。2019年年底，全球移动电话用户达79.7亿户，同比增长3.0%，移动普及率达101.5%。2019年是5G移动网络商用元年，到2019年年底，

121

5G用户规模达1300万左右，用户主要集中在中国和韩国。图2为2015—2019年全球移动用户的发展情况。

单位：亿户

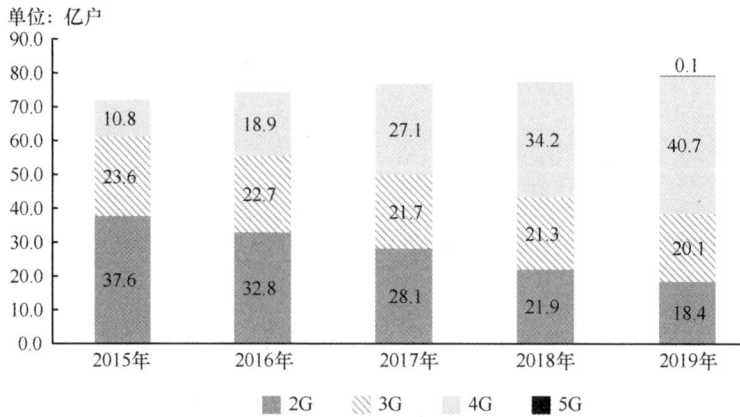

图2　2015—2019年全球移动用户的发展情况

数据来源：GSMA

视频应用驱动移动流量增长成为长期发展趋势。到2019年年底，全球移动数据流量月均达33EB，比2018年增长50%。5G移动网络商用第一年月均流量约为0.12EB，占总移动流量的0.4%，预计到2025年将达74.8EB/月，占总体比例达45.5%。2019—2025年，移动流量预计将以每年31%的速率增长，大部分来自视频流量，到2025年，视频流量将占到总移动流量的四分之三。多种因素驱动视频流量增长，包括视频共享服务、流媒体服务的发展、随时随地观看视频的便利性、具有更大屏幕和更高分辨率的视频设备、不断发展的4G和5G网络性能、超高清/AR/VR等沉浸式媒体格式和应用程序等。图3为2018—2025年全球移动流量的发展情况。

单位：EB/月

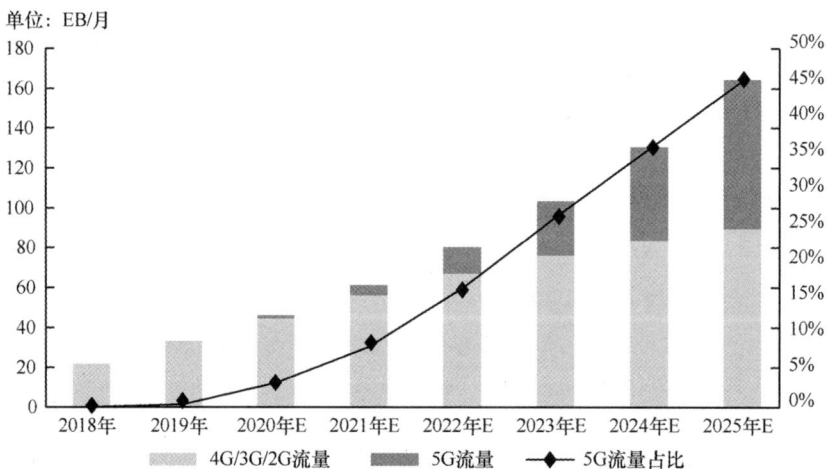

图3　2018—2025年全球移动流量的发展情况

数据来源：爱立信

智能手机户均流量增速大幅下滑。2019年全球智能手机的月户均移动数据流量达7.2GB/月·户，同比增长31%，增速下滑近50个百分点。我国移动数据流量增速也出现大幅下滑，2019年12月，当月户均手机上网流量达8.3GB/月·户，年增速21.8%，增速下滑近120个百分点。

我国移动流量降费工作成效显著。近几年政府工作报告中都为提速降费制定了年度目标，电信业务平均资费不断下调，2019年平均每GB移动数据流量价格降至5元，相比2015年资费水平，降幅高达93.3%。图4为2014—2019年我国移动互联网月户均接入流量及资费情况。

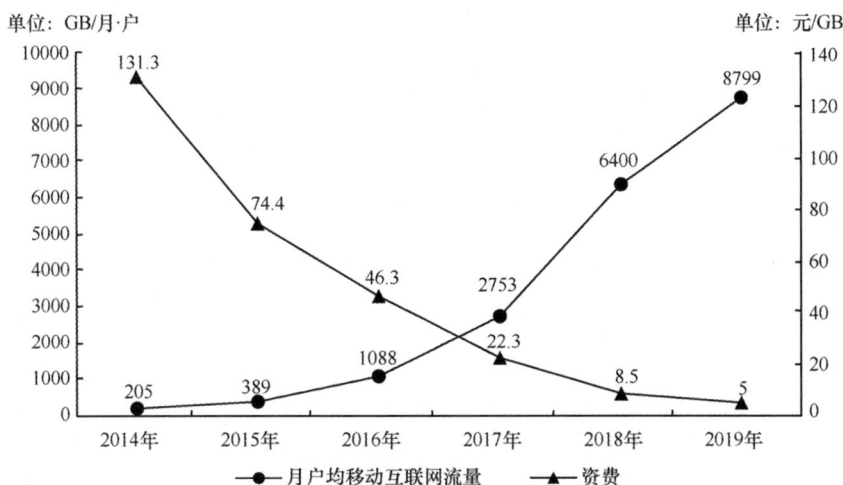

图4 2014—2019年我国移动互联网月户均接入流量及资费情况
数据来源：工业和信息化部

（三）固定宽带市场发展放缓，千兆光纤业务稳步推进

2019年，全球固定宽带接入用户达11.1亿户，同比增长6.9%，增幅收窄超过4个百分点。光纤接入用户达7.1亿户，占比达64.4%，同比增长12.2%，增速明显放缓。中国光缆需求量占全球总体的一半左右，由于中国4G、FTTH覆盖基本完成，光缆需求放缓，2019年中国光纤光缆市场的需求下降12.5%，FTTH的光纤需求量下降11%。

千兆宽带已覆盖主要领先国家，领先运营商继续扩展千兆光纤业务。截至2019年年底，已有79个国家/地区推出千兆固定宽带服务，比2018年新增3家。德国沃达丰在德国黑森州、巴登—符腾堡州和北莱茵—威斯特法伦州新增550万条光纤千兆互联网连接；KDDI为au Hikari宽带客户部署千兆G.fast服务；沃达丰意大利与Open Fiber、Welcome Italia等合作，在巴西利卡塔地区Potenza市启动光纤服务，首批7250户家庭可使用千兆宽带服务；英国电信2020年3月下旬在英国推出新的千兆家庭宽带服务。图5为2014—2019年全球固定宽带用户的发展情况。

单位：亿户

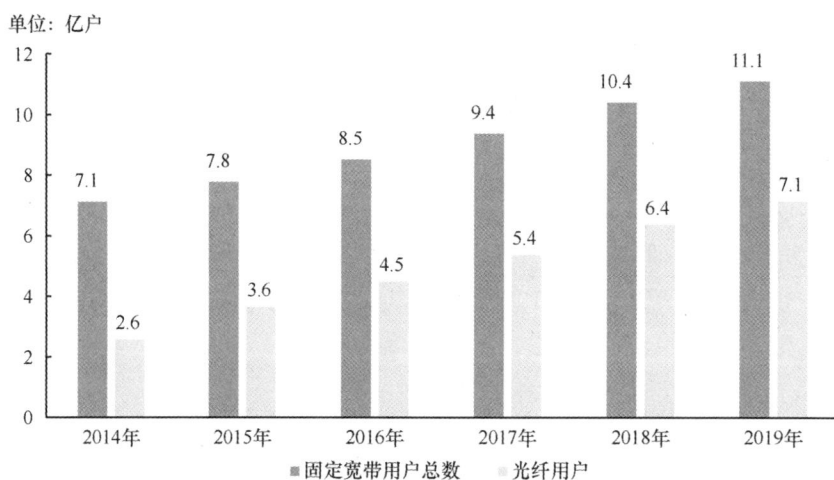

图5　2014—2019年全球固定宽带用户的发展情况
数据来源：Point Topic

　　全球宽带接入网速增长保持较高增速，中国宽带下载速率排名前列。2019年，全球固定宽带接入下载速率达73.66Mbit/s，同比增长31.7%，比2018年增速提升5.3个百分点。中国固定宽带平均下载速率已突破百兆，全球排名第23位。

　　截至2019年年中，全球国际出口总带宽达466Tbit/s，同比增长26%，增速为近15年来的最低水平。2015—2019年复合年增长率也降至28%，之前复合增速超过30%。新加坡、印度、中国等亚洲国家的国际带宽继续保持快速增长。2015—2019年部分国家国际互联网带宽的发展情况见表1。

表1　2015—2019年部分国家国际互联网带宽的发展情况

国家	国际互联网带宽（Gbit/s）	2015—2019年复合增长率
德国	105377	22.9%
美国	100467	23.0%
法国	75180	31.0%
英国	61849	19.8%
荷兰	56041	23.9%
新加坡	36176	57.4%
中国	35271	35.5%
瑞典	25262	19.6%
俄罗斯	38272	28.0%
意大利	23133	34.6%
巴西	18996	26.6%
西班牙	18276	26.2%
日本	17620	28.2%

（续表）

国家	国际互联网带宽（Gbit/s）	2015—2019年复合增长率
印度	13649	53.9%
加拿大	9788	24.1%
韩国	4609	29.4%

数据来源：Telegeography

二、全球电信业市场发展热点

（一）全球5G进入商用部署的关键期

1. 主要国家/地区运营商已陆续实现5G商用

2019年4月起，各国5G移动网络商用陆续启动，多数商用处于初期部署阶段，网络覆盖范围逐步扩展。主要运营商均开始提供5G业务，包括美国（4家）、韩国（3家）、英国（4家）、中国（3家）、日本（3家）等，瑞士、科威特、罗马尼亚、芬兰、奥地利等国家均至少有2家运营商开始提供5G业务。首批商用5G的运营商均为移动通信市场的主要参与者。图6为2019年全球5G商用情况。

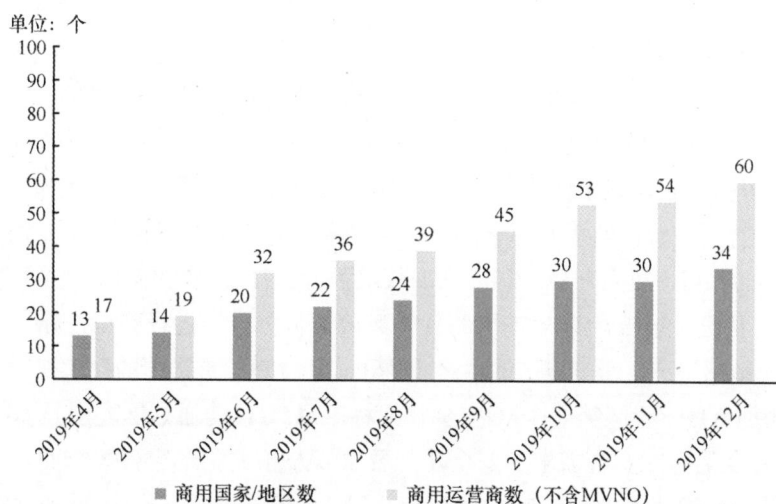

单位：个

图6　全球5G商用情况
数据来源：中国信息通信研究院

2. 5G Rel-16标准冻结

2020年7月初，国际标准组织3GPP宣布Rel-16标准冻结，标志5G第一个演进版本标准完成。Rel-16作为5G第二阶段标准版本，主要关注垂直行业应用及整体系统的提升，包括系统架构持续演进、垂直行业应用增强、多接入支持增强、人工智能增强等，其他还包括定位、MIMO增强、功耗改进等。面向工业互联网应用，引入新技术支持 1 μs同步精度、0.5～1 ms空口时延、"六个九"可靠性和灵活的终端组管理，最快可实现 5 ms以内的端到端时延和更高的可靠性，提供支持工业级时间敏感。面向车联网应用，支持 V2V（车与车）和 V2I（车与路边单元）直连通信，通过引入组播和广播等多种通信方式，以及优化感知、调度、重传以及车车间连接质量控制等技术，实现车用无线通信技术支持车辆编队、半自动驾驶、外延传感器、远程驾驶等更丰富的车联网应用场景。面向行业应用，引入多种 5G 空口定位技术，定位精度提高十倍以上，达到米级。Rel-15的若干基础功能在Rel-16中得到持续增强，显著提升小区边缘的频谱效率、切换性能、使终端更节电等。此外，Rel-16还在毫米波和非授权频谱等方面引入增强机制。

受疫情影响，3GPP推迟了5G网络标准的冻结时间，Rel-16与Rel-17的冻结日期均比原计划推迟了3个月，Rel-17冻结将被推迟到2021年12月。5G Rel-17一方面聚焦于Rel-16已有工作基础上的网络和业务能力的进一步增强，包括多天线技术、低延时高可靠、工业互联网、终端节能、定位和车联网技术等；另一方面也提出了一些新的业务和能力需求，包括覆盖增强、多播广播、面向应急通信和商业应用的终端直接通信、多SIM终端优化等。

3．5G安全问题引发广泛关注

5G不仅将对经济发展产生重要影响，也对国家安全具有重要战略意义。欧盟出台5G安全"工具箱"，引导各国开展安全评估，对网络安全的考量从纯技术角度向非技术因素转变，包括设备制造企业所在国的政治体制、监管框架等。中国通过5G安全行业标准《5G移动通信网安全技术要求》，发布《5G安全报告》，倡导坚持5G发展与安全同步部署。俄罗斯、越南、印度开始自研5G设备或软件，培育本土企业以保证网络安全性。

欧盟：2019年10月，欧盟发布《5G网络安全风险评估报告》，基于所有欧盟成员国的网络安全风险评估结果，指出以下两方面的挑战可能在5G网络中出现或变得更加突出：一是关键的5G技术创新，特别是软件的重要部分，以及5G支持的广泛服务和应用；二是供应商在5G网络建设和运营中的作用，以及对单一供应商的依赖程度。11月，欧盟网络安全机构ENISA发布《5G网络的威胁状况》报告，对《5G网络安全风险评估报告》进行补充，建立了一个更全面的有关5G架构、敏感资产、影响资产的网络威胁和威胁代理的更详细的技术视图。

中国：2019年8月，我国第一个5G安全行业标准《5G移动通信网安全技术要求》通过，涵盖5G网络的安全架构、安全需求、安全功能要求以及相关安全流程等方面。该标准的出台有助于向整个社会传递值得信赖的5G技术形象，助力构建安全可信的5G商业生态。

其他国家：多国开始自研5G设备或软件，培育本土企业以保证网络安全性。俄罗斯将投入4230亿卢布用于5G部署，预计到2024年将部署7万个5G基站，其中12.5％使用国产设备。越南最大的电信运营商Viettel宣布自研出5G gNodeB设备，并通过5G网络打通了视频通话，但其"国产化"核心设备和技术仍然来自爱立信。印度信实工业宣称旗下Jio Platforms将设计开发一套完整的5G系统，完全由印度一手打造，2021年有可能进行现场部署，并将出口到国外，供全球运营商使用。

4. 全球5G频谱规划工作提速

频谱拍卖/分配工作进入高峰时段，2020年还将有更多国家加入频谱分配/拍卖的行列，但受新型冠状病毒肺炎的影响，2020年年初多国5G频谱拍卖延期，奥地利（700MHz、1500MHz、2100MHz）、西班牙（700MHz）、法国（3.5GHz）、葡萄牙（700MHz、900MHz、1800MHz、2.1GHz、2.6GHz和3.6GHz）均延后工作安排，美国CBRS频谱拍卖推迟一个月。截至2020年6月底，全球已有67个国家/地区或者完成/部分完成、或者明确5G频谱拍卖/分配，36个国家/地区完成或部分完成5G频谱的拍卖/分配。中国明确将700MHz频谱使用规划调整用于移动通信系统，新加坡授权3.5GHz和毫米波频谱使用，Singtel、Starhub和M1的合资公司获得3.5GHz频谱许可，Singtel、StarHub和M1获得毫米波频谱，挪威、冰岛完成5G频谱拍卖。

由于6GHz以下可用的频谱资源有限，WRC-19大会上，明确了毫米波的全球统一工作频段，以支撑和保障5G热点应用长期发展。毫米波也将成为2020年频谱工作的热点，中国正加快推动5G系统部分毫米波频段频率的使用规划，澳大利亚已对毫米波频谱拍卖开展咨询。目前，低频段频谱资源大部分被2G/3G/4G占据，尤其是4G将与5G长期共存，动态频谱共享技术也成为关注热点，以快速实现5G广覆盖和深度覆盖。日本提出B5G推进战略&ICT基础设施区域发展规划，要在2020年年中实现4G/5G频谱共享，开放4.6～4.8GHz、4.8～4.9GHz和28.3～29.1GHz频谱用于本地5G。

5. 5G终端生态稳步发展

5G手机出货量超预期，千元机将加速市场普及。市场调研公司Strategy Analytics数据显示，2019年全球5G手机出货量为1870万台，占总体智能手机出货量的1.3%，远超之前预计百万台的量级。在市场份额方面，华为凭借690万台的出货量，36.9%的市场占比位居第一，三星以670万台的出货量位居第二，随后依次为vivo、小米和LG。另外值得关注的一点是，中国市场贡献了较大份额，中国信息通信研究院数据显示，2019年国内5G手机出货量超过1300万台。2020年，5G手机将成为手机市场一大亮点，在整体市场萎靡的情况下继续保持高增长。华为、小米等国产品牌的5G手机价格不断下探，千元机将进一步推动市场普及。

5G终端芯片市场布局加快，加速5G终端的普及。高通在5G终端芯片方面的布局要早于旗舰产品，2019年12月正式发布了骁龙765G，是高通旗下首款采用集成5G基带设计的5G芯片。华为海思发布了麒麟820，由荣耀30S首发搭载，是其第一款面向主流智能手机市场的产品。

华为推出低价5G模组产品，助力垂直行业规模应用。"5G应用中80%是物联网"已成为业界共识，物联网的应用还有待整个产业链的成熟。在物联网通信模组方面，市场上多数5G模组是基于高通骁龙X55平台的，样品阶段的价格为2000～3000元，并有多领域合作伙伴扩展5G物联网应用落地，包括机器人、直播背包、超高清视频传输产品等。2019年10月，华为推出首款单芯多模5G工业模组MH5000，面向工业互联网，售价仅为999元，这将会倒逼高通5G芯片降价，助力行业客户降低部署成本，为5G在垂直行业的规模应用铺平道路。

6．行业应用仍在探索

面向消费者市场应用较多，固定无线接入服务最受关注。目前全球对5G应用的探索中，面向传统消费者市场要多于面向行业应用。从运营商正在进行的应用试验来看，AR/VR、超高清视频传输、固定无线接入是试验最多的三类应用。诺基亚与Parks Associates合作开展的面向消费者和企业用户的线上调研也显示，固定无线接入服务是最受消费者关注的应用，76%的被调查者认为5G无线接入服务最具有吸引力，是有线宽带的可行替代方案。

垂直行业应用仍在探索，物联网、工业互联网、医疗行业积极开展试验。从目前来看，全球5G应用处于初级阶段，运营商对5G与垂直行业的融合应用处于广泛探索中。根据中国信息通信院监测显示，截至2020年3月底，全球166家运营商共进行或即将进行的应用试验达510项，其中eMBB类应用占到55.4%。目前监测到的应用中高清视频传输、物联网、工业互联网和移动医疗应用的次数最多，逐步向无线化和智能化的方向发展。

5G与工业互联网融合应用尚处于初期阶段，部分应用已逐步走向成熟。5G是当下信息通信技术发展的重要方向，工业互联网是新一代工业革命的技术支撑，二者都是实现经济社会数字化转型的重要驱动力量。5G与工业互联网的融合发展，将推动制造业从传统的局部信息化向数字化、网络化、智能化全面加速转变，同时也为5G落地应用开辟巨大的空间。多类应用目前分别处于不同的发展阶段。其中，5G与超高清视频的融合应用面向工业领域改造难度较低，将成为5G在工业互联网领域的第一批应用；5G+机器视觉、远程运维、移动巡检等应用已进入高速发展期，经济价值逐渐显现；5G+智能物流、预测性维护、设备状态检测等受限于模组、设备的发展，还需等待产品成熟；5G+远程控制、移动控制等控制类业务由于涉及工业核心控制环节，目前还处于探索期。5G与工业互联网的融合发展也在探索之中：奥迪与爱立信合作启动人—机交互试验项目，通过5G技术连接自动化生产机器人，以解决生产过程中的人身安全问题；SK Telecom计划与AWS和微软等公司合作，在韩国12个地点建设5G MEC(移动边缘计算)中心，推出5G边缘云服务，在SK海力士的半导体制造工厂部署一个专用5G网络，以实现5G智能工厂；ABB将在其位于瑞典的变压器工厂部署爱立信5G-ready工业互联系统，以提高生产效率和性能，加速ABB的数字现代化；中国三家运营商联手华为等设备商，在高端装备、钢铁冶炼、汽车制造、家电电子等领域积极进行"5G+工业互联网"的融合创新发展实践探索；日本、德国等多个国家已经为5G专网部署专门频谱。

（二）　2019年领先运营商营收有所改善

2019年，AT&T、Verizon、NTT集团营业收入排名全球前三，整体收入状况好于2018年。从每季度营收来看，领先的30家运营商中，收入负增长的企业数在2019年有所降低。

5G拉动效应初显，ToC业务成为现阶段的发力点。5G帮助韩国运营商收入重回增长轨道，2019年，SKT收入增长5.2%，KT收入增长3.8%，LG U+收入增长5.6%。现阶段韩国运营商在5G方面最主要的资源倾斜到ToC业务上，ToB应用的探索处于早期孵化阶段。LG U+在Cloud VR/AR领域持续投入和创新，开发打造了第一批非常有吸引力的5G业务。瑞士Sunrise在5G发展上也非常积极，其2019年服务收入增长3.3%，利润增长3.9%，主要是由于在5G网络、服务和产品三大领域加大了投资。中国移动5G投资效率提升，用户从4G迁转至5G后，移动用户ARPU值提升了6.5%。

5G建设促使网络设施资源再整合，服务与基础设施解耦以降低成本。未来几年，运营商需要投入大量资金来建设5G网络。GSMA一份报告显示，2019—2025年，运营商在5G领域的投资会接近1万亿美元。而电信市场收入规模近几年已陷入缓慢增长，5G建设又需要巨大的投入，运营商考虑采取全新的5G建网策略，将服务与通信基础设施趋于解耦，以有效控制成本。澳大利亚Telstra、丹麦TDC等多家运营商已经进行了基础设施拆分业务；欧盟批准意大利电信和沃达丰意大利合并其移动基础设施，打造出该国最大的铁塔公司和欧洲第二大铁塔公司；Orange的"Engage 2025"战略计划将其铁塔业务拆分到欧洲运营部门中单独的铁塔公司，从而实现变现；智利&秘鲁 Entel 将3200个铁塔售后回租给美国铁塔。同时，铁塔公司也在着眼于版图扩张，西班牙Cellnex继续扩张在欧洲版图，一年内完成多笔收购项目，美国铁塔继续收购获得非洲地区的铁塔设施。

2019年全球领先运营商的营收利润情况如图7所示。

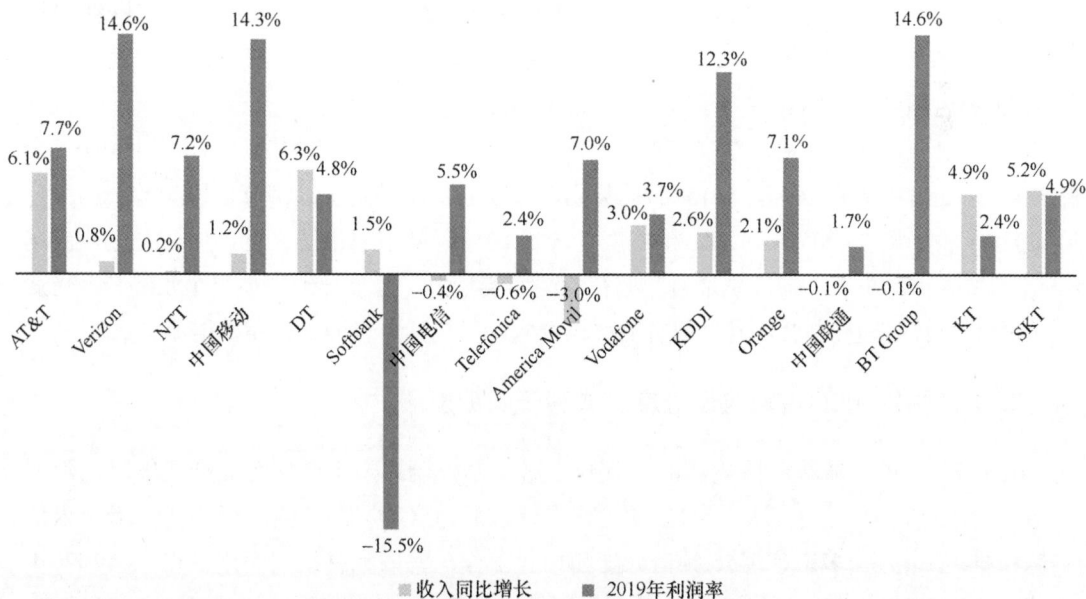

图7　2019年全球领先运营商的营收利润情况
数据来源：企业财报

2017—2019年每季度收入负增长的运营商数如图8所示。

单位：家

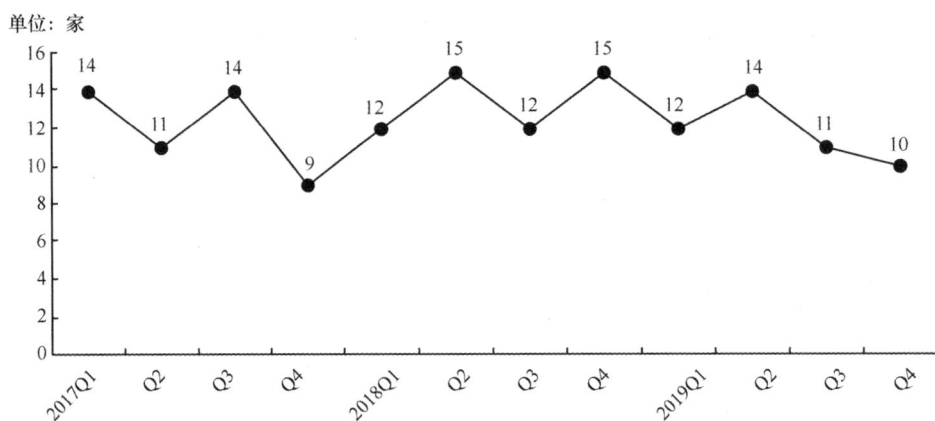

图8　2017—2019年每季度收入负增长的运营商数（TOP30）
数据来源：企业财报

三、2020年全球电信运营市场展望

（一）2020年全球经济将萎缩4.9%，电信行业规模下降2.4%

IMF预测，新冠疫情对2020年上半年经济活动的负面影响严重，基于下半年继续保持社交距离、经济创伤加剧、企业增加卫生安全措施以及金融环境保持现状等基准假设，预计全球经济2020年将萎缩4.9%。

新冠疫情导致经济衰退，全球IT支出可能会下降。按美元不变价格计算，预计2020年全球通信服务总支出将下降2.4%，至15824亿美元。移动通信服务是受经济衰退影响较小的细分市场，2020年将小幅下降0.4%，2021年将恢复增长0.3%。从用户市场来看，疫情对企业市场的影响比消费者市场更大，经济衰退对某些行业的影响较大，甚至导致中小型企业破产，受影响较小的企业将转向远程办公，升级现有的移动合同，以包括更多的话音和数据流量。

（二）疫情影响5G短期建设进度，或利于长期发展

2020年上半年，随着疫情蔓延，企业开启居家办公模式，生产性企业产能下降，消费需求减弱导致终端厂商压力变大。5G各项工作出现延后，5G标准和技术研发进度放缓，R16、R17冻结推迟3个月；多国延迟5G频谱分配和拍卖工作；韩国独立组网商用延迟，从2020年上半年推迟到2020年年底；居家令导致劳动力短缺、政府机构停摆等，造成5G网络建设受阻，短期内5G发展出现较大的不确定性。

但从长期来看，疫情加速了以大数据为中心的AIoT概念的实现，激发对高性能计算芯片解决方案以及网络、服务器和数据中心应用的RF设备的需求，以支持远程办公、游戏、云和

边缘计算。同时也暴露出数字鸿沟问题，将加速企业和政府审查其宽带计划，加快了企业和政府的数字化转型。目前，国内有序推进复工复产，逐渐恢复工厂产能，运营商明确5G建网目标不变，2020年年底将开通60万个基站，截至2020年6月，已完成超过40万个基站的建设。

（三） 5G用户发展超出预期，网络流量快速增长

2020年，全球移动用户数预计达80.5亿，普及率达102.7%，用户增长进入平缓期，每年仅新增1亿多用户。5G移动商用网络快速部署，中国用户市场对5G的强烈意愿将推动5G用户快速增长，预计2020年年底全球将有1.9亿的5G用户。

爱立信在2020年6月发布的《移动市场报告》将5G用户数的预测从1.5亿上调至1.9亿，预计到2025年年底，该数字将达28亿，5G覆盖全球近65%的人口，45%的数据流量将由5G网络承载。疫情也突显了通信网络的关键作用。在全球范围内，疫情期间网络流量增加了20%～100%，话音业务增加了20%～70%，视频、教育、远程办公和医疗类App使用量快速增长。

2019年全球互联网的发展现状和趋势

一、全球互联网的整体发展情况

（一）互联网用户消费

全球互联网普及水平与网络能力稳步"双增"。截至2019年年底，全球互联网用户普及率达53.6%，同比增加2.2个百分点。用户持续向高速网络迁移，移动宽带用户为60.8亿户[1]，同比增长5%，在移动电话用户中的渗透率超过3/4；固定宽带用户约为11.1亿户[2]，同比增长6.7%，光纤用户在固定宽带用户中的占比进一步提升至64.3%，同比增加3个百分点。网速进一步提升，截至2019年年底，全球移动和固定宽带平均下载速率[3]分别达32.01Mbit/s和73.58Mbit/s，同比增长28.3%和36.1%。

移动互联网流量消费增速高位"换挡"。截至2019年年底，全球移动流量达每月38.9EB，同比增长43.1%。受4G网络建设渐近饱和、消费者时间红利消退、5G缺少杀手级应用等因素影响，全球移动流量消费增速较2018年同期放缓，2019年，全球移动互联网月户均流量（DoU）为7.2GB/户·月，同比增长28.5%，增速较2018年下滑超过20个百分点。印度依靠低资费，移动互联网DoU年增速保持在200%的高位水平。

（二）互联网产业生态

互联网巨头在全球经济中的影响力进一步提升，中国互联网企业进步显著。2019年全球财富 500 强榜单中，互联网巨头的位次排名较2018年均显著提升。排名最靠前的是亚马逊，位次从第18位上升至第13位[4]，Alphabet、Facebook位次均有提升。中国互联网企业升幅突出，阿里巴巴位次由2018年的300位跃升至182位。小米首次入围榜单，位列第468位。2019年年底，全球互联网上市企业市值排名前三十位的企业[5]中，美国企业占18席、中国企业占9

1　移动宽带用户数据来源：GSMA。
2　固定宽带用户数据来源：Point-Topic。
3　移动、固定下载速率来源：Speedtest。
4　数据来源：企业财报，中国信息通信研究院数据研究中心整理。
5　数据来源：中国信息通信研究院政策与经济研究所。

席，巴西、韩国、日本各一席。其中，中国企业市值增速为37.2%，高出三十强整体增长水平的4个百分点，市值占比也从2018年的27.7%增长至28.5%。表1为2018—2019年互联网巨头在全球财富500强榜单中的位次排名。

表1　2018—2019年互联网巨头在全球财富500强榜单中的位次排名

互联网巨头	2019年位次	2018年位次	位次变化
亚马逊	13	18	上升5
Alphabet	37	52	上升15
京东	139	181	上升42
阿里巴巴	182	300	上升118
Facebook	184	274	上升90
腾讯	237	331	上升94
小米	468	—	—

互联网投资开始回归理性，投资规模出现回落。2019年，随着独角兽首次公开发行（IPO）频频失利，Uber、Lift等公司股价遭重创，WeWork公司募股波折不断，以烧钱和牺牲利润为代价换取规模增长的业务模式，正在失去对资本市场的吸引力，资本关注重点回归企业盈利能力。2019年全球互联网行业共吸纳投资1788亿美元，同比下降9.7%，总交易数量同比减少0.3%，其中种子/天使和A轮轮次占比为78.7%，较2018年同期减少1.4个百分点[6]。中国互联网融资金额同比下降53.1%，交易数量同比减少32.1%，其中种子/天使和A轮轮次占比为76.3%，较2018年同期增加1.3个百分点。图1为2015—2019年全球互联网投融资情况示意。

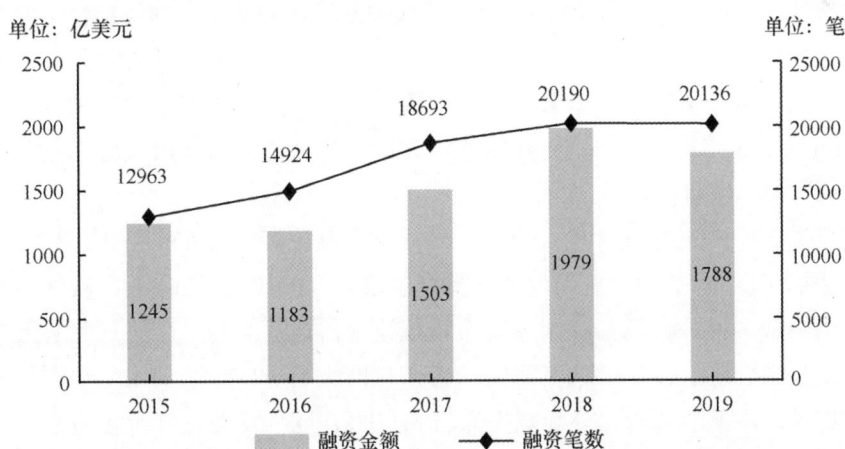

图1　2015—2019年全球互联网投融资情况

互联网独角兽阵营不断壮大，为金融科技等融合应用领域注入活力。截至2019年年末，

6　数据来源：中国信息通信研究院政策与经济研究所。

全球独角兽企业448家[7]，总估值约为1.4万亿美元。其中，互联网独角兽企业的数量和估值在全球独角兽中的占比分别达77.7%和78.8%，较2018年同期增长1.4个百分点和5.7个百分点；互联网独角兽企业数量和估值同比增长31.8%和26.8%,双双高于全球独角兽整体水平。美国、中国的独角兽企业的总数量和估值在全球中的占比分别达72.8%和78.2%。新入榜的独角兽企业主要集中在金融科技、人工智能、电子商务和汽车交通等融合应用领域，融资金额占比分别为13.5%、13.1%、10.6%和7.5%。2019年有24家金融科技独角兽诞生，创历史新高，其中一半以上（13家）来自美国。

（三）互联网基础设施

国际互联网出口带宽保持高速增长[8]，但增速有所放缓。截至2019年6月末，全球国际互联网总出口带宽达466Tbit/s，同比增长26%。非洲和亚洲国际出口带宽增长最快，同比增速分别达45%和42%。从带宽承载能力看，现有互联网出口带宽能够有力支撑流量增长。截至2019年6月末，全球分地区平均的国际互联网流量为117.6Tbit/s，同比增长24%；峰值流量为196.7Tbit/s，同比增长22%；过去四年间，全球带宽平均利用率保持在25%～40%，峰值利用率在45%～65%。受消费流量增长放缓影响，国际互联网出口带宽增速趋缓，2019年增速下降至近15年来最低水平，四年复合增长率从此前的30%降至28%。

5G商用网络建设处于初期阶段。截至2020年2月底，全球已有37个国家/地区的69[9]家运营商开始提供5G业务（含固定无线和移动服务），主要是面向消费者的高速家庭宽带接入及增强移动宽带服务。各国5G网络部署均采用非独立组网（NSA）模式，覆盖范围有限，大部分国家仅限于大城市中的少数地区。其中，美国毫米波5G网络覆盖仅限城市部分区域，且5G信号通常只在室外可用；2020年2月底，韩国已建成10.9万个5G基站，网络覆盖主要城市的人口密集地区以及主要机场、场馆等；欧洲除瑞士、摩纳哥达到了90%以上的人口覆盖，其他国家5G网络覆盖都比较有限，仅限于大市镇的少数地区。中国5G网络建设顺利推进，在多个城市已实现5G网络的重点市区室外的连续覆盖，并协助各地方政府在展览会、重要场所、重点商圈、机场等区域实现室内覆盖。

云计算推动数据中心的建设和升级转型。2019年,全球公有云服务市场规模达2117亿美元[10]，同比增长16.2%。其中，基础设施即服务保持高速增长，同比增长26.3%；软件即服务市场增长放缓，但仍为最大细分市场，在全球总市场规模中占比达44%。伴随着大型化、集约化的发展，2019年全球数据中心[11]总数量降至45.7万个，同比减少1.2%。其中，中型数据中心和小型机房的数量进一步下滑，同比分别减少0.3%和1.3%，同期受云计算市场需求驱动，企业级

7　独角兽企业数据来源：CB Insights。
8　国际互联网流量、带宽数据来源：Telegeography，本章节带宽为国际互联网出口带宽。
9　数据来源：数据来自中国信息通信研究院数据研究中心，包括中国三家运营商，5G商用运营商指开通5G业务、推出资费套餐且提供5G终端的运营商。
10　数据来源：Gartner，Forecast: Public Cloud Services, Worldwide, 2017—2023, 1Q19 Update。
11　数据来源：Gartner, Forecast: Data Centers, Worldwide, 2016—2023, 2019 Update。

数据中心和大型数据中心的数量增长显著，同比增长1.8%和3.5%。

二、全球互联网的发展特点

（一）移动游戏市场保持平稳增长，各国增势出现分化

全球移动游戏市场[12]在经历了超高速增长后，近两年增速有所放缓。2019年，苹果商店（Apple Store）和谷歌游戏商店（Google Play）移动游戏收入首次超过600亿美元，同比增长14.8%，与2018年增速（14.5%）基本持平，其中苹果占比近6成。美国、日本和中国（中国地区仅计算苹果应用商店）三大游戏市场分列前三，总占比为68.1%。其中，美国市场同比增长24.8%，超全球增速10个百分点，以美国为代表的欧美游戏市场尚有待挖掘的空间，移动游戏市场品类以策略类、休闲类、博弈类和竞技类为主；亚洲主要游戏市场红利逐渐消失，日本市场增速仅1.4%，而中国（增长14.5%）、韩国（增长14.7%）增速较快。

（二）多方巨头入场，视频流媒体市场竞争白热化

截至2019年年底，全球视频平台付费用户数已突破7亿，全年投入到娱乐内容开发的资金超过1000亿美元，其中全球视频流媒体市场规模约为426亿美元[13]。2019年，包括电信运营商AT&T，传统媒体NBC环球、迪士尼，以及苹果、谷歌等科技巨头在内，纷纷推出流媒体服务，使市场竞争不断加剧。但同时，消费者的注意力经济[14]正逐渐接近顶峰[15]，技术创新成为各大巨头的不二选择，人工智能和区块链等新技术被用于视频制作以及后期发行，以提升视频质量和维护版权；越来越多的流媒体公司采用云部署，以提升服务覆盖范围、播放性能和安全要求。

（三）亚太电商市场前景看好，"直播购物"引领潮流

2019年，全球电子商务零售市场收入达3.5万亿美元[16]，同比增长20.7%，在全球商品零售中的占比升至14.1%。其中亚太地区持续保持全球在线零售销量榜首位置[17]，全球电商零售市场增速排名前10位的国家中，亚太国家占据6席。中国电商零售收入在全球电商总零售收入的占比超过50%，增速排第4位；其他增速较快的国家还有印度（第2位）、菲律宾（第

---

12 注释：以Apple Store和Google Play官方数据为主，未包含国内第三方商店数据。

13 数据来源：Grand View Research, Video Streaming Market Size, Share, Analysis, Industry Report, 2027。

14 注意力经济，是指最大限度的吸引用户或消费者的注意力，通过培养潜在的消费群体，以期获得最大的未来商业利益的经济模式。著名的诺贝尔奖获得者赫伯特·西蒙在对当今经济发展趋势进行预测时指出："随着信息的发展，有价值的不是信息，而是注意力。"这种观点被IT业和管理界形象地描述为"注意力经济"（the economy of attention）。

15 数据来源：The Economist, Daniel Franklin of The Economist predicts The World in 2020。

16 数据来源：eMarketer, Global Ecommerce 2019。

17 数据来源：Asia-Pacific B2C E-Commerce Market 2019。

3位）、马来西亚（第5位）、印度尼西亚（第7位）和韩国（第10位）。直播成为获取流量和提升用户粘性的新渠道，2019年各大电商平台纷纷推出直播购物功能，4月亚马逊推出了Amazon Live，6月美国网红电商公司Revolve在纽约证券交易所上市。网红直播带动商品销售，"11.11"中国两大主播通过淘宝直播实现交易额近200亿元。此外，主播带货愈加专业化，"粉丝经济"成为核心纽带，一些当红明星开始参与进来，充分发挥其自身粉丝流量和知名度打造电商平台新的增长点。

（四）产业互联网发展升级，制造、医疗和交通等领域应用实践加快

在传统制造领域，工业机器人等硬件设备重构工厂生产模式。2019年全球工业机器人出货量为42.1万台[18]。波士顿动力首款商用机器人Spot上市，可灵活避开障碍物，并在极端环境中保持平衡，适用于监控工地施工情况、检测气体泄露等场景。工业软件开始走向集成，行业应用价值进一步提升。2019年西门子推出Xcelerator设计软件产品组合，打通设计、生产、运营、维护等各个生产环节。PTC与ANSYS公司充分利用各自技术优势，于2018年和2019年先后联合推出Creo 3D CAD软件和Creo Simulation Live软件，消除仿真和设计间的壁垒，带来交互式的设计体验。5G工业互联网发挥巨大赋能作用。沃达丰、爱立信合作在德国电动汽车生产商e.GO.Mobile的工厂中部署5G，利用低时延网络实现生产车间数据实时处理，生产物料信息的实时存储和传输。ABB在其赫尔辛基工厂试点工业5G人工智能应用，利用摄像头监控驱动器的组装过程，为工人提供实时反馈，辅助生产过程。

在医疗健康领域，人工智能深度下沉，推动诊疗智能化转型。谷歌开发出搭载计算机视觉与增强现实技术的显微镜，辅助进行癌症诊断。美国食品药品管理局（FDA）批准的自主人工智能诊断系统IDx-DR首次在CarePortMD健康诊所使用，可以为病人进行糖尿病视网膜病变眼科检查。企业合作助力平台化服务模式创新，探索医疗资源网络化聚合。微软与Walgreen发起基于云的消费者健康计划，消费者可以从云端获得健康信息和虚拟护理服务，并与经营者和医药制造商建立协作生态系统。亚马逊与Cerner合作推出新的基于云的智能健康平台，为患者护理提供预测性见解和医疗保健服务。

在交通运输领域，自动驾驶正在从路测走向小规模试点应用，向商用落地再进一步。2019年7月，谷歌旗下的自动驾驶公司Waymo在美国加州试点自动驾驶出租车项目，首月行驶里程超过5.9万英里（1英里=1.609344千米）[19]，完成4678次载客行程，运送乘客6299名。12月，Plus.ai公司的L4级别[20]自动驾驶卡车在3天内行驶2800英里[21]，首次实现装载生鲜货物横跨美国的商业化运营。车对外界的信息交换（V2X）技术能提升车辆全域智能感知能力，受到车企持续关注，如福特汽车公司宣布计划在2022年开始在美国所有新车型中部署基于蜂窝网

18　工业机器人数量来源：IFR, World Industrial Robots 2019。
19　Waymo路测数据来源：加州公共事业委员会（CPUC），Quarterly Pilot Service Data Reports。
20　国际汽车工程师协会将辅助驾驶技术成熟度从低到高划分为L1～L5五个等级。
21　Plus.ai路测数据来源：企业官网。

络的车用无线通信（C-V2X）技术；戴姆勒、宝马、福特、HERE Technologies、Tom Tom等公司合作测试使用V2X技术警告驾驶员前方道路可能存在的危险。

三、新型基础设施开辟数字化转型新空间

（一）5G加速发展，标准、网络、终端及应用将全方位推进

5G基于全新的系统架构，引入大规模天线、先进编码、网络切片等新型无线和网络关键技术，在大幅提升移动互联网业务能力的基础上，进一步推动物联网、车联网、工业互联网等垂直行业领域的发展[22]。全球主要国家纷纷加快5G战略和政策布局，推进5G商用部署，广泛开展与垂直行业融合应用的试验和验证。预计到2025年，5G用户数将占全球移动用户数的20%。2020—2025年，全球运营商用于移动网络建设的资本支出将达1.1万亿美元，其中约80%将用于5G网络[23]。2020年全球5G产业发展将全面加速：一是国际标准就绪，产业前景可期。完整版5G国际标准（R16）计划于2020年年中正式发布，将满足5G三大应用场景和ITU所确定的全部5G关键性能指标需求，支持车联网、工业互联网等行业增强场景应用。二是独立组网方式持续推进，网络能力增强。中国、韩国、新加坡、美国和瑞士的运营商都计划在2020年开始部署5G独立组网（SA），独立组网可支持5G网络的全部功能，是实现基于超低延迟和大连接、高速率5G用例的关键，也是通过网络切片方式开拓企业市场的前提条件。三是终端形态多样化，助力应用创新。5G终端设备多元化创新态势明显，目前已出现无人机、机器人、自动售货机、电视等16种5G终端，随着5G应用重点从增强移动宽带转向要求更低延迟、更高速率和大密度连接的高级应用，将出现更多支持5G的终端样式。四是垂直行业融合应用不断深化，从试验逐渐走向实际应用。全球多个国家利用测试床、示范项目等方式在制造业、医疗、车联网、智慧城市、农业等领域开展了广泛的试验，5G赋能千行百业取得一定的示范效应。2020年随着商用的不断深化，5G在部分行业的试验有望转向小规模应用。

（二）物联网向智能物联方向演进，应用场景不断拓展

2019年物联网（IoT）向智联网（AIoT）演进态势明显，2020年将延续这一趋势。随着5G商用，低功耗广域物联网实现超广覆盖，未来数百亿设备并发联网产生的交互需求、数据分析需求将促使IoT与AI更深入融合。预计2025年中国物联网连接量将增至199亿，2022年中国AIoT市场规模将超7500亿元[24]；北美地区预计未来5年AIoT市场将保持28%的年复合增速，

---

22 数据来源：中国电子信息工程科技发展研究——5G发展基本情况综述。
23 数据来源：GSMA, The Mobile Economy 2020。
24 数据来源：艾瑞咨询，《2020年中国智能物联网（AIoT）白皮书》。

2025年市场规模将增至1050亿美元[25]。从生活，到生产，再到社会，AIoT将是AI技术落地应用的主要驱动力。生活中，AIoT将智能应用、智能家居产品、硬件家族和平台全部串联起来，让消费者与这些物体间实现更智慧的互动，全面提升消费体验；工业中，AIoT在帮助机器人实现智能互联的同时，还能让管理者任意自如的操控，尤其是在很多危险的场景；车辆行驶中，AIoT帮助汽车做正确的决策，实现车辆的互联和管控，保障驾驶员、乘客的安全；城市中，AIoT将实现智慧城市基础设施检测系统和智能供应链管理系统的联动，利用大数据信息管理来实现多线程异步处理的高效工作方式，从而推动智慧城市项目从建设到运营到安全维护一体化发展。

（三）计算能力下沉，边缘数据中心发展势头迅猛

为更好支撑5G时代的高密度、大带宽和低时延等业务场景，"核心计算"模式正在向"边缘计算"模式转变，边缘数据中心将成为有效解决方案[26]。目前，边缘数据中心处于发展初期，但发展势头迅猛，基础运营商、互联网行业巨头及有实力的互联网数据中心（IDC）服务商纷纷开始技术布局。预计2027年全球边缘计算市场规模将达434亿美元[27]，7年年复合增长率为37.4%。未来几年将是边缘数据中心发展的关键时期，在靠近用户的网络边缘侧构建业务平台，提供存储、计算、网络等资源，把部分关键业务应用下沉到接入网络边缘，将大幅减少网络传输和多级转发带来的带宽与时延损耗，有效促进5G、人工智能、物联网等新兴技术的落地，加速新兴技术在各传统领域中的推广应用，促使车联网、远程医疗等新业务形态产生。

四、文娱产业发展迈向新阶段

（一）"上云"成为游戏产业主流趋势

与传统实体游戏相比，云游戏更便宜、更便捷，消费者可以在不购买昂贵的专业游戏设备和电脑的情况下，体验高品质游戏。5G可提供云游戏所需的低延迟和高速连接，5G的大带宽能满足数据吞吐量需求，通过网络资源的优化增强玩家的游戏体验，随着全球5G网络快速铺开，云游戏市场迎来快速发展期，预计2022年云游戏将占5G数据流量的25%以上[28]。目前，国内外游戏巨头都在搭建自己的云游戏基础设施，打造云游戏解决方案并开始构建生态

---

25 数据来源：Research And Markets, Global Artificial Intelligence Market(2020 to 2025) - by Technology, Infrastructure, Components, Devices, Solutions and Industry Verticals。

26 数据来源：中国信息通信研究院，《边缘计算风口下数据中心的未来》。

27 数据来源：Grand View Research, Edge Computing Market Size, Share & Trends Analysis Report By Component, By Industry Vertical, By Region, and Segment Forecast, 2020-2027。

28 数据来源：Openwave Mobility, Mobile Video Industry Council Livecast。

闭环,索尼、谷歌等巨头也进入云游戏市场。

(二)借力人工智能实现颠覆性创新[29]

传统娱乐产业承受转型压力,开始向流媒体、播客等模式转变,人工智能在从内容创建到用户个性化体验的全流程中表现出重要的赋能效用。预计美国在媒体和娱乐行业中的人工智能支出在2019—2025年年复合增长率将达28.1%[30]。计算机视觉已成为内容生产的通用技术。在商业表现力上,计算机视觉技术对于广告点位扫码及连续帧的广告插入技术已经成熟,可在足球比赛、赛车或综艺节目的赞助活动中无缝对接广告。基于AI和机器学习技术解决方案将超越当下的推荐引擎,产生出以体验为核心的高度个性化内容,如互动剧、定制的内容场景、虚拟主持人及角色等,这将为传媒娱乐、教育与虚拟现实(VR)产业带来深远影响。

五、消费行为变化触发电商模式革新

(一)"微需求"购物引领消费模式变革

"语音购物"等便捷购物方式兴起,影响并将重塑用户消费行为,基于人工智能的新型商品搜索技术逐渐成为热点。2019年全球智能音箱出货量达1.246亿台,同比增长60%[31]。未来随着人工智能技术的进一步发展,"语音购物""视觉购物"等购物方式将为商品销售带来更大的经济效应。

(二)"O2O"新模式打造无摩擦购物体验

智能手机普及使得利用碎片化进行线上购物成为消费常态,客户对交付时效性的期望越来越高,线上购买到店取货(BOPIS)和线上购买实体店配送(BODFS)等零售新模式日益受到年轻一代消费者追捧,过去五年中BOPIS增长了4倍[32]。线下商店已成线上线下一体化(O2O)新模式中的关键环节,82%的购物者表示,到线下商店提取线上购买的商品时会连带购买其他商品。此外,借助移动互联网工具和定位(LBS)技术,"智慧便利店"将线下实体门店通过移动端与社区用户联系在一起,实现全渠道消费场景融合。围绕社区流量入口,针对社区居民刚需,做高频低值商品交易的社区电商已成为未来产业重要发力点。

29　数据来源:德勤,《2020传媒技术预测:计算机视觉技术将渗透传媒各类应用》。
30　数据来源:TechInsight360, United States Artificial Intelligence (AI) in Media and Entertainment Industry Databook Series (2016-2025) - AI Spending with 15+ KPIs, Market Size and Forecast Across 8+ Application Segments, AI Domains, and Technology。
31　数据来源:Canalys, Global smart speaker Q4 2019, full year 2019 and forecasts。
32　数据来源:IBM,《你好,2020!新年新需求,消费者助推变革》。

六、新技术促进产业融合应用升级转型

（一）云网融合提升电信企业应用开发能力

电信运营商数字化转型进入深水区，"网络重构"已经成为主要趋势，企业上云带来大量新的网络需求，连接需要更快速智能、更灵活便捷、更安全可靠[33]。2022年全球公有云服务市场规模将达3504亿美元，比2019年增长54.9%[34]，75%的数据库将被部署或迁移至云平台[35]。云市场的快速增长与当前基础网络服务之间的矛盾日益加深，云网深度融合成为趋势，将为运营商网络市场带来新的发展空间。软件定义网络/网络功能虚拟化（SDN/NFV）的网络重构过程中，运营商将进一步实现从连接到超越连接的转型，以网带云、以云促网，将网络的价值不断提升。未来，随着5G推进，电信运营商将在云网一体化生态方面展开更深的布局，5G边缘的增强现实/虚拟现实（AR/VR）全景直播、云游戏、无人机、人工智能、车联网、工业互联网等领域都将进行更多的实践。

（二）工业互联网承载并推动工业数字化转型

2022年，全球工业物联网市场规模将增至893亿美元[36]。工业互联网正逐步落地，切实为经济高质量发展赋能。一是工业互联网平台，正从优化个体企业业务流程向驱动整体产业体系变革的方向拓展[37]。到2023年，全球工业物联网平台市场规模将达138.2亿美元，年均复合增长率高达33.4%[38]。平台功能从提供设备运维、工艺优化等生产型应用向实现上下游产业链协同的方向演进，可实现企业数字化转型所需资源的在线化汇聚和平台化共享，为用户直连制造（C2M）、大规模定制等新兴产业生态创造条件。二是工业大数据将成为智能制造和工业互联网发展的核心，工业核心数据、关键技术专利等数字化资产对企业的价值正在加速提升。三是工业人工智能实践逐步落地，设备状态智能管理系统将成为远程运维的新模式，将形成以数据为核心，从智能采集、智能分析、智能诊断、智能排产、自动委托、推送方案、远程支持到智能检验，再进入新一轮智能采集的闭环运行模式。2020—2022年，全球工业机器人的出货量年均增长12%，2022年出货量将达58.4万台[39]。协作机器人将成为工业机器人的主流发展方向，基于算法的工业智能平台将成为应用场景的重要基石。此外，工业互联网产

---

33 数据来源：通信信息报，云网融合唱响2019运营商转型创新主基调。

34 数据来源：Gartner, Forecast: Public Cloud Services, Worldwide, 2017-2023, 4Q19 Update。

35 数据来源：Gartner, The Future of the DBMS Market Is Cloud。

36 数据来源：Statista, Industrial Internet of Things market size worldwide from 2017 to 2025*。

37 来源：中国信息通信研究院，《数字化转型，迎接第四次工业革命的兴起——信息通信业（ICT）十大趋势》。

38 数据来源：MarketsandMarkets, IIoT Platform Market by Platform Type, Application Area, Vertical, and Region - Global Forecast to 2023。

39 数据来源：IFR, World Robotics 2019。

业边界还将进一步拓展，构建新型生产和服务体系，促进产融对接，推动一二三产业融通发展。

（三）区块链构筑可信数字金融市场

到2022年，全球在区块链解决方案上的支出将达124亿美元[40]。目前已有二十多个国家拟发行法定数字货币，中国、欧盟、美国三大央行均衡格局已基本形成。在开放金融时代，区块链将成为金融行业的重要基础设施。区块链可以打造分布式个人身份，实现数据凭证的匿名流转，让跨机构、跨主体的资产交易成为可能。不仅可被用在不同的银行业务，从支付结算、到票据流转和供应链金融、到更复杂的证券发行与交易等各核心业务环节，惠及所有的交易参与方[41]，实现产业链之间的信息互通和公开透明，以及参与主体之间的利益一致[42]。它可有效解决中小企业贷款融资难、银行风控难、部门监管难等问题。

七、行政与公共服务建设迎来新机遇

（一）整合信息协同共享，打造智慧数字政府

"数字政府"已逐渐成为全球各大经济体的发展目标，当前政府数字化转型的核心是对政务数据资源进行指标筛选和协同整合，将不同业务和维度的数据进行共享和分析，打破信息孤岛和数据壁垒。5G和政务云将为政府提供良好的网络保障和平台能力基础，大数据和人工智能将赋能数据分析处理，有效提升数据质量。随着政府数字化建设规划的不断加强，政务数据、企业数据、社会数据之间互联互通的机制将逐步建立，通过三类不同数据的融合、开发、利用，将有效节约决策的成本，提高决策的科学性和准确性，提升政府的预警能力以及应急响应能力，推动政府真正实现从"一站式"向"智慧型"的升级转变。

（二）医疗数字化水平不断提升，在线诊疗潜力凸显

传感器技术、5G、大数据、云计算、人工智能等新技术的发展和应用，极大地拓展了医疗健康领域的发展空间，使远程医疗、慢病监测、在线医疗等成为可能，进而改变现有的医疗服务模式。据预测，远程医疗市场5年复合增长率为16.9%，到2025年市场规模将达556亿美元[43]。服务对象范围扩大、层次提高，互联网医疗将从病人向医药等专业领域扩展。应用范围将实现从医疗服务向医疗保障、医疗监管，从病人向医生、医院、监管者的覆盖，如互

---

40 数据来源：IDC，Worldwide Semiannual Blockchain Spending Guide。
41 数据来源：麦肯锡，《区块链——银行业游戏规则的颠覆者》。
42 数据来源：陀螺研究院，《中国"区块链+供应链金融"行业研究报告》。
43 数据来源：MarketsandMarkets，Telehealth Market by Component Software & Services (RPM, RTM), Application (Teleradiology, telestroke, teleICU), Hardware (Glucose Meters), End-User (Provider, Payer, Patient), Delivery Mode (On-Premise, Cloud) Trends & Global Forecast to 2025。

联网医疗在异地就医平台建设、电子病历数据库和健康档案建设、智能化医疗服务、医疗信息产业的发展(云计算)、深化分级诊疗改革等都有着巨大潜力。在线诊疗将成为发展重点，匹配可穿戴设备、医学检测、大数据平台、医药电商、医保支付、健康管理等价值链，形成闭环和医疗健康产业生态圈，覆盖从远程健康检测到远程诊疗、重构健康管理、就医方式、就医体验、购药方式及医患生态的完整过程。

（三）在线教育受关注，教育信息化着力构建智慧生态

在新型冠状病毒肺炎的冲击下，各国教育部门推动线上复课，对教育云平台以及相关配套服务建设需求和投入快速上升，为在线教育带来利好影响。至2025年，全球在线教育市场规模将达2427亿美元，美国和中国两大市场的年均增速分别为17.7%和16.4%[44]。从行业发展趋势来看，技术和内容已成为教育信息化2.0时代的核心竞争力，教育信息化正从基础硬件设施构建向教育资源平台运营及应用开发服务的方向发展，智慧教学将成为热点，参与者不仅需要底层软硬件平台，还必须在教育内容和服务上深耕细作，不断丰富在线学习产品，通过人工智能、大数据分析、云计算、VR等新技术的采用不断创新教学场景，提升教学体验。随着在线教育的不断发展成熟，未来的教育将呈现出线上线下融合模式，教学环境更加完整。

注：互联网行业统计主要指标及名词解释

① 互联网行业：以互联网为依托，以信息技术为主要支撑的现代服务业，包括互联网基础服务业和互联网应用服务业。

② 互联网企业：指在中国境内注册，主要从事互联网基础服务和应用服务业务的企业，包括基础电信企业和从事互联网业务的增值电信企业。

③ 互联网业务收入：报告期内纳入互联网行业统计的企业所从事互联网业务取得的收入，包括互联网基础服务业务收入和互联网应用服务业务收入。其中，基础电信企业的互联网业务收入包括数据业务收入（含固定数据及互联网和移动数据及互联网）、新兴增值及其他业务收入（含数据中心、信息化服务、互联网产品等业务，不含短彩信、话音等传统增值业务收入）。

④ 互联网基础服务业务收入：互联网基础服务业务收入包括互联网接入服务业务（分固定互联网接入服务业务和移动互联网接入服务业务）收入、互联网数据中心服务业务收入、内容分发网络服务业务及其他基础业务收入等。

⑤ 互联网应用服务业务收入：互联网应用服务业务收入包括信息获取类应用服务业务收入、网络娱乐类应用服务业务收入、商务交易类应用服务业务收入和新兴应用及其他服务业务收入等。

---

44 数据来源：Reportlinker, Global E-learning Industry。

第二部分　统计数据

公用通信网统计信息

2015—2019 年电信业主要指标发展情况（一）

指标名称	单位	2015年	2016年	2017年	2018年	2019年	5年平均增长率（%）
电信综合价格下降水平	%	24.0	23.2	39.7	56.7	38.1	
电信业务总量	亿元	23346.3	15616.9	27596.7	65633.9	106810.7	
电信业务收入	亿元	11665.2	12001.5	12636.9	13005.7	13096.1	2.3
非语音收入所占比重	%	69.5	75.2	82.1	86.6	87.7	
电信固定资产投资	亿元	4524.8	4350.1	3725.2	3507.3	3654.1	
占全社会投资比重	%	0.8	0.7	0.6	0.5	0.7	
全社会固定资产投资	亿元	562000.0	606466.0	641238.0	645675.0	560874.0	
固定电话用户	万户	23099.6	20662.4	19375.7	19208.5	19103.3	-3.7
移动电话用户	万户	127139.7	132193.4	141748.8	156609.8	160134.5	4.7
互联网宽带接入用户	万户	25946.6	29720.7	34854.0	40738.2	44927.9	11.6
互联网网民人数	万人	68826.0	73125.0	77198.0	82851.0	90359.0	5.6
女性网民所占比重	%	46.4	47.6	47.4	47.3	48.1	0.7
固定电话主叫通话时长	亿分钟	2723.7	2277.2	1842.0	1499.5	1206.5	
移动电话通话时长	亿分钟	57648.9	56599.0	54004.7	51125.2	47826.2	-3.7
移动短信业务量	亿条	6991.8	6670.9	6641.4	11398.6	15066.4	
移动互联网接入流量	万GB	418753.3	937863.5	2459380.0	7090039.3	12199200.6	96.3
网页长度（总字节数）	GB	14129575	12912603	16314789	18178539	19981731	7.2

注：1. 2015年之前（含2015年）的电信业务总量按照2010年不变单价测算，2016年及以后的电信业务总量按照2015年不变单价测算。

    2. 根据国家统计局编制的《中国统计摘要（2015）》，调整以前年度的全社会固定资产投资和GDP，并重新计算相应的比重。

    3. 固定电话主叫通话时长和移动电话通话时长中分别包括了从固定和移动电话发起的IP电话通话时长。

    4. 电信固定资产投资2016年及以后为4家投资。

    5. 互联网网民人数和女性网民人数占比用2020年3月数据代替，来源于CNNIC发布的《第45次中国互联网络发展状况统计报告》。

2015—2019年电信业主要指标发展情况（二）

指标名称	单位	2015年	2016年	2017年	2018年	2019年	5年平均增长率（%）
光缆线路长度	万公里	2486.3	3042.1	3780.1	4316.8	4741.2	13.8
长途光缆线路长度	万公里	96.5	99.4	104.5	99.4	108.5	2.4
本地网中继光缆线路长度	万公里	1160.9	1043.8	1233.6	1410.2	1685.3	7.7
接入网光缆线路长度	万公里	1228.9	1898.9	2442.0	2807.2	2947.5	19.1
局用交换机容量	万门	26446.5	22441.6	18398.8	11440.4	7189.7	−22.9
移动电话基站数	万个	465.6	559.4	618.7	667.2	841.0	12.6
互联网宽带接入端口	万个	57709.4	71276.9	77599.1	86752.3	91578.0	9.7
IPv4地址数	万个	24698.3	28229.8	33870.5	33892.5	33909.3	6.5
域名数	万个	3102.1	4227.6	3848.0	3792.8	5094.2	10.4
其中：CN域名数	万个	1636.4	2060.8	2084.6	2124.3	2242.7	6.5
网站数	万个	423.0	482.4	533.3	523.4	497.0	3.3
互联网国际出口带宽	Mbit/s	5392116	6640291	7320180	7371738	8827751	10.4
固定电话普及率	部/百人	16.8	14.9	13.9	13.8	13.6	
移动电话普及率	部/百人	92.5	95.6	102.0	112.2	114.4	
固定互联网宽带接入普及率	部/百人	18.9	21.5	25.1	29.2	32.1	

注：1. IPv4地址数、域名数、网站数和互联网国际出口带宽等数据均来源于CNNIC发布的《第45次中国互联网络发展状况统计报告》。
　　2. 以前年度的互联网普及率根据最新发布的数据调整。

2019年电信业务总量、收入、投资分省情况

	电信业务总量		电信业务收入		电信固定资产投资	
	2019年	比2018年	2019年	比2018年	2019年	比2018年
	（亿元）	（%）	（亿元）	（%）	（亿元）	（%）
全　国	106810.7	62.7	13096.1	0.7	3654.1	4.2
东　部	47063.6	58.5	6493.0	1.2	1593.8	9.9
北　京	2682.0	52.8	620.9	2.9	152.1	17.0
天　津	1194.6	61.9	144.3	−5.7	50.3	9.5
河　北	4741.9	70.0	468.5	−0.6	124.1	−3.2
上　海	2240.4	56.0	582.3	1.9	166.9	31.3
江　苏	7545.4	56.7	980.8	3.3	216.4	7.6
浙　江	6717.0	63.8	808.8	2.4	206.9	11.3
福　建	3235.5	59.7	433.8	0.3	94.5	−8.9
山　东	5786.4	58.1	675.8	0.1	160.4	2.3
广　东	12046.4	54.5	1673.2	0.4	391.2	15.0
海　南	874.0	53.5	104.5	0.2	30.9	−2.0
中　部	22839.2	66.6	2491.9	−0.2	645.6	0.5
山　西	2375.2	73.0	243.1	−0.6	73.6	−8.7
安　徽	4006.7	77.2	410.9	−0.7	91.8	−13.2
江　西	2838.5	76.4	298.5	2.3	83.8	11.3
河　南	5999.1	51.9	647.5	2.2	168.2	10.8
湖　北	3370.8	65.2	440.4	−1.4	110.8	1.3
湖　南	4248.8	71.5	451.6	−3.2	117.4	−1.8
西　部	30505.5	68.5	3020.5	1.0	897.6	−6.0
内蒙古	2075.8	63.4	204.6	−2.7	64.6	−25.3
广　西	3587.8	74.7	344.8	2.8	103.5	−3.1
重　庆	2603.0	68.6	259.8	1.0	87.3	8.7
四　川	5165.0	56.7	638.2	1.7	183.0	10.8
贵　州	3874.7	76.7	297.9	2.6	80.6	−2.1
云　南	4185.2	68.9	358.0	2.7	85.1	−6.7
西　藏	301.4	168.0	55.8	2.1	22.7	−48.0
陕　西	3366.9	51.9	342.9	−0.1	88.9	−12.2
甘　肃	1958.9	64.0	180.5	−1.1	56.1	−12.9
青　海	637.0	50.7	53.4	−5.6	24.0	1.5
宁　夏	743.9	60.7	59.2	−5.0	20.0	−24.4
新　疆	2006.0	134.3	225.4	1.4	81.9	−1.9
东　北	6225.0	56.2	743.9	−2.7	206.2	−12.1
辽　宁	2723.2	53.4	360.3	0.0	84.7	−11.7
吉　林	1769.3	64.2	167.1	−5.2	54.0	−3.2
黑龙江	1732.5	53.1	216.5	−4.9	67.4	−18.7
总部及直属	177.5	—	346.9	2.8	311.0	38.5

注：2019年电信业务总量按照2015年不变单价测算。

2015—2019 年电信用户发展情况

指标名称	单位	2015年	2016年	2017年	2018年	2019年
固定电话用户	万户	23099.6	20662.4	19375.7	19208.5	19103.3
移动电话用户	万户	127139.7	132193.4	141748.8	156609.8	160134.5
其中：3G移动电话用户	万户	27573.0	17080.5	13463.2	14018.3	5876.3
4G移动电话用户	万户	43038.1	76994.9	99688.9	116546.4	128197.5
3G/4G移动电话用户占比	%	55.5	71.2	79.8	83.4	83.7
互联网宽带接入用户	万户	25946.6	29720.7	34854.0	40738.2	44927.9
其中：xDSL用户	万户	5238.1	1977.0	1120.4	615.0	448.0
LAN用户	万户	5601.7	4719.2	4089.8	2982.3	2375.9
FTTH/O用户	万户	14833.7	22765.6	29392.5	36832.7	41739.5
其中：城市宽带接入用户	万户	19547.2	22266.6	25476.7	28996.5	31450.5
农村宽带接入用户	万户	6398.4	7454.0	9377.3	11741.7	13477.3

注：互联网宽带接入用户为基础电信企业合计数。

2019 年固定电话用户分省情况

（单位：万户）

	固定电话用户	
	2019年	**比2018年**
全　国	**19103.3**	**−105.2**
东　部	**9303.0**	**148.2**
北　京	543.1	−34.3
天　津	349.1	12.1
河　北	705.2	7.2
上　海	643.4	−19.8
江　苏	1329.1	−89.2
浙　江	1309.8	48.9
福　建	763.7	−21.6
山　东	1185.2	153.7
广　东	2303.3	91.9
海　南	171.1	−0.6
中　部	**3194.4**	**−150.7**
山　西	266.2	−10.4
安　徽	570.9	−5.5
江　西	457.5	−7.9
河　南	757.8	−19.4
湖　北	518.9	−83.9
湖　南	623.1	−23.6
西　部	**5179.9**	**−0.3**
内蒙古	214.4	0.9
广　西	330.7	−0.3
重　庆	604.2	11.1
四　川	1871.8	38.8
贵　州	229.7	−14.4
云　南	287.8	−15.8
西　藏	71.7	9.8
陕　西	641.7	−9.0
甘　肃	331.8	−1.1
青　海	125.4	5.5
宁　夏	53.9	−2.1
新　疆	416.9	−23.8
东　北	**1426.0**	**−102.3**
辽　宁	628.7	−61.6
吉　林	457.4	−20.4
黑龙江	339.9	−20.3

2019 年移动电话用户分省情况

（单位：万户）

	移动电话用户		其中：3G移动电话用户		其中：4G移动电话用户		
	2019年	比2018年	2019年	所占比重（%）	2019年	比2018年	所占比重（%）
全 国	160134.5	3524.7	5876.3	3.7	128197.5	11651.1	80.1
东 部	70124.9	1414.8	2161.5	3.1	57422.8	4189.3	81.9
北 京	4019.8	10.6	241.1	9.6	3291.7	127.1	78.9
天 津	1704.7	56.2	42.5	2.5	1409.1	148.2	82.7
河 北	8315.6	120.0	511.6	6.2	6596.5	676.6	79.3
上 海	4007.9	285.6	137.9	3.4	3599.7	334.5	89.8
江 苏	10165.9	371.9	164.8	1.6	8389.5	681.9	82.5
浙 江	8736.4	427.6	119.6	1.4	6912.7	411.4	79.1
福 建	4720.3	166.8	234.9	5.0	3878.7	245.3	82.2
山 东	10785.5	215.9	266.1	2.5	8112.7	818.5	75.2
广 东	16533.1	−290.2	425.4	2.6	14307.8	676.2	86.5
海 南	1135.7	50.3	17.6	1.5	924.4	69.7	81.4
中 部	36165.8	1398.2	1510.5	4.2	28816.0	2670.2	79.7
山 西	3987.2	25.7	80.8	2.0	3202.4	255.2	80.3
安 徽	5844.2	308.4	134.4	2.3	4506.3	383.4	77.1
江 西	4157.1	113.7	51.8	1.2	3268.0	298.0	78.6
河 南	9841.1	486.9	621.5	6.3	8067.4	835.2	82.0
湖 北	5688.0	118.2	304.0	5.3	4495.4	332.7	79.0
湖 南	6648.1	345.2	318.1	4.8	5276.7	565.7	79.4
西 部	42133.6	716.9	1947.3	4.6	32820.4	4004.9	77.9
内 蒙 古	3011.7	−32.8	62.3	2.1	2386.5	155.6	79.2
广 西	5127.5	82.1	101.1	2.0	4271.9	599.9	83.3
重 庆	3678.8	28.1	235.3	6.4	2897.5	344.3	78.8
四 川	9443.5	375.0	203.1	2.2	7288.6	748.0	77.2
贵 州	4049.8	109.3	196.1	4.8	3280.3	320.1	81.0
云 南	4863.0	204.0	72.0	1.5	3700.0	324.5	76.1
西 藏	321.4	9.1	22.5	7.0	265.3	33.0	82.5
陕 西	4640.5	−48.1	97.4	2.1	3795.2	197.1	81.8
甘 肃	2751.2	15.2	189.8	6.9	2205.4	204.5	80.2
青 海	673.1	−13.3	16.5	2.5	557.1	31.0	82.8
宁 夏	828.3	−52.7	13.1	1.6	682.2	12.6	82.4
新 疆	2745.0	41.2	738.1	26.9	1490.6	1034.4	54.3
东 北	11710.3	−5.2	256.9	2.2	9138.3	786.7	78.0
辽 宁	4883.6	2.9	104.9	2.1	3943.1	337.8	80.7
吉 林	2897.6	−103.4	74.8	2.6	2217.6	87.2	76.5
黑 龙 江	3929.0	95.4	77.2	2.0	2977.6	361.7	75.8

2019 年互联网宽带接入用户分省情况

（单位：万户）

	互联网宽带接入用户		其中：FTTH/O用户		其中：100Mbit/s以上用户		互联网宽带接入用户	
	2019年	比2018年	2019年	比2018年	2019年	比2018年	城市用户	农村用户
全 国	44927.9	4189.7	41739.5	4906.8	38388.9	9748.5	31450.5	13477.3
东 部	19916.2	1510.2	18338.1	1855.7	17142.5	3968.7	13730.3	6185.8
北 京	688.1	49.3	662.0	51.9	615.0	115.2	626.3	61.8
天 津	523.6	85.7	475.4	112.6	478.3	101.2	479.5	44.1
河 北	2359.7	199.9	2242.9	195.2	1969.7	345.3	1407.3	952.4
上 海	890.2	117.2	825.0	129.2	733.6	250.1	888.7	1.4
江 苏	3585.7	233.9	3302.8	320.7	3107.0	799.1	2217.5	1368.3
浙 江	2778.9	125.1	2506.1	151.7	2408.2	508.7	1856.4	922.5
福 建	1779.0	149.9	1633.6	208.8	1489.5	278.6	990.5	788.5
山 东	3186.1	301.3	2900.4	366.0	2888.1	831.0	2169.1	1017.0
广 东	3801.6	203.8	3490.5	263.7	3195.4	640.7	2871.6	930.1
海 南	323.2	44.1	299.4	56.0	257.9	98.8	223.5	99.7
中 部	10790.8	1194.1	10103.1	1411.6	9285.1	2474.9	7478.7	3312.1
山 西	1126.1	135.0	1097.4	142.2	1037.4	291.3	909.2	216.9
安 徽	1864.7	202.3	1709.7	189.1	1637.4	568.0	1158.8	705.9
江 西	1448.8	125.4	1348.7	337.8	1252.9	464.1	987.9	460.9
河 南	2769.2	265.3	2611.3	282.6	2493.2	450.4	1986.1	783.1
湖 北	1708.3	227.6	1622.9	217.6	1381.6	365.1	1208.6	499.8
湖 南	1873.8	238.5	1713.1	242.3	1482.5	335.9	1228.3	645.5
西 部	11523.9	1323.3	10807.5	1427.6	9601.6	2730.8	8037.2	3486.7
内蒙古	682.5	54.2	639.8	61.2	614.3	93.3	594.8	87.7
广 西	1447.4	216.8	1362.8	220.5	1217.9	313.1	845.9	601.5
重 庆	1164.0	93.9	1072.2	116.2	996.7	391.1	920.4	243.6
四 川	2811.8	187.3	2684.3	216.1	2254.9	619.8	1830.7	981.1
贵 州	892.9	160.8	814.1	148.4	749.8	213.2	715.6	177.2
云 南	1156.1	136.7	1061.1	170.2	814.8	282.1	783.9	372.2
西 藏	91.4	13.2	87.2	13.5	70.3	14.2	75.3	16.1
陕 西	1197.7	140.3	1103.2	150.9	1022.6	339.9	878.2	319.5
甘 肃	870.7	127.9	830.2	130.9	801.6	198.2	548.8	321.9
青 海	174.5	21.6	163.6	20.3	159.2	32.1	130.3	44.2
宁 夏	259.1	42.1	251.2	43.2	231.6	52.3	204.9	54.2
新 疆	775.9	128.7	737.9	136.2	668.0	181.5	508.5	267.4
东 北	2697.0	162.1	2490.8	212.0	2359.7	574.1	2204.3	492.7
辽 宁	1230.4	94.4	1158.3	111.9	1080.0	250.6	1101.9	128.5
吉 林	618.3	30.1	558.2	37.6	528.7	122.4	521.8	96.5
黑龙江	848.3	37.6	774.4	62.5	750.9	201.1	580.6	267.6

注：1. 互联网宽带接入用户为基础电信企业合计数。
　　2. 互联网宽带接入用户自2011年起不包括WLAN用户，2013年按调整后口径统计。

2015—2019 年固定电话用户分省情况

（单位：万户）

	2015年	2016年	2017年	2018年	2019年
全　国	**23099.6**	**20662.4**	**19375.7**	**19208.5**	**19103.3**
东　部	**11332.5**	**10149.0**	**9350.2**	**9154.8**	**9303.0**
北　京	784.6	695.0	649.4	577.4	543.1
天　津	343.8	311.3	295.9	337.1	349.1
河　北	978.2	850.6	763.8	698.0	705.2
上　海	797.3	731.6	691.0	663.2	643.4
江　苏	1973.0	1708.3	1512.1	1418.3	1329.1
浙　江	1471.0	1287.2	1211.1	1260.9	1309.8
福　建	888.5	815.7	776.9	785.4	763.7
山　东	1118.0	970.4	883.5	1031.6	1185.2
广　东	2807.1	2609.7	2406.1	2211.4	2303.3
海　南	171.0	169.2	160.5	171.7	171.1
中　部	**4421.6**	**3688.1**	**3398.9**	**3345.1**	**3194.4**
山　西	444.6	343.7	302.3	276.6	266.2
安　徽	739.4	613.9	551.4	576.3	570.9
江　西	568.4	517.5	477.0	465.4	457.5
河　南	1009.7	798.6	735.0	777.2	757.8
湖　北	872.5	731.7	658.8	602.8	518.9
湖　南	787.0	682.7	674.4	646.8	623.1
西　部	**5141.1**	**4917.0**	**4921.5**	**5180.3**	**5179.9**
内蒙古	324.5	268.1	232.3	213.5	214.4
广　西	439.7	348.9	307.7	331.1	330.7
重　庆	559.6	541.6	566.8	593.1	604.2
四　川	1353.4	1490.1	1636.0	1833.0	1871.8
贵　州	312.5	258.7	247.9	244.1	229.7
云　南	377.5	335.0	301.1	303.6	287.8
西　藏	34.9	38.9	47.3	61.9	71.7
陕　西	723.3	679.9	622.8	650.7	641.7
甘　肃	326.0	312.3	326.8	332.8	331.8
青　海	104.2	102.1	106.7	119.9	125.4
宁　夏	84.4	70.5	62.2	56.0	53.9
新　疆	501.2	471.0	464.0	440.7	416.9
东　北	**2204.5**	**1908.4**	**1705.1**	**1528.3**	**1426.0**
辽　宁	1036.2	890.6	777.2	690.2	628.7
吉　林	572.3	520.3	497.6	477.9	457.4
黑龙江	596.0	497.4	430.3	360.2	339.9

2015—2019 年移动电话用户分省情况

（单位：万户）

	2015年	2016年	2017年	2018年	2019年
全 国	127139.7	132193.4	141748.8	156609.8	160134.5
东 部	58475.4	60115.5	62653.5	68710.1	70124.9
北 京	3944.4	3869.0	3752.1	4009.2	4019.8
天 津	1369.7	1499.8	1580.1	1648.5	1704.7
河 北	6135.6	7121.0	7581.8	8195.6	8315.6
上 海	3132.4	3156.1	3298.7	3722.3	4007.9
江 苏	7993.1	8198.8	8807.7	9794.0	10165.9
浙 江	7283.7	7225.9	7590.6	8308.8	8736.4
福 建	4154.0	4159.0	4295.0	4553.5	4720.3
山 东	9088.8	9594.5	9943.9	10569.6	10785.5
广 东	14479.7	14349.0	14796.2	16823.3	16533.1
海 南	894.1	942.3	1007.5	1085.3	1135.7
中 部	27220.1	28415.8	31212.3	34767.6	36165.8
山 西	3241.4	3365.7	3647.9	3961.5	3987.2
安 徽	4188.3	4343.0	4884.3	5535.8	5844.2
江 西	3030.4	3140.7	3449.2	4043.5	4157.1
河 南	7537.4	7889.0	8553.4	9354.1	9841.1
湖 北	4530.5	4683.8	4994.1	5569.8	5688.0
湖 南	4692.0	4993.6	5683.4	6302.9	6648.1
西 部	31312.6	33134.7	36601.4	41416.7	42133.6
内蒙古	2377.1	2470.8	2841.2	3044.4	3011.7
广 西	3594.9	3774.2	4385.1	5045.3	5127.5
重 庆	2737.7	2880.1	3274.9	3650.7	3678.8
四 川	6798.3	7294.5	7693.6	9068.6	9443.5
贵 州	2941.5	3082.7	3485.7	3940.4	4049.8
云 南	3740.1	3942.8	4228.4	4659.1	4863.0
西 藏	268.7	284.4	290.3	312.3	321.4
陕 西	3567.1	3813.3	4220.6	4688.6	4640.5
甘 肃	2105.3	2203.8	2526.4	2736.0	2751.2
青 海	517.1	539.8	610.9	686.4	673.1
宁 夏	636.6	716.4	792.0	881.0	828.3
新 疆	2028.4	2132.1	2252.3	2703.8	2745.0
东 北	10131.2	10527.4	11281.6	11715.4	11710.3
辽 宁	4289.8	4427.1	4755.7	4880.7	4883.6
吉 林	2511.5	2654.8	2868.8	3001.1	2897.6
黑龙江	3329.8	3445.6	3657.1	3833.6	3929.0

2015—2019 年互联网宽带接入用户分省情况

（单位：万户）

	2015年	2016年	2017年	2018年	2019年
全　国	**25946.6**	**29720.7**	**34854.0**	**40738.2**	**44927.9**
东　部	**12738.6**	**14329.4**	**16481.3**	**18406.0**	**19916.2**
北　京	491.9	475.8	541.9	638.8	688.1
天　津	249.8	283.9	339.4	437.9	523.6
河　北	1317.2	1612.0	1910.1	2159.8	2359.7
上　海	568.8	635.7	681.3	772.9	890.2
江　苏	2346.3	2685.2	3106.2	3351.9	3585.7
浙　江	1906.8	2159.7	2464.6	2653.8	2778.9
福　建	1044.8	1144.6	1373.6	1629.1	1779.0
山　东	1980.8	2366.5	2588.7	2884.8	3186.1
广　东	2682.7	2779.4	3246.8	3597.8	3801.6
海　南	149.5	186.5	228.7	279.1	323.2
中　部	**5762.0**	**6610.7**	**7880.4**	**9596.8**	**10790.8**
山　西	723.9	747.2	872.9	991.0	1126.1
安　徽	913.3	1075.0	1323.7	1662.4	1864.7
江　西	710.9	822.5	997.1	1323.4	1448.8
河　南	1489.0	1767.2	2128.4	2503.9	2769.2
湖　北	1014.4	1131.9	1242.9	1480.7	1708.3
湖　南	910.5	1066.9	1315.5	1635.3	1873.8
西　部	**5638.7**	**6793.8**	**8267.6**	**10200.5**	**11523.9**
内蒙古	365.7	417.2	494.0	628.3	682.5
广　西	715.8	790.0	968.0	1230.6	1447.4
重　庆	602.7	704.7	866.9	1070.1	1164.0
四　川	1424.0	1851.2	2167.5	2624.5	2811.8
贵　州	386.8	459.5	568.6	732.0	892.9
云　南	537.3	655.3	812.6	1019.4	1156.1
西　藏	29.6	40.2	61.2	78.2	91.4
陕　西	689.9	803.0	903.2	1057.4	1197.7
甘　肃	302.7	392.9	576.4	742.8	870.7
青　海	82.3	99.7	120.2	152.9	174.5
宁　夏	92.5	111.9	159.2	217.0	259.1
新　疆	409.5	468.4	569.9	647.3	775.9
东　北	**1807.3**	**1986.8**	**2224.7**	**2534.9**	**2697.0**
辽　宁	860.5	971.7	1058.6	1136.0	1230.4
吉　林	427.3	440.0	501.5	588.2	618.3
黑龙江	519.5	575.1	664.6	810.7	848.3

注：1. 互联网宽带接入用户为基础电信企业合计数。

2. 互联网宽带接入用户自2011年起不包括WLAN用户，2012年和2013年按调整后统计口径。

2015—2019 年电信业务使用量发展情况

指标名称	单位	2015年	2016年	2017年	2018年	2019年	2019年比2018（%）
固定电话主叫通话时长	亿分钟	2723.7	2277.2	1842.0	1499.5	1206.5	-19.5
移动电话通话时长（来去话合计）	亿分钟	57648.9	56606.0	54004.7	51125.2	47826.2	-6.5
移动电话去话通话时长	亿分钟	28499.9	28072.8	26904.2	25441.5	23929.2	-5.9
移动电话来话通话时长	亿分钟	29149.0	28526.2	27100.5	25683.7	23897.0	-7.0
移动短信业务量	亿条	6991.8	6670.9	6641.4	11398.6	15066.4	32.2
其中：点对点短信业务量	亿条	2705.7	1898.4	1324.0	1116.3	885.4	-20.7
移动彩信业务量	亿条	617.5	556.8	488.1	493.0	388.9	-21.1
移动互联网接入流量	万GB	418753.3	937863.5	2459380.3	7090039.3	12199200.6	72.1
其中：手机上网流量	万GB	375909.5	842965.5	2350190.9	7020867.6	12101685.0	72.4
固定电话互联互通通话时长	亿分钟	1665.5	1303.7	1067.5	806.5	654.1	-18.9
移动电话互联互通通话时长	亿分钟	8905.9	8916.7	8933.0	8735.6	8160.9	-6.6
短信互联互通业务量	亿条	946.1	689.1	517.7	402.7	324.6	-19.4

注：固定电话主叫通话时长和移动电话通话时长中分别包括了从固定和移动电话发起的IP电话通话时长。

2019 年固定电话通话量分省情况

（单位：万分钟）

	固定电话主叫通话时长		其中：国际及港澳台
	2019年	比2018年（%）	2019年
全　国	**12065125.3**	**−19.5**	**29042.7**
东　部	**6872147.5**	**−20.1**	**26922.6**
北　京	685066.7	−26.2	3295.9
天　津	148235.9	−15.9	330.6
河　北	759733.9	−18.3	91.7
上　海	866271.3	−21.9	6782.4
江　苏	961127.5	−18.4	1919.9
浙　江	759228.8	−20.8	963.4
福　建	429724.0	−9.3	1163.8
山　东	808904.6	−17.3	2028.6
广　东	1387699.2	−22.6	10080.6
海　南	66155.7	−8.3	265.7
中　部	**1991868.3**	**−19.7**	**513.9**
山　西	122393.4	−19.3	11.5
安　徽	368488.4	−14.3	158.4
江　西	234021.1	−19.1	45.5
河　南	434212.2	−30.7	88.0
湖　北	378324.1	−22.9	125.8
湖　南	454429.0	−7.4	84.6
西　部	**2468113.2**	**−18.1**	**521.6**
内蒙古	150593.3	−14.5	12.2
广　西	277741.7	−8.3	42.4
重　庆	261972.7	−19.4	106.6
四　川	733532.3	−13.1	203.9
贵　州	108716.1	−25.7	6.7
云　南	239281.3	−23.2	25.4
西　藏	3873.7	−31.9	0.5
陕　西	313959.5	−28.4	59.7
甘　肃	89662.9	−8.5	11.6
青　海	33355.1	−16.8	0.6
宁　夏	28759.1	−10.0	2.3
新　疆	226665.5	−22.3	49.9
东　北	**732996.4**	**−19.2**	**1084.6**
辽　宁	408505.2	−19.8	746.4
吉　林	121887.0	−13.7	314.1
黑龙江	202604.2	−20.9	24.1

2019 年移动电话通话量分省情况

（单位：万分钟）

	移动电话通话时长		其中：去话通话时长				其中：来话通话时长	
	2019年	比2018年（%）	2019年	比2018年（%）	国际及港澳台长途时长	国际及港澳台漫游时长	2019年	比2018年（%）
全　国	478261750.1	−6.5	239292131.27	−5.9	77958.2	54049.6	238969618.8	−7.0
东　部	203003556.2	−7.3	102447103.58	−7.2	61738.6	37751.5	100556452.7	−7.4
北　京	10818784.5	−11.3	5828364.7	−10.9	6054.4	4574.5	4990419.8	−11.8
天　津	5371416.1	−6.3	2727967.4	−6.0	818.3	709.1	2643448.7	−6.6
河　北	21426960.2	−8.8	10451235.3	−9.3	551.0	876.6	10975724.9	−8.4
上　海	8877928.4	−11.1	4592142.0	−10.4	8377.1	4777.1	4285786.5	−11.8
江　苏	28742859.6	−7.8	14267781.5	−8.7	4414.3	4324.9	14475078.1	−6.9
浙　江	25540648.5	−7.2	12804732.8	−7.5	3029.3	2854.9	12735915.7	−6.9
福　建	15661991.4	−4.6	7818315.7	−5.6	3163.0	2384.4	7843675.7	−3.7
山　东	37288179.6	−2.1	18544909.4	−2.1	4344.2	2351.8	18743270.2	−2.2
广　东	45404041.1	−9.5	23145310.1	−9.2	30648.3	14396.0	22258731.0	−9.7
海　南	3870746.9	−8.7	2266344.7	6.6	338.7	502.2	1604402.2	−24.2
中　部	105607704.6	−4.4	51513840.2	−4.3	3496.3	6188.1	54093864.4	−4.5
山　西	12928646.9	−0.3	6442853.1	0.0	222.5	461.9	6485793.8	−0.6
安　徽	15059718.2	−6.9	7251918.0	−8.5	448.8	602.3	7807800.3	−5.3
江　西	12011784.8	−6.8	5871052.6	−6.4	446.4	889.6	6140732.2	−7.2
河　南	29645827.5	−4.2	14390384.1	−3.6	685.4	1474.5	15255443.5	−4.8
湖　北	15909684.5	−6.1	7771214.4	−6.3	814.4	1226.2	8138470.0	−5.9
湖　南	20052042.7	−2.3	9786418.1	−1.9	878.9	1533.6	10265624.7	−2.8
西　部	134404950.2	−6.5	67898843.4	−4.7	10017.4	7572.8	66506106.8	−8.1
内蒙古	9717003.8	−9.6	4850093.7	−10.6	662.9	1096.5	4866910.0	−8.5
广　西	13066725.8	−7.1	6445038.7	−6.4	1526.5	1053.8	6621687.1	−7.9
重　庆	12056001.9	−3.4	6736711.4	12.1	477.6	641.4	5319290.5	−17.8
四　川	27418392.2	−7.4	13739249.9	−5.7	1044.4	1523.5	13679142.3	−9.1
贵　州	14733638.9	−7.1	7353541.5	−6.5	676.9	669.4	7380097.4	−7.7
云　南	17374640.9	−1.9	8639847.3	−1.8	4657.7	1279.5	8734793.6	−1.9
西　藏	1334922.6	−4.2	737305.9	0.5	7.4	13.2	597616.8	−9.5
陕　西	13724262.6	−7.2	6788959.7	−7.6	495.8	686.1	6935303.0	−6.8
甘　肃	8201183.5	−11.2	4016076.8	−11.5	131.3	251.5	4185106.7	−10.8
青　海	1895869.2	−12.2	930975.2	−13.9	31.3	45.1	964894.0	−10.4
宁　夏	2312990.1	−11.1	1164757.9	−11.1	45.1	93.2	1148232.3	−11.2
新　疆	12569318.8	−3.5	6496285.4	−3.2	260.5	219.7	6073033.4	−3.8
东　北	35245539.1	−7.5	17432344.1	−7.8	2705.9	2537.3	17813195.0	−7.2
辽　宁	15678682.3	−6.9	7787717.9	−7.8	1596.8	1217.0	7890964.5	−6.0
吉　林	8700986.0	−7.3	4309680.0	−7.0	641.9	586.2	4391305.9	−7.6
黑龙江	10865870.8	−8.6	5334946.2	−8.6	467.2	734.1	5530924.6	−8.6

2019年移动互联网接入流量分省情况

（单位：万GB）

	移动互联网接入流量		手机上网流量	
	2019年	比2018年（%）	2019年	比2018年（%）
全 国	**12199200.6**	**72.1**	**12101685.0**	**72.4**
东 部	**5308066.8**	**68.6**	**5273154.9**	**68.5**
北 京	295127.4	62.8	292063.5	64.2
天 津	136299.3	70.6	135861.8	70.4
河 北	547784.1	78.6	540417.2	81.7
上 海	231299.8	71.5	229821.9	71.2
江 苏	852333.0	65.8	846122.1	65.3
浙 江	762041.2	77.3	757786.7	76.4
福 建	356052.4	69.6	353501.6	70.4
山 东	647314.6	68.8	644898.9	68.3
广 东	1379371.0	63.1	1372772.4	62.4
海 南	100444.2	62.2	99908.9	61.8
中 部	**2617496.8**	**75.6**	**2607384.4**	**76.0**
山 西	269032.1	84.6	268421.2	84.3
安 徽	462271.9	83.6	458469.3	88.1
江 西	326224.8	88.0	325452.9	87.7
河 南	685946.4	57.7	684518.4	57.4
湖 北	382653.4	75.8	381821.6	75.7
湖 南	491368.2	84.1	488701.0	83.2
西 部	**3549035.4**	**76.9**	**3518512.7**	**76.6**
内蒙古	244419.3	71.0	239386.3	70.6
广 西	422040.5	84.5	418507.0	83.0
重 庆	300096.6	77.0	297705.1	77.6
四 川	584026.2	64.1	581248.3	63.5
贵 州	461004.4	83.9	458946.7	83.7
云 南	493657.6	75.8	490169.0	76.1
西 藏	34381.3	223.8	33389.7	224.3
陕 西	393245.7	58.1	388284.6	57.1
甘 肃	227042.9	73.0	224932.9	71.4
青 海	76145.7	53.7	74334.1	55.3
宁 夏	87474.6	66.9	87004.6	66.4
新 疆	225500.8	166.2	224604.5	169.1
东 北	**724601.7**	**62.5**	**702633.0**	**68.2**
辽 宁	308539.8	62.3	307130.3	64.4
吉 林	219168.0	61.6	200307.9	78.5
黑龙江	196893.9	63.8	195194.9	64.3

2019 年移动短信和彩信业务量分省情况

	移动短信业务量		移动彩信业务量
	2019年	点对点短信	2019年
	（万条）	（万条）	（万条）
全　国	**150663904.4**	**8853841.4**	**3888917.0**
东　部	**80943494.0**	**3679560.4**	**1503074.4**
北　京	12143175.6	390025.4	93172.2
天　津	1236014.8	138790.4	35257.3
河　北	6102827.4	362065.4	70496.1
上　海	7580977.9	258355.1	150682.7
江　苏	11488954.9	448424.6	327444.2
浙　江	9059052.0	469099.1	322405.0
福　建	8767619.3	288356.3	119730.3
山　东	8750435.5	532035.9	189755.4
广　东	14993947.5	649870.1	177720.8
海　南	820489.1	142538.2	16410.4
中　部	**30035773.0**	**2125575.7**	**1131596.6**
山　西	5022840.2	203149.4	212980.3
安　徽	6013196.0	385870.9	29541.8
江　西	1713445.8	245148.2	380654.6
河　南	10288959.9	625200.6	103095.2
湖　北	3551450.8	350464.1	142061.5
湖　南	3445880.4	315742.5	263263.3
西　部	**33486203.8**	**2514667.3**	**1169366.1**
内蒙古	1803800.5	172341.9	46489.7
广　西	2797803.5	198978.2	54437.4
重　庆	2995223.1	209845.4	492385.1
四　川	9488466.8	539243.6	141491.1
贵　州	1991938.3	259302.1	26373.3
云　南	3526685.8	292021.2	107613.6
西　藏	237996.0	104198.0	4369.3
陕　西	5783098.0	235951.3	124028.0
甘　肃	1758212.4	141426.6	20481.7
青　海	541077.1	40745.4	11306.2
宁　夏	663021.2	72967.7	12184.0
新　疆	1898881.3	247646.0	128206.9
东　北	**6198433.6**	**534038.0**	**84879.9**
辽　宁	2632619.9	245353.1	29275.3
吉　林	1589553.2	139978.9	30365.7
黑龙江	1976260.5	148705.9	25238.9

2019 年互联互通业务量分省情况

	固定电话互联互通通话时长		移动电话互联互通通话时长		短信互联互通业务量	
	2019年	比2018年	2019年	比2018年	2019年	比2018年
	（万分钟）	（%）	（万分钟）	（%）	（万条）	（%）
全 国	**6540500.4**	**−18.9**	**81608579.3**	**−6.6**	**3245668.7**	**−19.4**
东 部	**3674116.6**	**−18.5**	**32770407.8**	**−8.4**	**1418459.0**	**−17.6**
北 京	339689.3	−20.7	2256425.4	−10.1	114292.0	−17.3
天 津	88479.9	−13.6	1135919.5	−6.8	42765.9	13.6
河 北	448154.1	−19.2	4151909.5	−7.5	102308.1	−23.6
上 海	334166.4	−20.1	1859743.1	−9.9	98561.9	−19.3
江 苏	462501.1	−10.1	4722637.9	−6.9	243012.6	−17.8
浙 江	424080.5	−23.8	3260144.5	−9.0	168755.4	−19.1
福 建	217208.3	−14.9	2814248.9	−5.6	124226.5	−8.9
山 东	455502.8	−16.9	5794555.7	−9.9	164921.9	−24.9
广 东	866952.0	−20.3	6138380.8	−8.9	312911.8	−17.0
海 南	37382.2	−14.1	636442.5	−7.3	46702.9	−11.6
中 部	**1175809.3**	**−22.4**	**19065244.4**	**−4.6**	**696215.3**	**−21.8**
山 西	99118.5	−16.2	2176428.4	−0.7	62708.5	−24.6
安 徽	159234.5	−19.0	2773772.7	−6.4	122659.9	−16.8
江 西	120893.0	−20.1	1688463.8	−9.9	70608.5	−22.7
河 南	392372.5	−29.9	5575199.8	−4.6	162647.0	−23.3
湖 北	216721.7	−21.6	3078456.7	−5.3	141992.5	−25.6
湖 南	187469.0	−12.1	3772923.1	−2.2	135598.7	−17.9
西 部	**1226005.2**	**−16.9**	**23743579.0**	**−5.3**	**969625.2**	**−18.9**
内蒙古	107078.4	0.9	1515125.1	−14.4	55421.9	−32.7
广 西	129738.7	−15.5	2325229.2	−4.2	100579.1	−8.9
重 庆	136879.7	−19.1	2405663.1	−3.6	72225.5	−15.3
四 川	264059.5	−16.0	5006521.5	−3.6	205163.2	−27.4
贵 州	72009.4	−14.0	2278175.7	−2.5	99457.4	−16.7
云 南	115114.1	−25.5	1955060.7	−0.2	97788.7	0.3
西 藏	41393.2	15.6	323461.8	−10.5	16773.5	−35.7
陕 西	159942.2	−25.3	2618358.7	−8.3	104081.0	−10.1
甘 肃	57956.1	−9.3	1632357.4	−11.4	63696.0	−25.0
青 海	13689.6	−13.7	398206.1	−13.9	15134.4	−33.9
宁 夏	20317.8	−13.0	465164.7	−11.8	27334.5	−22.8
新 疆	107826.6	−23.1	2820255.1	−0.4	111970.0	−16.0
东 北	**464569.3**	**−18.1**	**6029348.1**	**−7.9**	**161369.1**	**−26.5**
辽 宁	238794.3	−16.4	2457235.2	−7.9	62769.6	−32.2
吉 林	103153.3	−18.0	1602957.0	−7.3	52003.1	−22.5
黑龙江	122621.8	−21.4	1969156.0	−8.4	46596.4	−22.2

2015—2019 年电信通信能力发展情况

指标名称	单位	2015年	2016年	2017年	2018年	2019年	2019年比2018（%）
光缆线路长度	万公里	2486.3	3042.1	3780.1	4316.8	4741.2	9.8
长途光缆线路长度	万公里	96.5	99.4	104.5	99.4	108.5	9.1
本地网中继光缆线路长度	万公里	1160.9	1043.8	1233.6	1410.2	1685.3	19.5
接入网光缆线路长度	万公里	1228.9	1898.9	2442.0	2807.2	2947.5	5.0
固定长途电话交换机容量	万路端	811.1	681.1	603.5	392.4	119.4	−69.6
局用交换机容量	万门	26446.5	22441.6	18398.8	11440.4	7189.7	−37.2
接入网设备容量	万门	17541.1	18547.0	15960.6	10641.4	6462.0	−39.3
移动电话交换机容量	万户	218150.0	218540.0	242185.8	259453.1	272523.7	5.0
移动电话基站	万个	465.6	559.4	618.7	667.2	841.0	26.0
其中：3G基站	万个	142.8	141.4	133.0	116.3	107.1	−7.9
4G基站	万个	177.4	263.2	328.4	372.4	544.1	46.1
互联网宽带接入端口	万个	57709.4	71276.9	77599.1	86752.3	91578.0	5.6
xDSL端口	万个	10034.0	3886.8	2224.3	1081.5	820.3	−24.1
FTTH/O端口	万个	34197.4	53781.1	65497.3	77137.9	83616.5	8.4

注：互联网宽带端口为基础电信企业合计数。

2019 年光缆线路长度分省情况

（单位：公里）

	光缆线路长度				
	2019年	比2018年（%）	长途光缆	本地网中继光缆	接入网光缆
全　国	**47412442**	**9.8**	**1084937**	**16852615**	**29474890**
东　部	**17730271**	**6.7**	**239881**	**5052841**	**12437549**
北　京	391947	4.0	4329	65765	321853
天　津	362060	52.1	4323	105204	252533
河　北	2184222	3.1	37071	938581	1208570
上　海	672080	8.8	4205	190978	476897
江　苏	3679239	4.8	39107	1096850	2543283
浙　江	3265293	8.1	26585	238660	3000048
福　建	1556751	0.6	24733	477518	1054500
山　东	2414178	3.2	38049	770848	1605280
广　东	2919315	12.8	58261	1069256	1791797
海　南	285185	11.7	3215	99182	182788
中　部	**10983361**	**4.7**	**206987**	**4056460**	**6719914**
山　西	1278772	7.0	31079	471827	775867
安　徽	2252492	4.2	35330	1014205	1202957
江　西	1879451	6.0	31537	660872	1187042
河　南	1761147	−0.4	35017	300823	1425307
湖　北	1780905	11.8	30805	769031	981069
湖　南	2030593	1.4	43219	839702	1147672
西　部	**15133925**	**18.5**	**538235**	**6331728**	**8263962**
内蒙古	1309859	49.5	76429	455444	777986
广　西	1758472	31.2	40335	626956	1091181
重　庆	1201848	13.4	6078	554758	641013
四　川	3328646	19.9	122353	1496147	1710146
贵　州	1150936	8.9	34150	533164	583623
云　南	2002875	31.4	49748	1059720	893408
西　藏	201862	4.0	40623	37570	123670
陕　西	1532139	26.0	32564	773970	725605
甘　肃	887836	7.4	37436	164365	686034
青　海	324874	12.5	41052	120263	163560
宁　夏	240152	7.7	9632	26264	204257
新　疆	1194424	−13.8	47836	483109	663479
东　北	**3564886**	**8.3**	**99835**	**1411586**	**2053465**
辽　宁	1499786	10.7	23256	510195	966336
吉　林	791002	−9.4	26395	464887	299720
黑龙江	1274098	19.8	50184	436504	787409

2019年固定通信能力分省情况

	固定长途电话交换机容量		局用交换机容量		其中:接入网设备容量	
	2019年	比2018年	2019年	比2018年	2019年	比2018年
	（万路端）	（万路端）	（万门）	（万门）	（万门）	（万门）
全　国	**119.4**	**−273.1**	**7189.7**	**−4250.7**	**6462.0**	**−4179.4**
东　部	**52.6**	**−158.9**	**3697.5**	**−824.5**	**3336.6**	**−805.6**
北　京	6.7	−31.0	1129.4	−20.5	1094.7	−20.5
天　津	0.0	−9.6	429.8	8.0	418.3	8.0
河　北	5.6	−5.6	855.5	−36.5	855.3	−36.6
上　海	35.8	0.0	168.1	−312.0	168.1	−312.0
江　苏	0.0	−12.3	65.9	−7.0	2.7	−2.2
浙　江	0.0	−66.8	243.4	−132.2	193.4	−131.4
福　建	0.0	0.0	89.8	−159.8	89.8	−159.8
山　东	0.0	−12.4	283.5	−73.7	283.5	−73.7
广　东	4.5	−21.3	413.5	−60.4	214.9	−47.5
海　南	0.0	0.0	18.7	−30.5	15.8	−30.0
中　部	**26.9**	**−35.5**	**1091.4**	**−1037.1**	**1036.0**	**−1024.7**
山　西	11.6	−6.0	254.3	−13.3	253.7	−12.8
安　徽	0.0	0.0	55.3	−51.6	55.2	−43.0
江　西	15.3	6.9	41.9	−304.8	23.4	−303.2
河　南	0.0	0.0	610.1	−164.1	602.2	−164.1
湖　北	0.0	0.0	46.7	−275.4	30.0	−273.9
湖　南	0.0	−36.4	83.1	−227.9	71.5	−227.8
西　部	**29.6**	**−43.9**	**1246.8**	**−2249.0**	**953.1**	**−2211.7**
内蒙古	0.0	0.0	176.0	−5.4	170.5	−5.4
广　西	13.2	−10.4	22.6	−889.6	21.0	−889.6
重　庆	0.0	0.0	111.8	−221.6	95.7	−209.5
四　川	16.4	0.0	191.9	−406.9	168.1	−395.9
贵　州	0.0	0.0	28.7	−281.1	28.7	−280.0
云　南	0.0	−18.5	499.0	−183.6	259.2	−183.6
西　藏	0.0	0.0	0.0	0.0	0.0	0.0
陕　西	0.0	0.0	91.0	−128.6	84.2	−124.5
甘　肃	0.0	−4.3	0.0	−16.9	0.0	−8.5
青　海	0.0	−6.7	10.0	2.4	10.0	2.9
宁　夏	0.0	−4.0	2.2	−62.1	2.2	−62.1
新　疆	0.0	0.0	113.5	−55.7	113.5	−55.7
东　北	**10.3**	**−34.8**	**1154.1**	**−140.1**	**1136.3**	**−137.4**
辽　宁	52.6	−11.3	373.9	−55.5	373.8	−55.5
吉　林	10.3	0.0	244.9	−11.1	243.5	−11.1
黑龙江	0.0	−23.5	535.4	−73.5	519.0	−70.8

2019年移动通信能力分省情况

	移动电话交换机容量		移动电话基站		其中：	
					3G基站	4G基站
	2019年	比2018年	2019年	比2018年	2019年	2019年
	（万户）	（万户）	（万个）	（万个）	（万个）	（万个）
全　国	272523.7	13070.6	841.0	173.8	107.1	544.1
东　部	118278.6	6117.3	361.4	78.7	41.7	230.6
北　京	8295.0	1755.0	21.8	5.2	3.8	12.8
天　津	3036.0	−420.0	10.1	3.5	1.4	6.1
河　北	14610.2	−26.8	37.2	7.3	3.9	26.6
上　海	6548.0	0.0	16.5	4.9	2.2	9.4
江　苏	22838.1	3504.3	53.6	12.8	5.1	36.5
浙　江	15414.3	−787.7	53.9	13.2	6.4	34.5
福　建	8636.8	1219.2	29.0	5.4	3.6	19.6
山　东	12977.4	107.0	55.8	13.5	7.0	32.2
广　东	23803.8	766.3	75.8	10.8	7.4	48.2
海　南	2119.0	0.0	7.6	2.1	1.0	4.8
中　部	55751.5	4210.6	181.7	39.8	25.1	118.8
山　西	7359.2	1268.4	23.0	4.0	3.1	14.2
安　徽	8224.3	0.0	28.4	5.7	4.0	18.4
江　西	7285.9	801.0	24.2	4.9	2.7	15.2
河　南	14004.8	1889.3	43.0	9.2	6.9	29.5
湖　北	8712.3	210.0	30.3	7.3	4.1	19.5
湖　南	10165.0	42.0	32.7	8.7	4.3	22.0
西　部	77671.2	2730.6	238.5	43.3	30.8	156.2
内蒙古	6136.3	167.3	17.5	3.2	2.4	10.8
广　西	11662.0	−920.0	24.5	5.7	2.0	16.1
重　庆	4613.0	514.0	21.8	5.6	2.0	14.9
四　川	16869.6	481.2	42.2	8.0	4.2	27.5
贵　州	6702.0	1097.0	25.7	4.8	3.0	17.4
云　南	8610.3	982.6	29.1	4.3	3.0	19.7
西　藏	2820.0	0.0	5.0	1.2	1.1	2.6
陕　西	5105.5	0.0	25.6	4.7	3.5	17.6
甘　肃	5724.6	259.5	17.2	1.4	4.3	10.2
青　海	927.0	0.0	4.9	1.2	0.7	3.4
宁　夏	1583.0	0.0	4.9	1.2	0.6	3.3
新　疆	6918.0	149.0	20.1	2.0	3.8	12.6
东　北	20822.5	12.0	59.5	12.0	9.4	38.4
辽　宁	6499.2	0.0	28.3	6.3	4.6	18.0
吉　林	5244.0	0.0	13.5	2.2	2.3	8.8
黑龙江	9079.4	12.0	17.7	3.5	2.5	11.7

2019年互联网宽带接入端口分省情况

（单位：万个）

	互联网宽带接入端口		其中：				
			xDSL端口		LAN端口	FTTH/O端口	
	2019年	比2018年	2019年	比2018年	2019年	2019年	比2018年
全 国	91578.0	4825.7	820.3	−261.1	4878.0	83616.5	6478.6
东 部	42539.9	1983.6	391.0	−207.4	2825.0	38373.5	2848.4
北 京	2060.1	0.2	12.0	−44.2	15.3	1921.9	164.6
天 津	1092.6	195.2	6.5	−0.1	17.4	1012.2	192.7
河 北	4345.8	153.5	8.3	1.2	88.7	4168.6	205.8
上 海	2028.6	156.8	29.9	−5.5	136.2	1827.8	172.7
江 苏	7249.0	117.5	6.6	−0.9	608.7	6456.5	522.5
浙 江	6284.4	313.4	13.1	−14.1	940.0	5258.2	144.5
福 建	3232.1	−12.9	3.5	−31.8	262.5	2943.1	181.6
山 东	6915.2	603.0	0.1	0.0	229.5	6374.8	666.7
广 东	8538.0	388.9	297.0	−94.8	486.8	7673.5	505.0
海 南	794.1	68.0	14.0	−17.3	40.0	736.8	92.3
中 部	18812.0	853.0	54.0	−14.0	719.0	17779.0	1237.6
山 西	2148.2	159.0	1.0	−0.8	55.8	2062.9	210.1
安 徽	3481.3	107.3	0.5	−9.1	116.9	3318.9	208.3
江 西	2369.5	336.8	13.0	−1.0	48.8	2256.4	429.1
河 南	4752.8	−28.0	3.3	−0.3	41.9	4642.6	19.0
湖 北	3062.3	101.0	13.4	−2.1	263.5	2742.0	130.7
湖 南	2997.9	176.8	22.7	−0.8	192.2	2756.2	240.3
西 部	23087.7	1730.8	352.2	−40.2	1070.1	21153.4	1989.3
内蒙古	1372.7	14.4	0.9	−0.9	14.4	1271.2	32.4
广 西	3023.0	262.9	22.8	0.3	338.0	2590.2	291.4
重 庆	2318.2	72.5	47.4	−2.7	54.1	2179.4	159.0
四 川	5864.0	463.5	59.4	−5.9	130.6	5615.5	525.8
贵 州	1759.9	224.4	14.4	1.7	149.9	1524.2	222.3
云 南	2091.1	128.5	56.1	−4.8	66.0	1923.6	131.7
西 藏	209.1	14.8	2.5	2.0	4.9	194.9	13.0
陕 西	2322.7	83.1	56.3	−1.9	198.1	1989.4	103.0
甘 肃	1405.8	277.8	3.7	−4.9	37.9	1346.8	290.4
青 海	382.3	26.9	5.9	−3.9	2.1	371.7	33.3
宁 夏	520.0	21.8	5.1	−3.1	1.3	512.7	25.9
新 疆	1819.0	140.3	77.8	−16.1	72.8	1633.7	161.2
东 北	7138.4	258.2	23.2	0.4	263.9	6310.7	403.3
辽 宁	3270.7	30.4	5.6	0.4	112.3	2933.1	97.4
吉 林	1686.6	159.9	17.6	0.0	60.1	1464.0	188.1
黑龙江	2181.1	67.9	0.0	0.0	91.4	1913.7	117.8

2015—2019年电信财务、投资、服务水平发展情况

指标名称	单位	2015年	2016年	2017年	2018年	2019年
电信业务收入	万元	116651582.2	120014943.9	126369385.1	130056623.8	130960971.2
其中：增值电信业务收入	万元	19087525.9	15413611.1	15388596.3	21628726.0	23512777.5
固定通信业务收入	万元	34557632.3	34179504.5	35451203.2	37987962.1	41520964.4
移动通信业务收入	万元	82093949.9	85835439.4	90918181.9	92068661.7	89440006.8
电信业务成本	万元	76988874.4	86129129.0	86322426.6	87440376.5	89412836.0
电信利润总额	万元	16454771.6	15448615.2	16355392.1	17668854.2	18337031.2
电信资产总额	万元	306411905.5	318038706.3	316546767.9	317517240.4	335752846.0
电信固定资产原值	万元	346653244.8	366967620.1	383733790.9	398102367.8	404316554.0
电信固定资产净值	万元	147050412.0	153058285.3	157437394.3	157214594.9	156043898.1
电信固定资产投资完成额	万元	45248446.7	43501364.5	37251756.4	35073316.6	36541023.2
固定通信投资	万元	98819.3	68682.1	64034.4	46102.5	59401.5
移动通信投资	万元	20570253.1	22031747.1	16712019.5	14119828.3	17461756.2
互联网及数据通信投资	万元	7163219.4	8093120.0	6705050.1	6535117.1	4020146.1
创新及增值平台投资	万元	1419552.1	1727914.9	2235672.8	2754774.3	2494836.0
业务支撑系统投资	万元	1642739.7	1577363.6	1461128.7	1599432.3	2001245.2
传输投资	万元	10060741.9	5934225.7	6026127.6	5663245.7	5308124.0
局房及营业场所投资	万元	3027202.3	2814346.2	2811076.8	3033262.4	3638560.4
电信其他投资	万元	1265918.9	1253964.9	1236646.7	1321554.2	1556953.9
移动电话漫游国家和地区						
中国电信	个	245	245	262	262	259
中国移动	个	255	255	257	260	261
中国联通	个	251	258	252	253	253
固定电话普及率	部/百人	16.8	14.9	13.9	13.8	13.6
移动电话普及率	部/百人	92.5	95.6	102.0	112.2	114.4
互联网宽带接入普及率	%	18.9	21.5	25.1	29.2	32.1

2019年电信主要经济效益分省情况（一）

（单位：万元）

	电信业务收入	其中：增值业务收入	电信业务收入中：		电信业务成本
			固定通信业务收入	移动通信业务收入	
全　国	130960971.2	23512777.5	41520964.4	89440006.8	89412836.0
东　部	64929696.4	14016636.6	23012726.1	41916970.3	41653875.1
北　京	6208911.5	2681427.7	3126614.1	3082297.4	3845541.0
天　津	1443353.6	188554.7	582341.5	861012.1	1180430.3
河　北	4684916.4	659224.7	1294769.9	3390146.5	3405935.0
上　海	5823169.6	1762601.6	3097980.4	2725189.2	3680840.7
江　苏	9808153.5	1949980.7	3283683.0	6524470.5	5901652.2
浙　江	8087832.9	1530455.3	2617618.0	5470215.0	5301653.4
福　建	4338187.2	837159.6	1365179.2	2973008.0	2897204.9
山　东	6758456.6	1065852.6	2089702.4	4668754.2	4504723.4
广　东	16731728.1	3131327.4	5269888.8	11461839.3	10192982.4
海　南	1044987.0	210052.3	284948.8	760038.2	742911.9
中　部	24918869.9	3702289.2	6680114.4	18238755.6	16659638.9
山　西	2431470.2	399270.7	763468.3	1668001.9	1947809.2
安　徽	4108510.0	596063.2	1143759.6	2964750.5	2596470.9
江　西	2984866.1	496246.4	932482.3	2052383.8	1926894.0
河　南	6474731.1	967100.4	1461182.8	5013548.3	4356520.7
湖　北	4403673.1	663505.5	1304770.5	3098902.6	2828701.6
湖　南	4515619.4	580103.1	1074450.8	3441168.6	3003242.5
西　部	30204569.2	4058233.3	8414365.5	21790203.7	22548026.5
内蒙古	2045952.4	254831.9	607715.3	1438237.1	1824700.2
广　西	3448053.5	371255.0	952452.4	2495601.1	2461689.5
重　庆	2597792.3	312544.9	841403.4	1756388.9	1942555.3
四　川	6382470.6	919719.1	2088396.8	4294073.8	4493209.2
贵　州	2979197.6	380549.1	714114.2	2265083.4	2018999.6
云　南	3579899.5	418827.3	681765.1	2898134.4	2390649.5
西　藏	557538.3	121591.2	203523.5	354014.9	535716.6
陕　西	3428969.9	476246.4	824362.8	2604607.1	2427473.6
甘　肃	1804771.7	313805.0	511578.5	1293193.2	1518925.6
青　海	534373.2	87813.7	167275.2	367098.0	477645.9
宁　夏	591705.3	89327.9	193321.4	398383.9	513868.7
新　疆	2253844.8	311721.9	628456.9	1625387.9	1942593.0
东　北	7439163.8	933891.6	2125384.2	5313779.6	6097296.8
辽　宁	3602593.3	497118.7	1036274.7	2566318.6	2690613.6
吉　林	1671131.2	161067.8	478537.1	1192594.1	1499029.5
黑龙江	2165439.4	275705.1	610572.5	1554866.9	1907653.7
总部及直属	3468671.9	801726.8	1288374.3	2180297.6	2453998.5

2019年电信主要经济效益分省情况（二）

（单位：万元）

	电信利润总额	资产总额	固定资产原值	固定资产净值
全 国	18337031.2	335752846.0	404316554.0	156043898.1
东 部	13297324.0	150553745.6	177338472.0	65320820.3
北 京	1619905.3	13072594.0	17045025.7	5780030.4
天 津	20364.3	3363064.4	5252640.7	1974710.9
河 北	341876.7	10026458.6	15410170.8	5886471.9
上 海	1042784.4	14478072.2	15923104.5	5462293.6
江 苏	1986474.7	19749370.7	23899177.6	9125010.4
浙 江	1544153.1	18587887.6	21163869.9	8207942.4
福 建	718888.3	9560537.1	13526521.8	4941429.5
山 东	1022079.2	13011202.8	19494819.2	7007120.1
广 东	4880537.5	46657553.4	42681561.8	15747384.1
海 南	120260.6	2047004.7	2941580.0	1188427.0
中 部	3406964.1	46878354.6	67819517.5	27086677.7
山 西	46294.7	5239430.7	9143309.2	3506538.9
安 徽	662435.4	7761267.5	10495139.4	4347021.1
江 西	417068.3	5429192.7	7490313.0	3129297.6
河 南	966769.1	11971715.0	16845876.2	6916730.7
湖 北	811310.2	8474344.0	12638159.9	4464034.4
湖 南	503086.4	8002404.6	11206719.8	4723054.9
西 部	1533541.4	59458060.0	92042446.7	37536782.6
内 蒙 古	−250651.6	4786255.8	8861857.8	3391410.9
广 西	322002.2	6530666.2	9137676.8	3674181.8
重 庆	203486.7	4996474.4	8747237.4	3480032.0
四 川	790730.9	11975405.4	16539036.3	6870351.2
贵 州	419539.3	5112518.6	7632817.7	3415007.4
云 南	462294.8	6378284.8	10023134.1	3696061.8
西 藏	−132154.9	1687403.0	2215698.1	1023768.9
陕 西	314057.7	6302206.6	10042218.2	4117692.3
甘 肃	−142517.5	3886237.0	6265496.0	2696875.1
青 海	−105194.8	1382564.3	2063121.7	869659.4
宁 夏	−103746.5	1409670.7	2207123.2	946772.2
新 疆	−244304.8	5010373.2	8307029.2	3354969.7
东 北	−188406.1	17177331.2	30382011.5	11022029.6
辽 宁	199276.2	7776943.7	13066246.1	4733581.0
吉 林	−199665.4	4060834.8	7442418.9	2642177.9
黑 龙 江	−188017.0	5339552.7	9873346.5	3646270.8
总部及直属	287607.9	61685354.7	36734106.4	15077588.0

2019 年电信固定资产投资分省情况

（单位：万元）

	电信固定资产投资	固定通信	移动通信	互联网及数据	创新及增值平台	信息系统	传输投资	局房及营业场所	电信其他投资
						其中：			
全 国	36541023.2	59401.5	17461756.2	4020146.1	2494836.0	2001245.2	5308124.0	3638560.4	1556953.9
东 部	15937944.7	27918.0	8471898.7	1744285.5	980965.9	540048.0	2223144.5	1638385.2	311299.0
北 京	1521267.2	3890.1	851536.2	159711.1	56987.9	85574.4	253001.6	102523.6	8042.5
天 津	502690.6	1037.6	256209.0	75464.0	14394.5	20163.9	74223.1	53836.6	7362.0
河 北	1240645.3	2636.6	688353.5	147430.6	50806.0	24176.1	198070.3	109387.9	19784.3
上 海	1669218.8	4939.6	909555.7	126385.7	112882.9	52096.2	181696.4	172519.7	109142.7
江 苏	2163701.9	2889.0	1190532.7	265586.1	139656.1	74789.3	208485.6	338682.8	-56919.6
浙 江	2069001.3	2645.4	1090080.0	178508.5	153799.9	65681.9	288093.4	229202.0	60990.2
福 建	945398.9	2220.7	424991.8	118242.1	87652.2	34525.9	117341.8	161075.7	-651.4
山 东	1604302.6	1180.4	893213.2	161233.2	128533.7	51940.1	225671.5	114341.2	28189.5
广 东	3912410.3	5081.9	2006853.2	470067.1	227957.9	112950.8	624387.9	328758.1	136353.4
海 南	309307.8	1396.5	160573.4	41657.2	8294.9	18149.4	52173.1	28057.8	-994.9
中 部	6455508.6	7681.3	3099541.3	878959.1	357077.3	204702.8	1173518.7	659670.6	74357.4
山 西	735651.2	2050.8	303788.5	134351.1	37170.7	26132.2	141515.6	93989.5	-3347.2
安 徽	918368.9	2208.8	467196.5	99614.6	50002.1	30769.2	156644.9	105308.3	6624.5
江 西	837771.2	666.4	388964.6	112450.6	46685.3	31515.2	142502.0	99003.7	15983.5
河 南	1681942.7	1071.3	813446.1	153127.2	100781.4	46290.5	330922.9	183449.3	52854.0
湖 北	1108270.3	713.1	558688.5	175176.4	54640.1	31223.5	176542.7	99772.5	11513.5
湖 南	1173504.3	970.9	567457.2	204239.2	67797.8	38772.3	225390.5	78147.2	-9270.9
西 部	8976364.3	17239.1	4866537.7	1114289.6	447613.0	256305.9	1395953.6	794384.8	84040.6
内蒙古	645982.5	1100.2	316610.3	62680.1	28098.3	21361.2	126931.6	63261.4	25939.5
广 西	1034716.0	1292.7	613197.8	117749.1	35434.7	22416.9	157486.5	85017.3	2121.1
重 庆	872856.5	269.4	490420.6	131465.3	37996.7	26156.1	110621.1	64658.9	11268.4
四 川	1830293.7	8026.4	1021660.5	215375.7	83906.2	64895.0	296059.6	116942.3	23428.0
贵 州	805667.7	945.4	465971.2	78513.8	32565.5	14849.6	99651.4	101364.3	11806.6
云 南	851444.4	1265.6	424286.0	102384.0	45562.1	21379.7	113594.0	66658.7	76314.2
西 藏	226933.9	100.7	143072.3	23415.4	7377.8	5386.3	60314.6	16939.5	-29672.6
陕 西	888842.9	1842.9	455860.3	91628.4	69321.7	34412.1	123250.5	105405.2	7121.8
甘 肃	561374.3	955.7	255010.0	74193.1	67123.0	12535.9	100879.8	45084.7	5592.3
青 海	239711.3	321.2	132013.7	28456.0	17961.8	9701.6	33955.6	19568.8	-2267.4
宁 夏	199620.1	710.8	94174.0	39927.5	2935.1	6816.9	15761.7	43251.0	-3956.9
新 疆	818921.0	408.2	454261.3	148501.1	19330.1	16394.6	157447.1	66232.8	-43654.4
东 北	2061540.9	3244.3	982771.6	300709.7	83523.4	134264.6	370213.1	176386.0	10428.2
辽 宁	847459.8	906.9	406291.7	123111.1	42356.5	53317.9	194044.7	44657.4	11573.5
吉 林	540217.3	849.2	271756.5	75997.4	20390.6	29163.7	98817.2	55541.9	-12299.3
黑龙江	673863.9	1488.2	304723.5	112401.2	20776.3	69782.9	77351.2	76186.7	11154.0
总部及直属	3109664.8	3318.9	41006.9	-18097.8	625656.4	865923.8	145294.1	369733.8	1076828.7

2019 年电信通信水平分省情况

	固定电话普及率	移动电话普及率	互联网宽带接入普及率	城市互联网宽带接入普及率	农村互联网宽带接入普及率	家庭互联网宽带接入普及率
	(部/百人)	(部/百人)	(%)	(%)	(%)	(%)
全 国	**13.6**	**114.4**	**32.1**	**37.1**	**24.4**	**94.8**
东 部	**17.2**	**129.5**	**36.8**	**36.8**	**36.7**	**108.7**
北 京	25.2	186.7	32.0	33.6	21.4	86.8
天 津	22.4	109.1	33.5	36.8	17.1	102.1
河 北	9.3	109.5	31.1	32.2	29.6	96.6
上 海	26.5	165.1	36.7	36.6	0.0	85.4
江 苏	16.5	126.0	44.4	39.5	55.8	124.2
浙 江	22.4	149.3	47.5	45.3	52.6	138.9
福 建	19.2	118.8	44.8	37.5	59.2	133.4
山 东	11.8	107.1	31.6	35.0	26.2	90.2
广 东	20.0	143.5	33.0	34.9	28.2	110.6
海 南	18.1	120.2	34.2	39.9	25.9	121.9
中 部	**8.6**	**97.1**	**29.0**	**35.4**	**20.6**	**85.9**
山 西	7.1	106.9	30.2	40.9	14.4	80.3
安 徽	9.0	91.8	29.3	32.6	25.1	79.3
江 西	9.8	89.1	31.0	36.9	23.2	98.2
河 南	7.9	102.1	28.7	38.7	17.4	91.1
湖 北	8.8	96.0	28.8	33.4	21.6	81.1
湖 南	9.0	96.1	27.1	31.0	21.8	84.9
西 部	**13.6**	**110.4**	**30.2**	**38.9**	**19.9**	**86.6**
内蒙古	8.4	118.6	26.9	37.0	9.4	70.5
广 西	6.7	103.4	29.2	33.4	24.8	82.5
重 庆	19.3	117.7	37.3	44.1	23.5	104.3
四 川	22.3	112.8	33.6	40.6	25.4	87.8
贵 州	6.3	111.8	24.6	40.3	9.6	71.9
云 南	5.9	100.1	23.8	33.0	15.0	74.5
西 藏	20.4	91.7	26.1	68.1	6.7	98.7
陕 西	16.6	119.7	30.9	38.1	20.3	96.1
甘 肃	12.5	103.9	32.9	42.7	23.6	96.7
青 海	20.6	110.7	28.7	38.6	16.4	80.8
宁 夏	7.8	119.2	37.3	49.3	19.4	110.9
新 疆	16.5	108.8	30.8	38.9	22.0	97.9
东 北	**13.2**	**108.5**	**25.0**	**32.3**	**12.4**	**66.0**
辽 宁	14.4	112.2	28.3	37.2	9.3	74.0
吉 林	17.0	107.7	23.0	33.3	8.6	63.6
黑龙江	9.1	104.7	22.6	25.4	18.2	58.5

注：普及率采用2019年年底常住人口数和2015年家庭数。

2015—2019 年固定电话普及率分省情况

（单位：部／百人）

	2015年	2016年	2017年	2018年	2019年
全　国	**16.8**	**14.9**	**13.9**	**13.8**	**13.6**
东　部	**21.6**	**19.2**	**17.5**	**17.0**	**17.2**
北　京	36.1	32.0	29.9	26.8	25.2
天　津	22.2	19.9	19.0	21.6	22.4
河　北	13.2	11.4	10.2	9.2	9.3
上　海	33.0	30.2	28.6	27.4	26.5
江　苏	24.7	21.4	18.8	17.6	16.5
浙　江	26.6	23.0	21.4	22.0	22.4
福　建	23.1	21.1	19.9	19.9	19.2
山　东	11.4	9.8	8.8	10.3	11.8
广　东	25.9	23.7	21.5	19.5	20.0
海　南	18.8	18.4	17.3	18.4	18.1
中　部	**12.1**	**10.0**	**9.2**	**9.0**	**8.6**
山　西	12.1	9.3	8.2	7.4	7.1
安　徽	12.0	9.9	8.8	9.1	9.0
江　西	12.4	11.3	10.3	10.0	9.8
河　南	10.7	8.4	7.7	8.1	7.9
湖　北	14.9	12.4	11.2	10.2	8.8
湖　南	11.6	10.0	9.8	9.4	9.0
西　部	**13.8**	**13.1**	**13.1**	**13.6**	**13.6**
内蒙古	12.9	10.6	9.2	8.4	8.4
广　西	9.2	7.2	6.3	6.7	6.7
重　庆	18.5	17.8	18.4	19.1	19.3
四　川	16.5	18.0	19.7	22.0	22.3
贵　州	8.9	7.3	6.9	6.8	6.3
云　南	8.0	7.0	6.3	6.3	5.9
西　藏	10.8	11.7	14.0	18.0	20.4
陕　西	19.1	17.8	16.2	16.8	16.6
甘　肃	12.5	12.0	12.4	12.6	12.5
青　海	17.7	17.2	17.8	19.9	20.6
宁　夏	12.6	10.5	9.1	8.1	7.8
新　疆	21.2	19.6	19.0	17.7	16.5
东　北	**20.1**	**17.5**	**15.7**	**14.1**	**13.2**
辽　宁	23.6	20.3	17.8	15.8	14.4
吉　林	20.8	19.0	18.3	17.7	17.0
黑龙江	15.6	13.1	11.4	9.5	9.1

2015—2019 年移动电话普及率分省情况

（单位：部／百人）

	2015年	2016年	2017年	2018年	2019年
全 国	**92.5**	**95.6**	**102.0**	**112.2**	**114.4**
东 部	**111.5**	**113.5**	**117.4**	**127.8**	**129.5**
北 京	181.7	178.1	172.9	186.1	186.7
天 津	88.5	96.0	101.5	105.7	109.1
河 北	82.6	95.3	100.8	108.5	109.5
上 海	129.7	130.4	136.4	153.6	165.1
江 苏	100.2	102.5	109.7	121.7	126.0
浙 江	131.5	129.3	134.2	144.8	149.3
福 建	108.2	107.4	109.8	115.5	118.8
山 东	92.3	96.5	99.4	105.2	107.1
广 东	133.5	130.5	132.5	148.3	143.5
海 南	98.2	102.7	108.8	116.2	120.2
中 部	**74.6**	**77.4**	**84.6**	**93.7**	**97.1**
山 西	88.5	91.4	98.5	106.6	106.9
安 徽	68.2	70.1	78.1	87.5	91.8
江 西	66.4	68.4	74.6	87.0	89.1
河 南	79.5	82.8	89.5	97.4	102.1
湖 北	77.4	79.6	84.6	94.1	96.0
湖 南	69.2	73.2	82.8	91.4	96.1
西 部	**84.3**	**88.6**	**97.1**	**109.1**	**110.4**
内蒙古	94.7	98.0	112.4	120.1	118.6
广 西	75.0	78.0	89.8	102.4	103.4
重 庆	90.8	94.5	106.5	117.7	117.7
四 川	82.9	88.3	92.7	108.7	112.8
贵 州	83.3	86.7	97.4	109.5	111.8
云 南	78.9	82.6	88.1	96.5	100.1
西 藏	82.9	85.9	86.1	90.8	91.7
陕 西	94.0	100.0	110.0	121.3	119.7
甘 肃	81.0	84.4	96.2	103.7	103.9
青 海	87.9	91.0	102.1	113.8	110.7
宁 夏	95.3	106.2	116.2	128.0	119.2
新 疆	86.0	88.9	92.1	108.7	108.8
东 北	**92.4**	**96.5**	**103.7**	**108.1**	**108.5**
辽 宁	97.9	101.1	108.9	112.0	112.2
吉 林	91.2	97.1	105.6	111.0	107.7
黑龙江	87.4	90.7	96.5	101.6	104.7

2019 年地（市）电信用户发展情况

	固定电话用户（户）	固定电话普及率（部/百人）	移动电话用户（户）	移动电话普及率（部/百人）	互联网宽带接入用户（户）	互联网宽带接入普及率（部/百人）	电信业务收入（万元）
北京市	5430847	25.22	40198324	186.66	6881051	31.95	6208912
天津市	3491237	22.35	17047153	109.15	5236254	33.53	1442211
河北省	7051938	9.29	83156030	109.53	23596651	31.08	4684916
石家庄市	1232056	11.86	14033080	135.08	3932212	37.85	810957
唐山市	905506	11.81	9740029	127.06	2614483	34.11	523089
秦皇岛市	431818	14.29	3665519	121.27	1290767	42.71	222656
邯郸市	558625	6.01	9858513	106.14	2323524	25.02	444174
邢台市	575933	8.00	6670457	92.63	1959878	27.22	347858
保定市	1036610	9.13	11772101	103.72	3389688	29.87	679604
张家口市	297656	6.77	4400407	100.03	1318041	29.96	261880
承德市	252864	7.21	3731767	106.44	1061294	30.27	219940
沧州市	684648	9.46	7809278	107.85	2288941	31.61	422815
廊坊市	583433	13.15	6771764	152.59	2061924	46.46	471328
衡水市	492789	11.22	4703115	107.09	1355899	30.87	206882
山西省	2661696	7.14	39872244	106.92	11260620	30.20	2431470
太原市	836887	19.67	8704518	204.57	2140359	50.30	635431
大同市	177344	5.28	3279603	97.61	882074	26.25	201246
阳泉市	106125	7.69	1652490	119.79	501443	36.35	90283
长治市	213438	6.34	3835899	114.00	1039372	30.89	183454
晋城市	175077	7.64	2490044	108.66	760586	33.19	141221
朔州市	97856	5.64	1586565	91.46	421523	24.30	96130
晋中市	264437	8.05	3795051	115.47	1115406	33.94	219167
运城市	283367	5.45	4554438	87.55	1543857	29.68	262835
忻州市	138709	4.47	2812337	90.60	798818	25.73	159595
临汾市	201739	4.62	3932351	90.14	1159521	26.58	240638
吕梁市	166717	4.42	3228948	85.52	897661	23.78	201471
内蒙古自治区	2143824	8.44	30116634	118.59	6825040	26.87	2045952
呼和浩特市	505550	17.16	4498223	152.66	1077965	36.58	375320
包头市	223186	8.18	3478585	127.42	760342	27.85	217654
乌海市	66875	12.19	765316	139.45	215732	39.31	54196
赤峰市	280374	6.49	4735164	109.62	1002645	23.21	264437
通辽市	136814	4.38	3449282	110.32	675492	21.60	197173
鄂尔多斯市	163067	8.14	2749655	137.22	615127	30.70	213375
呼伦贝尔市	230614	9.10	2970657	117.27	719632	28.41	175243
巴彦淖尔市	175598	10.51	2025934	121.26	509413	30.49	129162
乌兰察布市	114499	5.37	1931013	90.52	419687	19.67	112901
兴安盟	74237	4.62	1720518	107.14	408076	25.41	104693
锡林郭勒盟	70820	6.81	1459419	140.32	318137	30.59	103498

173

	固定电话用户	固定电话普及率	移动电话用户	移动电话普及率	互联网宽带接入用户	互联网宽带接入普及率	电信业务收入
	（户）	（部/百人）	（户）	（部/百人）	（户）	（部/百人）	（万元）
阿拉善盟	27788	11.63	332870	139.31	101709	42.57	33864
辽宁省	**6286454**	**14.45**	**48835968**	**112.22**	**12304063**	**28.27**	**3602593**
沈阳市	1296529	17.87	12730968	175.49	2504244	34.52	995427
大连市	1486967	25.17	8891519	150.52	2003534	33.92	765680
鞍山市	401246	11.44	3696994	105.41	994451	28.35	250833
抚顺市	254652	11.60	2093527	95.39	634196	28.90	133377
本溪市	148023	9.66	1569360	102.39	478625	31.23	103204
丹东市	455977	18.95	2274566	94.55	700118	29.10	170888
锦州市	420783	13.66	2874743	93.33	800152	25.98	174851
营口市	287125	12.23	2321379	98.88	710127	30.25	189743
阜新市	222339	11.60	1753973	91.52	548917	28.64	103744
辽阳市	174027	9.66	1849193	102.61	489104	27.14	121692
盘锦市	232599	18.06	1583856	122.96	423121	32.85	121577
铁岭市	189375	6.26	2333191	77.13	616541	20.38	133942
朝阳市	421434	12.39	2447686	71.98	723191	21.27	165823
葫芦岛市	295378	10.53	2415013	86.13	677742	24.17	144692
吉林省	**4574334**	**17.00**	**28976329**	**107.69**	**6182973**	**22.98**	**1671131**
长春市	1954946	25.83	10341830	136.62	2100231	27.75	676286
吉林市	492486	11.42	4430581	102.76	1043751	24.21	243072
四平市	213187	6.34	2600916	77.39	455365	13.55	147096
辽源市	288525	23.66	1399839	114.79	314966	25.83	56546
通化市	322291	14.37	2021439	90.11	493731	22.01	113307
白山市	526253	41.19	924268	72.35	191859	15.02	65562
松原市	248461	8.56	2603141	89.72	436233	15.04	125915
白城市	264346	13.23	1773613	88.79	320146	16.03	97395
延边朝鲜族自治州	263834	12.38	2274275	106.72	597534	28.04	138792
黑龙江省	**3399132**	**9.06**	**39290198**	**104.74**	**8482783**	**22.61**	**2165439**
哈尔滨市	1389047	13.99	12854006	129.47	2565686	25.84	792206
齐齐哈尔市	272718	4.89	4226793	75.73	962258	17.24	212434
鸡西市	136483	7.34	1879778	101.10	437446	23.53	89381
鹤岗市	62018	5.72	1272257	117.31	260228	24.00	56287
双鸭山市	118162	7.86	1561471	103.82	350860	23.33	70216
大庆市	194094	6.89	3645282	129.41	730150	25.92	191558
伊春市	94020	7.58	1120122	90.32	297493	23.99	56145
佳木斯市	221096	8.89	2842518	114.33	681808	27.42	135763
七台河市	46955	5.08	924707	99.99	199895	21.62	43562
牡丹江市	232291	8.72	2627058	98.57	701705	26.33	138190
黑河市	178180	10.31	1743900	100.92	391438	22.65	75896
绥化市	403124	7.03	4016443	70.01	762667	13.29	189127

（续表）

	固定电话用户	固定电话普及率	移动电话用户	移动电话普及率	互联网宽带接入用户	互联网宽带接入普及率	电信业务收入
	（户）	（部/百人）	（户）	（部/百人）	（户）	（部/百人）	（万元）
大兴安岭地区	50944	9.96	575863	112.64	141149	27.61	26064
上海市	**6434072**	**26.50**	**40078888**	**165.06**	**8901477**	**36.66**	**5823170**
江苏省	**13291070**	**16.47**	**101659104**	**125.97**	**35857369**	**44.43**	**9808153**
南京市	1819129	22.29	13078597	160.27	4934461	60.47	1462174
无锡市	1248918	19.33	9993286	154.70	3469614	53.71	1047199
徐州市	845404	9.87	9612492	112.26	3255359	38.02	689407
常州市	900513	19.21	6648510	141.79	2470025	52.68	705029
苏州市	2321906	22.04	18491675	175.51	5891858	55.92	2143212
南通市	1175337	16.09	8472590	116.01	3180426	43.55	744740
连云港市	516881	11.74	4704118	106.81	1655067	37.58	356152
淮安市	362703	7.56	4842005	100.93	1629211	33.96	356808
盐城市	594648	8.24	6959687	96.45	2551083	35.35	564560
扬州市	904578	20.27	5315069	119.12	1905925	42.72	464475
镇江市	544957	17.27	3707246	117.49	1425398	45.17	332298
泰州市	677715	14.63	4904492	105.89	1818098	39.25	428538
宿迁市	283695	5.92	4929337	102.88	1670844	34.87	384336
浙江省	**13097524**	**22.39**	**87363795**	**149.34**	**27789142**	**47.50**	**8087833**
杭州市	2759829	31.36	18178752	206.60	5274535	59.94	2007834
宁波市	2502034	32.76	13581615	177.85	4255139	55.72	1112733
温州市	1627564	17.79	13348622	145.90	4070966	44.49	1061258
嘉兴市	980390	21.60	6683813	147.24	2331929	51.37	528809
湖州市	718927	24.73	4106344	141.25	1460199	50.23	328550
绍兴市	1194163	24.17	6500095	131.55	2251278	45.56	548782
金华市	1142361	21.14	9127588	168.92	3067591	56.77	726957
衢州市	344206	16.22	2539527	119.65	921321	43.41	169888
舟山市	302037	26.51	1686735	148.07	586283	51.47	132012
台州市	1085777	18.09	8873047	147.80	2647511	44.10	667814
丽水市	440236	20.75	2737657	129.06	953763	44.96	183148
安徽省	**5708717**	**8.97**	**58442078**	**91.80**	**18647013**	**29.29**	**4108510**
合肥市	1277849	16.85	10449985	137.77	3484891	45.94	892078
芜湖市	442912	12.37	3962106	110.64	1353238	37.79	273902
蚌埠市	327222	10.26	3025785	94.90	924454	29.00	210783
淮南市	263239	11.25	2841429	121.43	873332	37.32	196714
马鞍山市	276599	12.60	2385740	108.66	769725	35.06	155653
淮北市	171293	8.05	1974730	92.78	671641	31.56	121800
铜陵市	166783	22.74	1316193	179.43	448320	61.12	88587
安庆市	436759	8.21	3909274	73.50	1251518	23.53	248591
黄山市	218565	16.17	1365440	101.00	519605	38.44	97275
滁州市	405528	10.30	3634387	92.31	1176840	29.89	241653
阜阳市	422141	5.53	6749575	88.41	1992420	26.10	414713

（续表）

	固定电话用户	固定电话普及率	移动电话用户	移动电话普及率	互联网宽带接入用户	互联网宽带接入普及率	电信业务收入
	（户）	（部/百人）	（户）	（部/百人）	（户）	（部/百人）	（万元）
宿州市	281159	5.22	4753963	88.30	1458381	27.09	277695
六安市	318693	5.64	3908826	69.19	1137886	20.14	262981
亳州市	239938	4.90	4139014	84.49	1242187	25.36	249990
池州市	174690	12.32	1425415	100.52	486996	34.34	89572
宣城市	285347	11.18	2600216	101.91	855579	33.53	180770
福建省	**7637117**	**19.22**	**47203190**	**118.81**	**17790430**	**44.78**	**4338187**
福州市	1627881	22.39	9936063	136.64	3697834	50.85	1067471
厦门市	1107300	30.15	6487706	176.67	2363302	64.36	693282
莆田市	546266	19.43	3396870	120.79	1319088	46.91	276974
三明市	410480	16.44	2631898	105.38	1027488	41.14	196318
泉州市	1614238	19.48	10329839	124.63	3850279	46.45	970448
漳州市	770854	15.74	5241085	106.99	1867299	38.12	413280
南平市	416058	15.82	2817672	107.11	1074528	40.85	204949
龙岩市	511861	19.91	2947256	114.66	1235042	48.05	242633
宁德市	572346	20.13	3009950	105.85	1185565	41.69	234432
平潭	59833	14.71	404851	99.55	170005	41.80	38401
江西省	**4574534**	**9.80**	**41571379**	**89.09**	**14487784**	**31.05**	**2984866**
南昌市	870836	16.98	7094044	138.35	2647517	51.63	617318
景德镇市	145308	9.02	1620940	100.65	620938	38.56	119765
萍乡市	232258	12.40	1786299	95.37	655571	35.00	119589
九江市	645331	13.51	4401563	92.13	1655566	34.65	309750
新余市	108278	9.40	1270899	110.38	477109	41.44	79511
鹰潭市	129906	11.43	1043053	91.75	408113	35.90	76765
赣州市	869979	10.28	7942059	93.85	2469687	29.18	554300
吉安市	358342	7.38	3893561	80.21	1310889	27.00	239814
宜春市	445583	8.16	4376689	80.20	1479747	27.12	292223
抚州市	180877	4.58	2989552	75.62	1086290	27.48	204725
上饶市	587836	8.87	5152714	77.73	1676358	25.29	361856
山东省	**11852205**	**11.77**	**107855063**	**107.10**	**31860969**	**31.64**	**6758457**
济南市	1546530	22.26	10095312	145.28	3490928	50.24	820182
青岛市	1555652	17.56	12460334	140.62	3803369	42.92	1073523
淄博市	660006	14.41	5209178	113.74	1537095	33.56	318895
枣庄市	421428	11.18	3745484	99.38	1219397	32.35	206857
东营市	335965	16.23	2788879	134.76	897608	43.37	189914
烟台市	1034137	14.81	8401533	120.35	2365876	33.89	494447
潍坊市	1127501	12.22	10278704	111.39	2811837	30.47	587135
济宁市	660675	8.09	8074693	98.93	2247883	27.54	445060
泰安市	628072	11.36	5334751	96.51	1462685	26.46	267089
威海市	418396	14.94	3735205	133.33	1109619	39.61	231307
日照市	315119	11.15	3086168	109.19	891515	31.54	169953

（续表）

	固定电话用户（户）	固定电话普及率（部/百人）	移动电话用户（户）	移动电话普及率（部/百人）	互联网宽带接入用户（户）	互联网宽带接入普及率（部/百人）	电信业务收入（万元）
莱芜市	200552	15.30	1281724	97.81	464043	35.41	65510
临沂市	1035792	10.25	10408498	103.00	2810979	27.82	638746
德州市	513866	9.14	5246241	93.36	1568500	27.91	271124
聊城市	533308	9.05	5662080	96.04	1560254	26.46	284557
滨州市	334189	8.81	4149588	109.38	1503283	39.63	223236
菏泽市	531017	6.37	7896691	94.73	2116098	25.38	389038
河南省	**7578362**	**7.86**	**98410780**	**102.09**	**27691966**	**28.73**	**6474731**
郑州市	1737187	19.24	16657142	184.48	4779192	52.93	1417090
开封市	330570	7.11	4381184	94.22	1141351	24.55	270866
洛阳市	751920	11.41	7303720	110.81	2354276	35.72	490634
平顶山市	306343	6.22	4728435	95.94	1331323	27.01	283161
安阳市	510377	10.05	5542820	109.11	1591790	31.34	314703
鹤壁市	120854	7.60	1641344	103.17	475668	29.90	90262
新乡市	525615	9.27	6268975	110.51	1851219	32.63	379372
焦作市	262595	7.46	3644766	103.58	1203779	34.21	220366
濮阳市	244059	6.79	3730290	103.77	1094133	30.44	225072
许昌市	382692	8.91	4296742	100.00	1152840	26.83	257699
漯河市	156737	6.12	2439045	95.17	671046	26.18	147607
三门峡市	180554	8.09	2224243	99.63	704624	31.56	141403
南阳市	617645	6.07	8575400	84.25	2131080	20.94	515719
商丘市	441769	6.03	7290527	99.55	1903430	25.99	411161
信阳市	401606	6.28	5459488	85.33	1497529	23.41	370183
周口市	219069	2.49	7145542	81.12	1921646	21.82	443228
驻马店市	313788	4.52	6282417	90.45	1631926	23.50	374625
济源市	74981	10.73	798700	114.29	255114	36.50	48804
湖北省	**5189267**	**8.76**	**56880234**	**95.97**	**17083228**	**28.82**	**4403673**
武汉市	1687511	16.67	15780488	155.90	4596024	45.40	1516651
黄石市	239043	9.78	2431585	99.51	781094	31.97	171796
十堰市	233650	6.97	3059103	91.29	872386	26.03	209821
宜昌市	362542	8.86	4162064	101.74	1255885	30.70	313044
襄阳市	416857	7.52	5009606	90.41	1526929	27.56	353277
鄂州市	100416	9.52	989216	93.79	373122	35.38	71230
荆门市	218582	7.57	2475915	85.79	726352	25.17	170811
孝感市	329031	6.81	3524034	72.98	949564	19.67	237651
荆州市	392110	6.86	4587866	80.21	1491533	26.08	331162
黄冈市	428101	6.88	4600035	73.94	1375092	22.10	305778
咸宁市	293329	11.86	2296149	92.85	801160	32.40	156815
随州市	112463	5.16	1794083	82.36	588397	27.01	113962
恩施土家族苗族自治州	169151	5.13	3451476	104.65	968037	29.35	249185

（续表）

	固定电话用户	固定电话普及率	移动电话用户	移动电话普及率	互联网宽带接入用户	互联网宽带接入普及率	电信业务收入
	（户）	（部/百人）	（户）	（部/百人）	（户）	（部/百人）	（万元）
仙桃市	101229	8.54	1041281	87.89	292480	24.69	69795
潜江市	45132	4.75	850015	89.49	236729	24.92	57894
天门市	49929	3.74	765916	57.36	221827	16.61	49016
神农架林区	10191	13.31	61402	80.18	26617	34.76	5402
湖南省	**6231355**	**9.01**	**66480849**	**96.09**	**18737724**	**27.08**	**4515619**
长沙市	1573453	22.20	13082711	184.59	3795059	53.54	1125654
株洲市	463496	11.96	4215196	108.76	1279748	33.02	289347
湘潭市	235691	8.53	2964707	107.33	1012874	36.67	206695
衡阳市	753389	10.52	5871406	82.00	1578639	22.05	352532
邵阳市	360942	5.07	5466390	76.82	1394828	19.60	316772
岳阳市	816210	14.87	5016032	91.36	1438133	26.19	333530
常德市	403254	7.02	5334075	92.91	1521517	26.50	337970
张家界市	100627	6.74	1613012	108.06	516706	34.61	112208
益阳市	270604	6.27	3780108	87.56	1026239	23.77	227751
郴州市	451457	9.81	4525473	98.33	1261033	27.40	277224
永州市	214996	4.13	4250463	81.65	1130512	21.72	250958
怀化市	269064	5.65	4382282	92.06	1146524	24.09	284964
娄底市	230326	6.07	3609782	95.10	999938	26.34	225010
湘西土家族苗族自治州	87846	3.43	2369212	92.50	635974	24.83	174114
广东省	**23032834**	**19.99**	**165330488**	**143.50**	**38016369**	**33.00**	**16731728**
广州市	3715730	28.93	32000241	249.17	5865326	45.67	3588830
韶关市	398595	13.88	2908591	101.30	841501	29.31	205283
深圳市	4307639	40.83	28964846	274.53	5331046	50.53	3923679
珠海市	661092	41.77	3868611	244.41	1120071	70.76	412147
汕头市	931103	17.10	6355550	116.73	1558982	28.63	478377
佛山市	2268236	31.21	12883305	177.27	3068886	42.23	1407299
江门市	988165	22.07	5519288	123.25	1716890	38.34	487264
湛江市	620306	8.73	6982607	98.22	1779564	25.03	512282
茂名市	584775	9.79	5456036	91.32	1454712	24.35	370980
肇庆市	652821	16.40	3952714	99.30	1099403	27.62	300029
惠州市	1139511	24.38	7365234	157.59	2200043	47.07	648081
梅州市	452440	10.54	3811839	88.78	1117972	26.04	250608
汕尾市	369303	12.42	2400047	80.74	628977	21.16	179964
河源市	350432	11.65	2612034	86.87	697198	23.19	202859
阳江市	447666	18.11	2527202	102.23	751829	30.41	200539
清远市	371725	9.89	3640005	96.85	967740	25.75	287170
东莞市	2407822	29.03	17160195	206.91	3228859	38.93	1713697
中山市	927851	29.40	6836134	216.59	1896554	60.09	654483
潮州市	485899	17.99	2756227	102.03	772249	28.59	199952

（续表）

	固定电话用户（户）	固定电话普及率（部/百人）	移动电话用户（户）	移动电话普及率（部/百人）	互联网宽带接入用户（户）	互联网宽带接入普及率（部/百人）	电信业务收入（万元）
揭阳市	649556	10.91	5136535	86.26	1317460	22.12	340035
云浮市	302167	12.51	2193247	90.83	601107	24.89	160333
广西壮族自治区	**3307178**	**6.67**	**51274532**	**103.38**	**14473997**	**29.18**	**3448054**
南宁市	789362	11.62	10758804	158.32	2989309	43.99	873562
柳州市	313523	8.21	4737452	124.10	1453522	38.08	332015
桂林市	375950	7.78	5303881	109.74	1558103	32.24	339387
梧州市	142363	4.86	2633731	89.88	766279	26.15	152567
北海市	178989	11.40	2123564	135.24	679446	43.27	148988
防城港市	100743	11.33	1199602	134.87	344548	38.74	85147
钦州市	265984	8.51	2933674	93.83	818239	26.17	179647
贵港市	184455	4.40	3571193	85.27	965072	23.04	209282
玉林市	385888	6.91	5085269	91.11	1386341	24.84	314640
百色市	199255	5.67	3497533	99.54	918981	26.15	238611
贺州市	66491	3.35	1909581	96.15	502671	25.31	108645
河池市	162907	4.78	3216609	94.33	919175	26.95	213941
来宾市	61434	2.87	2109794	98.59	570768	26.67	116304
崇左市	79834	3.95	2193845	108.56	601543	29.77	137257
海南省	**1710852**	**18.11**	**11356479**	**120.21**	**3231976**	**34.21**	**1044987**
海口市	616678	28.83	3895008	182.06	1070936	50.06	392294
三亚市	251628	34.85	1417628	196.35	470484	65.16	148652
三沙市	272	68.17	4131	1035.28	25	6.27	52
五指山市	13456	12.90	124343	119.17	44544	42.69	11670
琼海市	105694	21.57	590828	120.59	213332	43.54	48765
儋州市	134967	14.21	907027	95.47	215713	22.71	70098
文昌市	88074	16.24	577648	106.55	162981	30.06	46621
万宁市	97886	17.73	524127	94.91	153612	27.82	48011
东方市	48564	11.81	420537	102.24	114750	27.90	36984
定安县	35280	12.37	262887	92.17	69321	24.30	19828
屯昌县	31979	12.38	224676	87.01	62418	24.17	16935
澄迈县	41720	8.83	468527	99.11	138737	29.35	36792
临高县	47195	10.89	357507	82.52	86079	19.87	26312
白沙黎族自治县	18893	11.23	153543	91.24	40257	23.92	13078
昌江黎族自治县	30151	13.39	230301	102.29	63384	28.15	20487
乐东黎族自治县	47754	10.34	463908	100.49	106782	23.13	38555
陵水黎族自治县	54591	16.97	391188	121.59	126175	39.22	38861

（续表）

	固定电话用户（户）	固定电话普及率（部/百人）	移动电话用户（户）	移动电话普及率（部/百人）	互联网宽带接入用户（户）	互联网宽带接入普及率（部/百人）	电信业务收入（万元）
保亭黎族苗族自治县	20754	14.09	161737	109.83	47745	32.42	14533
琼中黎族苗族自治县	25316	14.53	180927	103.85	44700	25.66	14571
重庆市	6041939	19.34	36787962	117.75	11639905	37.26	2610045
四川省	18717773	22.35	94435098	112.76	28117460	33.57	6382471
成都市	6726015	47.40	28806641	203.02	8893113	62.68	2345098
自贡市	573243	21.16	2727381	100.66	899244	33.19	159023
攀枝花市	371173	30.16	1516066	123.20	464178	37.72	96388
泸州市	798119	18.79	4788267	112.75	1364083	32.12	285450
德阳市	695252	19.66	3954907	111.81	1346889	38.08	238425
绵阳市	1135755	24.46	5904287	127.15	1808122	38.94	354986
广元市	543542	21.51	2678161	105.98	859239	34.00	168181
遂宁市	391460	12.01	2746365	84.24	782346	24.00	163025
内江市	686809	18.51	3218002	86.74	933158	25.15	181653
乐山市	720025	22.13	3775038	116.02	1139293	35.01	232693
南充市	1215056	19.27	5631118	89.30	1615676	25.62	323048
眉山市	684403	23.03	3187904	107.25	1044284	35.13	204453
宜宾市	780404	17.49	4944935	110.84	1372354	30.76	288198
广安市	524974	16.35	3160160	98.39	866010	26.96	180198
达州市	717081	13.01	4660895	84.54	1143482	20.74	278804
雅安市	287179	18.79	1758763	115.09	555627	36.36	106186
巴中市	445361	13.45	2809797	84.83	784408	23.68	180877
资阳市	381302	10.60	2228776	61.95	692541	19.25	124359
阿坝藏族羌族自治州	220711	24.30	892424	98.24	313479	34.51	79525
甘孜藏族自治州	184271	16.39	943673	83.93	251823	22.40	99124
凉山彝族自治州	635638	13.96	4101538	90.07	988111	21.70	274524
贵州省	2297104	6.34	40497460	111.78	8928549	24.64	2979198
贵阳市	757657	17.52	7364748	170.35	1931962	44.69	676987
六盘水市	206122	7.20	3190485	111.49	668398	23.36	211877
遵义市	485232	7.92	6950855	113.48	1508366	24.63	498397
安顺市	137477	5.98	2427247	105.57	531919	23.13	174403
毕节市	155581	2.39	5805451	89.24	928452	14.27	386730
铜仁市	119831	3.87	3365421	108.57	750039	24.20	236029
黔西南布依族苗族自治州	110166	3.91	3188936	113.29	686332	24.38	208902
黔东南苗族侗族自治州	155217	4.46	4007501	115.27	882361	25.38	269780

（续表）

	固定电话用户	固定电话普及率	移动电话用户	移动电话普及率	互联网宽带接入用户	互联网宽带接入普及率	电信业务收入
	（户）	（部/百人）	（户）	（部/百人）	（户）	（部/百人）	（万元）
黔南布依族苗族自治州	165979	5.13	3755824	116.10	828528	25.61	259287
云南省	**2877806**	**5.92**	**48630087**	**100.10**	**11560786**	**23.80**	**3579899**
昆明市	1129386	17.30	11600895	177.70	2752083	42.16	998298
曲靖市	223731	3.76	5090841	85.65	1234346	20.77	323578
玉溪市	123848	5.32	3963815	170.13	747089	32.06	274785
保山市	191091	7.53	4077772	160.78	1015086	40.02	287650
昭通市	118133	2.22	3015322	56.77	589682	11.10	217406
丽江市	189427	15.05	3365932	267.45	885249	70.34	220293
普洱市	121243	4.71	2303993	89.46	642039	24.93	149560
临沧市	127439	5.17	2531550	102.62	558043	22.62	191221
楚雄彝族自治州	97847	3.61	2409363	88.85	589665	21.75	164819
红河哈尼族彝族自治州	109798	2.41	2364139	51.85	479250	10.51	164157
文山壮族苗族自治州	112185	3.15	2452844	68.97	610048	17.15	159325
西双版纳傣族自治州	91999	7.99	1268355	110.20	385880	33.53	101403
大理白族自治州	97481	2.79	1627359	46.59	397003	11.37	116882
德宏傣族景颇族自治州	86988	7.09	1624393	132.30	448980	36.57	134139
怒江傈僳族自治州	28666	5.35	527654	98.43	110094	20.54	40397
迪庆藏族自治州	28544	7.06	405860	100.34	116249	28.74	37763
西藏自治区	**716770**	**20.44**	**3214425**	**91.68**	**914131**	**26.07**	**557538**
拉萨市	284736	56.01	1121670	220.65	337660	66.42	191539
昌都地区	89904	45.40	492548	248.71	129037	65.16	84007
山南地区	68265	19.81	303882	88.21	84039	24.39	56962
日喀则地区	110765	15.11	447827	61.10	129214	17.63	75083
那曲地区	58763	63.28	406511	437.79	94358	101.62	64630
阿里地区	35634	5.28	248494	36.80	70437	10.43	45429
林芝地区	68702	14.32	193492	40.34	69386	14.47	37366
陕西省	**6417378**	**16.56**	**46404960**	**119.72**	**11976613**	**30.90**	**3428970**
西安市	2764146	31.58	17319414	197.86	4567476	52.18	1467425
铜川市	80187	9.54	798736	95.07	214930	25.58	55269
宝鸡市	540478	14.45	3687920	98.58	932377	24.92	235259
咸阳市	398700	8.08	4854084	98.38	1296469	26.28	302182
渭南市	654962	12.32	5014840	94.32	1367107	25.71	297028

（续表）

	固定电话用户	固定电话普及率	移动电话用户	移动电话普及率	互联网宽带接入用户	互联网宽带接入普及率	电信业务收入
	（户）	（部/百人）	（户）	（部/百人）	（户）	（部/百人）	（万元）
延安市	385322	17.52	2724192	123.87	629592	28.63	205888
汉中市	475500	13.91	3333113	97.54	869552	25.45	204660
榆林市	582437	17.38	4291411	128.08	989535	29.53	306002
安康市	347652	13.22	2575340	97.92	713668	27.14	169067
商洛市	187994	8.01	1805910	76.97	395907	16.87	109906
甘肃省	**3317540**	**12.53**	**27511689**	**103.92**	**8706881**	**32.89**	**1804772**
兰州市	713678	19.65	5941076	163.55	1973120	54.32	571798
嘉峪关市	138359	59.07	462033	197.26	173431	74.04	29989
金昌市	56681	12.13	562365	120.30	189706	40.58	33438
白银市	250606	14.60	1708607	99.56	530942	30.94	91458
天水市	497870	15.22	2902352	88.71	944839	28.88	155389
武威市	136079	7.46	1647331	90.32	504019	27.64	91028
张掖市	192293	15.94	1369746	113.56	539230	44.70	90652
平凉市	251413	12.11	1894058	91.21	678353	32.67	74473
酒泉市	270202	24.45	1318342	119.31	509223	46.09	130217
庆阳市	237604	10.69	2341855	105.40	691266	31.11	138157
定西市	104567	3.80	2403222	87.31	716882	26.04	107268
陇南市	256600	9.97	2401494	93.28	627263	24.37	144778
临夏回族自治州	152730	7.73	1855290	93.92	432063	21.87	97194
甘南藏族自治州	58858	8.49	703918	101.52	196544	28.35	48934
青海省	**1253504**	**20.62**	**6730555**	**110.73**	**1745418**	**28.72**	**534373**
西宁市	668917	33.67	3085992	155.36	891509	44.88	277700
海东地区	205516	12.32	1368285	82.05	284609	17.07	78890
海北藏族自治州	46441	15.99	311545	107.29	95887	33.02	22128
黄南藏族自治州	23915	9.13	271228	103.49	60478	23.08	19960
海南藏族自治州	82286	17.99	467981	102.30	107336	23.46	33370
果洛藏族自治州	18369	9.77	197230	104.95	40309	21.45	18039
玉树藏族自治州	41399	10.54	373445	95.09	59081	15.04	29207
海西蒙古族藏族自治州	166661	41.33	654849	162.38	206209	51.13	55079
宁夏回族自治区	**539101**	**7.76**	**8283084**	**119.24**	**2590947**	**37.30**	**591705**
银川市	236076	11.53	3059511	149.40	1127011	55.03	298594
石嘴山市	58085	7.84	862696	116.37	359725	48.52	53688

（续表）

	固定电话 用户	固定电话 普及率	移动电话 用户	移动电话 普及率	互联网宽带 接入用户	互联网宽带 接入普及率	电信业 务收入
	（户）	（部/百人）	（户）	（部/百人）	（户）	（部/百人）	（万元）
吴忠市	96242	7.31	1731136	131.56	421420	32.03	88273
固原市	76456	6.04	1351852	106.77	326437	25.78	63810
中卫市	72242	6.54	1277889	115.67	356355	32.26	87340
新疆维吾尔 自治区	**4169083**	**16.52**	**27449806**	**108.79**	**7759005**	**30.75**	**2253845**
乌鲁木齐市	1051164	40.78	7153401	277.55	2001765	77.67	601810
克拉玛依市	98543	34.50	666783	233.47	222024	77.74	63664
吐鲁番地区	159630	25.51	775602	123.95	212036	33.89	63264
哈密地区	165033	27.86	885091	149.41	270712	45.70	105989
昌吉回族 自治州	366099	26.12	1924200	137.28	613378	43.76	124996
博尔塔拉蒙古 自治州	101985	21.06	621444	128.34	226853	46.85	50613
巴音郭楞蒙古 自治州	281004	20.43	1728923	125.72	648078	47.13	158700
阿克苏地区	264280	11.00	2451489	102.07	668701	27.84	200833
克孜勒苏柯尔 克孜自治州	49931	8.92	542536	96.89	121916	21.77	43118
喀什地区	330634	7.95	3223634	77.50	584287	14.05	269297
和田地区	126075	5.91	1809585	84.81	339807	15.93	133780
伊犁哈萨克自 治州	521412	17.86	2321912	79.54	781346	26.77	189879
塔城地区	334446	31.94	1513840	144.56	492178	47.00	108904
阿勒泰地区	194525	29.32	784275	118.21	304622	45.91	65362
石河子市	124322	20.05	1047091	168.88	271302	43.76	69088

注：1. 部分省（区）的地市用户数之和不等于全省总数，是个别公司无法将用户数拆分到地市一级所致。
　　2. 省普及率计算采用2019年年末统计公报人口数据，各地级市普及率计算采用2012年人口数据。

互联网和相关服务业统计信息

2015—2019年互联网和相关服务业主要指标情况

指标名称	单位	2015年	2016年	2017年	2018年	2019年
互联网和相关服务业企业个数	个	26388	30547	31470	33337	48636
其中：民营控股企业	个	21346	24849	27604	29785	43305
其中：互联网数据中心业务(IDC)企业	个	506	743	874	1052	2590
呼叫中心业务企业	个	1356	1517	1764	2001	7603
互联网接入服务业务(ISP)企业	个	1339	1644	1880	2141	4674
内容分发网络（CDN）业务企业	个		26	77	218	601
信息服务企业	个	11988	16291	21090	26337	29029
互联网和相关服务业收入	万元	54435838.2	66506142.1	79018912.7	97966988.1	126552752.8
其中：互联网接入及相关服务业收入	万元	2222778.2	2618572.9	2328569.3	6306856.7	8616318.0
信息服务收入	万元	23683343.8	20829007.2	16989130.5	60909656.4	71877959.7
互联网平台收入	万元	15698148.5	24762216.0	46226774.6	13915830.0	26863545.0
互联网安全服务收入	万元				168533.5	458835.1
互联网数据服务收入	万元	794850.9	1285494.7	2008178.2	6316060.0	6535916.6
其他互联网收入	万元	10573663.4	14965335.7	9214501.8	10350051.5	12200178.4

2019年全国互联网和相关服务业与2018年相比发展情况

指标名称	单位	2019年	比2018年增加额	同比增长（%）
互联网和相关服务业企业个数	个	48636	15300	45.9
其中：民营控股企业	个	43305	13520	45.4
其中：互联网数据中心业务（IDC）企业	个	2590	1538	146.2
呼叫中心业务企业	个	7603	5602	280.0
互联网接入服务业务（ISP）企业	个	4674	2533	118.3
内容分发网络（CDN）业务企业	个	601	383	175.7
信息服务企业	个	29029	2692	10.2
互联网和相关服务业收入	万元	126552752.8	28585765	29.2
其中：互联网接入及相关服务业收入	万元	8616318.0	2309461	36.6
信息服务收入	万元	71877959.7	10968303	18.0
互联网平台收入	万元	26863545.0	12947715	93.0
互联网安全服务收入	万元	458835.1	290302	172.3
互联网数据服务收入	万元	6535916.6	219857	3.5
其他互联网收入	万元	12200178.4	1850127	17.9
互联网和相关服务业宽带接入用户	万户	6402	1756	38.5
研发人员	人	591742	−144515	−19.6

2019年分地区互联网和相关服务业主要指标情况

	互联网和相关服务业企业个数		互联网和相关服务业收入		研发人员
	2019年（个）	比2018年（个）	2019年（万元）	比2018年增长（%）	2019年（人）
全　国	**48636**	**15300**	**126552753**	**29.2**	**591742**
东　部	**35361**	**10866**	**112272276**	**26.9**	**495072**
北　京	10543	2582	34109527.6	51.6	120131
天　津	428	175	3513050.9	−8.3	8287
河　北	1603	717	472438.0	15.7	5538
上　海	3296	942	24721972.7	9.2	55385
江　苏	3554	1121	5383719.3	−3.0	44716
浙　江	4041	770	12423101.0	89.3	44964
福　建	2174	948	2757009.8	9.4	22761
山　东	1340	669	933866.2	154.8	10025
广　东	7648	2648	26521258.5	13.4	178276
海　南	734	294	1436332.6	94.5	4989
中　部	**5718**	**2223**	**6334886**	**50.3**	**40335**
山　西	141	−15	32515.8	−53.8	956
安　徽	800	355	1885477.8	101.3	5320
江　西	475	155	1071657.7	90.4	2281
河　南	2248	1133	746732.4	18.9	11710
湖　北	1255	430	1535578.9	62.6	13747
湖　南	799	165	1062923.9	−1.0	6321
西　部	**5298**	**1564**	**6742334**	**50.3**	**38141**
内蒙古	437	144	85385.9	−4.5	1466
广　西	469	171	214199.6	49.2	3567
重　庆	686	260	826252.4	40.3	5888
四　川	1976	602	2923419.2	17.5	15826
贵　州	288	40	634758.5	110.2	3059
云　南	308	43	495957.6	143.5	1994
西　藏	23	3	101970.9	186.9	116
陕　西	615	214	619886.9	160.1	3480
甘　肃	128	4	52760.2	−55.3	896
青　海	31	11	7000.8	501.7	61
宁　夏	87	26	50667.3	67.0	678
新　疆	250	46	730075.1	197.5	1110
东　北	**2259**	**647**	**1203255**	**55.9**	**18194**
辽　宁	1233	368	612885.6	45.2	11557
吉　林	526	144	350636.0	114.9	3360
黑龙江	500	135	239733.9	28.4	3277

互联网应用统计信息

2015—2019年互联网主要指标情况

指标名称	单位	2015年	2016年	2017年	2018年	2019年
互联网网民数	万人	68826	73125	77198	82851	90359
其中：手机网民数	万人	61981	69531	75265	81698	89690
手机网民所占比重	%	90.1	95.1	97.5	98.6	99.3
男性网民所占比重	%	53.6	52.4	52.6	52.7	51.9
女性网民所占比重	%	46.4	47.6	47.4	47.3	48.1
城市网民所占比重	%	71.6	72.6	73.0	73.3	71.8
农村网民所占比重	%	28.4	27.4	27.0	26.7	28.2
互联网普及率	%	50.3	53.2	55.8	59.6	64.5
城市互联网普及率	%	—	69.1	71.0	74.6	76.5
农村互联网普及率	%	—	33.1	35.4	38.4	46.2
IPv4地址数	万个	33652.0	33810.3	33870.5	33892.5	33909.3
IPv6地址数	块/32	20594	21188	23430	41079	47885
域名数	万个	3102.1	4227.6	3848.0	3792.8	5094.2
其中：CN域名数	万个	1636.4	2060.8	2084.6	2124.4	2242.7
网站数	万个	422.9	482.4	533.3	523.4	497.0
网页总数	万个	21229622	23599758	26039903	28162241	29782991
静态网页	万个	13144783	17608329	19690890	19706611	20625531
动态网页	万个	8084839	5991429	6349013	8455630	9157460
网页长度（总字节数）	GB	14129575	12912603	16314789	18178539	19981731
互联网国际出口带宽	Mbit/s	5392116	6640291	7320180	7371738	8827751

注：1. 2019年互联网网民数、手机网民数、手机网民比重、男性网民比重、女性网民比重、城市网民比重、农村网民比重、互联网普及率、城市互联网普及率和农村互联网普及率数据用2020年3月数据代替。
2. IPv4地址数和IPv6数量为中国大陆数据。

2019 年分地区互联网主要指标情况

	域名数	其中：CN域名数	网页数	网页长度（总字节数）
	（个）	（个）	（万个）	（GB）
全　国	**50942295**	**22426900**	**29782991**	**19981731**
东　部	**27906917**	**12659077**	**25374054**	**17740948**
北　京	5049877	1965633	11249165.1	8916580.3
天　津	334146	145469	437772.6	243479.9
河　北	1383850	750388	1116138.4	864242.5
上　海	1388849	719673	2117050.1	1571940.6
江　苏	2425387	1098288	1438429.1	654700.5
浙　江	1840148	615742	3552363.3	2118928.5
福　建	6951243	4227657	709222.3	396120.5
山　东	1773097	774486	584439.9	324202.7
广　东	6118385	2037735	4058047.0	2596439.4
海　南	641935	324006	111425.8	54313.4
中　部	**11601044**	**4727809**	**2768978**	**1479449**
山　西	820642	477209	383103.9	383024.9
安　徽	1513616	652114	351206.5	94231.4
江　西	1566758	746128	216170.0	81078.8
河　南	3135248	1058690	1478915.2	786714.6
湖　北	2063296	885753	199019.3	78318.5
湖　南	2501484	907915	140563.2	56081.1
西　部	**8419996**	**3493589**	**1030318**	**474673**
内蒙古	279128	142158	18453.5	5741.0
广　西	1252634	582665	183265.3	74357.3
重　庆	811992	301415	56434.8	34978.3
四　川	2170482	849678	426826.7	207492.8
贵　州	1199342	414203	25034.4	12938.5
云　南	990032	413092	173380.5	82854.0
西　藏	20058	13793	382.8	135.7
陕　西	1074086	471840	123103.6	46543.1
甘　肃	343054	174505	12530.6	5727.0
青　海	38997	20639	2565.2	963.2
宁　夏	81511	43354	1618.4	529.0
新　疆	158680	66247	6721.9	2413.0
东　北	**2148849**	**1074467**	**609642**	**286661**
辽　宁	961913	583668	219863.3	112781.0
吉　林	626679	234719	205284.6	80566.2
黑龙江	560257	256080	184494.2	93313.5
其　他	865489	471958		

注：CN下域名总数不含.EDU.CN下网站。

国际电信统计信息（国际电信联盟统计数据）

2015—2019年全球电信业主要指标发展情况（一）

指标名称	单位	2015年	2016年	2017年	2018年	2019年
（固定）电话主线运营数	百万线	1032.3	994.7	971.1	942.3	915.0
其中：发达国家	百万线	493.1	481.9	470.1	453.3	438.6
发展中国家	百万线	539.2	512.8	501.0	489.0	476.4
其中：非洲	百万线	10.4	10.9	10.7	9.0	7.4
阿拉伯国家	百万线	30.1	31.8	33.4	35.4	37.1
亚太地区	百万线	439.3	411.6	402.6	392.0	385.6
独联体国家	百万线	50.9	47.9	47.3	44.9	42.4
欧洲	百万线	250.8	246.1	240.6	233.2	225.6
美洲	百万线	249.3	245.1	235.1	226.5	215.6
蜂窝移动电话用户数	百万户	7152.3	7480.8	7723.6	7971.9	8283.3
其中：发达国家	百万户	1572.7	1594.7	1605.2	1638.1	1683.6
发展中国家	百万户	5579.6	5886.1	6118.5	6333.8	6599.7
其中：非洲	百万户	714.2	713.9	724.9	784.7	835.8
阿拉伯国家	百万户	419.0	417.2	416.5	415.8	423.6
亚太地区	百万户	3778.1	4094.2	4330.5	4496.7	4708.7
独联体国家	百万户	324.9	328.6	331.0	332.8	353.9
欧洲	百万户	809.0	808.2	812.0	813.3	817.8
美洲	百万户	1102.6	1114.0	1103.9	1123.8	1138.7
互联网网民数	百万人	3281.6	3862.5	4722.5	5287.1	5701.8
其中：发达国家	百万人	1126.0	1229.2	1380.9	1486.5	1582.7
发展中国家	百万人	2155.5	2633.3	3341.6	3800.5	4119.0
其中：非洲	百万人	179.5	212.9	252.8	303.2	334.7
阿拉伯国家	百万人	168.1	184.0	222.4	244.7	265.1
亚太地区	百万人	1554.0	1931.9	2588.0	2970.6	3220.4
独联体国家	百万人	142.7	154.8	174.2	186.2	208.9
欧洲	百万人	464.5	533.0	587.7	629.6	668.7
美洲	百万户	770.7	843.5	894.3	949.8	1001.0
其中：发达国家	百万户	372.5	385.0	399.8	411.0	423.8
发展中国家	百万户	462.5	525.2	619.9	653.8	710.1
其中：非洲	百万户	3.5	3.7	4.0	4.5	5.2
阿拉伯国家	百万户	18.5	20.4	28.6	30.9	33.1
亚太地区	百万户	403.7	459.7	539.5	563.9	612.5
独联体国家	百万户	36.3	38.0	42.6	44.4	45.8
欧洲	百万户	190.3	197.7	206.0	213.1	220.5
美洲	百万户	181.6	189.7	198.0	207.2	215.9

注：数据来自ITU，根据最新发布数据对往年数据调整。

2015—2019年全球电信业主要指标发展情况（二）

指 标 名 称	单位	2015年	2016年	2017年	2018年	2019年
每百人（固定）电话主线运营数	线/百人	14.0	13.4	12.9	12.4	11.9
其中：发达国家	线/百人	39.0	38.0	37.0	35.6	34.3
发展中国家	线/百人	8.9	8.3	8.0	7.7	7.4
其中：非洲	线/百人	1.1	1.1	1.1	0.9	0.7
阿拉伯国家	线/百人	7.6	7.9	8.1	8.4	8.7
亚太地区	线/百人	10.7	9.9	9.6	9.3	9.0
独联体国家	线/百人	21.6	20.2	19.8	18.7	17.6
欧洲	线/百人	37.0	36.2	35.3	34.1	32.9
美洲	线/百人	25.5	24.9	23.7	22.6	21.3
每百人蜂窝移动电话用户数	户/百人	97.3	100.6	102.7	104.9	107.8
其中：发达国家	户/百人	124.5	125.9	126.3	128.5	131.8
发展中国家	户/百人	91.6	95.4	97.9	100.1	103.0
其中：非洲	户/百人	76.1	74.1	73.2	77.2	80.1
阿拉伯国家	户/百人	105.7	103.2	101.0	99.0	99.0
亚太地区	户/百人	91.6	98.4	103.2	106.2	110.3
独联体国家	户/百人	138.0	138.6	138.7	138.6	146.5
欧洲	户/百人	119.4	118.9	119.0	118.8	119.2
美洲	户/百人	113.0	113.1	111.1	112.2	112.7
每百人互联网网民数	%	44.6	51.9	62.8	69.5	74.2
其中：发达国家	%	89.2	97.0	108.7	116.6	123.9
发展中国家	%	35.4	42.7	53.5	60.1	64.3
其中：非洲	%	19.1	22.1	25.5	29.8	32.1
阿拉伯国家	%	42.4	45.5	53.9	58.3	62.0
亚太地区	%	37.7	46.4	61.7	70.2	75.4
独联体国家	%	60.6	65.3	73.0	77.5	86.5
欧洲	%	68.6	78.4	86.1	92.0	97.4
美洲	%	79.0	85.7	90.0	94.8	99.1
每百人固定（有线）互联网宽带接入用户数	户/百人	11.4	12.2	13.6	14.0	14.8
其中：发达国家	户/百人	29.5	30.4	31.5	32.2	33.2
发展中国家	户/百人	7.6	8.5	9.9	10.3	11.1
其中：非洲	户/百人	0.4	0.4	0.4	0.4	0.5
阿拉伯国家	户/百人	4.7	5.1	6.9	7.3	7.7
亚太地区	户/百人	9.8	11.0	12.9	13.3	14.3
独联体国家	户/百人	15.4	16.0	17.8	18.5	19.0
欧洲	户/百人	28.1	29.1	30.2	31.1	32.1
美洲	户/百人	18.6	19.3	19.9	20.7	21.4

注：数据来自ITU，根据最新发布数据对往年数据调整。

2015—2019年主要国家固定电话主线运营数

（单位：万线）

国家和地区	2015年	2016年	2017年	2018年	2019年
中国	23099.6	20662.4	19375.7	18224.8	19103.3
日本	6370.6	6409.9	6395.5	6344.3	6344.3
韩国	2888.3	2803.6	2684.5	2590.7	2472.7
印度尼西亚	1037.8	1075.3	1105.3	1120.8	947.7
菲律宾	322.4	378.2	416.3	416.3	416.5
泰国	530.9	470.6	346.6	292.9	261.4
新加坡	201.6	199.8	199.2	196.7	190.6
马来西亚	449.0	483.7	657.8	643.3	647.4
印度	2552.0	2440.4	2323.5	2186.8	2100.5
巴基斯坦	353.8	310.4	294.0	279.9	246.2
沙特阿拉伯	374.7	423.9	466.0	538.7	537.8
伊朗	3041.9	3086.9	3118.3	3049.4	2895.5
埃及	623.5	611.8	660.5	786.5	876.0
南非	413.1	452.3	481.0	310.4	202.5
德国	4535.0	4530.0	4440.0	4300.0	4040.0
英国	3321.2	3359.2	3220.3	3197.3	3197.3
法国	3892.9	3900.6	3872.8	3862.0	3779.7
意大利	2020.9	2026.7	2070.1	2039.7	1962.1
俄罗斯	3555.3	3227.7	3195.2	3195.2	3195.2
荷兰	695.2	677.4	655.1	590.0	556.0
波兰	905.4	814.3	741.2	741.2	682.5
西班牙	1937.4	1961.1	1969.0	1965.0	1981.7
瑞典	355.5	310.4	262.2	239.2	192.5
瑞士	414.0	385.3	355.5	334.5	310.0
土耳其	1149.3	1107.8	1130.8	1163.4	1153.3
乌克兰	911.3	845.1	718.7	607.4	418.3
美国	12484.8	12133.1	11900.5	11672.4	10728.1
加拿大	1561.2	1515.6	1446.9	1390.0	1326.7
墨西哥	2017.1	2089.6	2075.3	2136.2	2252.0
巴西	4367.7	4200.4	4037.8	3830.7	3370.1
阿根廷	1007.3	1016.5	974.4	971.4	773.7
澳大利亚	850.0	848.0	846.0	809.0	782.0
新西兰	185.0	176.0	179.0	176.0	176.0

注：数据来自ITU，根据最新发布数据对往年数据调整。

2015—2019年主要国家每百人固定电话主线数

（单位：线/百人）

国家和地区	2015年	2016年	2017年	2018年	2019年
中国	16.4	14.6	13.6	12.8	13.3
日本	49.8	50.2	50.2	49.9	49.9
韩国	56.8	55.0	52.5	50.6	48.3
印度尼西亚	4.0	4.1	4.2	4.2	3.5
菲律宾	3.2	3.6	4.0	4.0	3.9
泰国	7.7	6.8	5.0	4.2	3.8
新加坡	36.1	35.3	34.9	34.2	32.8
马来西亚	14.8	15.8	21.1	20.4	20.3
印度	1.9	1.8	1.7	1.6	1.5
巴基斯坦	1.8	1.5	1.4	1.3	1.1
沙特阿拉伯	11.8	13.1	14.1	16.0	15.7
伊朗	38.8	38.8	38.7	37.3	34.9
埃及	6.7	6.5	6.8	8.0	8.7
南非	7.5	8.0	8.4	5.4	3.5
德国	55.4	55.1	53.7	51.7	48.4
英国	50.4	50.7	48.3	47.6	47.6
法国	60.4	60.3	59.7	59.4	58.0
意大利	33.4	33.4	34.1	33.6	32.4
俄罗斯	24.5	22.2	22.0	22.0	22.0
荷兰	41.0	39.9	38.5	34.6	32.5
波兰	23.8	21.4	19.5	19.5	18.0
西班牙	41.5	42.1	42.2	42.1	42.4
瑞典	36.4	31.6	26.5	24.0	19.2
瑞士	49.9	46.0	42.0	39.2	36.1
土耳其	14.6	13.9	13.9	14.1	13.8
乌克兰	21.6	20.1	17.2	13.8	10.0
美国	38.9	37.6	36.6	35.7	32.6
加拿大	43.3	41.7	39.4	37.5	35.5
墨西哥	16.6	16.9	16.6	16.9	17.7
巴西	21.4	20.4	19.4	18.3	16.0
阿根廷	23.4	23.4	22.2	21.9	17.3
澳大利亚	35.5	35.0	34.4	32.5	31.0
新西兰	40.1	37.8	38.1	37.1	37.1

注：数据来自ITU，根据最新发布数据对往年数据调整。

2015—2019年主要国家移动电话用户数

（单位：万户）

国家和地区	2015年	2016年	2017年	2018年	2019年
中国	129198.0	136493.0	146988.0	164115.0	172570.0
日本	16056.0	16685.3	17279.0	17706.7	17706.7
韩国	5893.5	6129.6	6365.9	6635.6	6889.3
印度尼西亚	33894.8	38557.3	43519.4	32077.0	34502.5
菲律宾	11783.8	12009.7	11582.5	11582.5	16732.2
泰国	10294.2	11966.9	12153.0	12509.8	12961.4
新加坡	823.3	846.1	838.2	838.9	907.7
马来西亚	4410.4	4346.5	4233.9	4241.3	4460.1
印度	100106.0	112781.0	116890.0	117602.0	115148.0
巴基斯坦	12590.0	13648.9	14452.6	15398.7	16540.6
沙特阿拉伯	5279.6	4793.3	4021.1	4131.1	4129.9
伊朗	7421.9	8052.0	8704.7	8872.2	11806.1
埃及	9401.6	9779.1	10295.8	9378.5	9534.0
南非	8800.0	8241.3	8849.8	8856.7	9697.3
德国	9636.0	10347.0	10973.6	10750.0	10720.0
英国	7925.1	7893.1	7915.3	7892.4	7892.4
法国	6668.1	6757.1	6901.8	7045.5	7204.3
意大利	8769.1	8595.6	8387.2	8334.3	8058.1
俄罗斯	22728.8	22912.6	22730.0	22943.1	23979.6
荷兰	2080.9	2089.0	2053.2	2120.0	2176.2
波兰	5453.7	5300.2	5045.9	5109.9	5226.8
西班牙	5106.8	5152.2	5250.7	5410.4	5526.8
瑞典	1263.9	1254.3	1251.9	1247.7	1267.8
瑞士	1124.3	1124.2	1108.9	1105.0	1092.7
土耳其	7363.9	7506.2	7780.0	8011.8	8079.1
乌克兰	6072.0	5671.8	5571.5	5393.4	5484.3
美国	38230.7	39588.1	40020.6	40457.7	40457.7
加拿大	2976.5	3075.2	3169.3	3308.2	3461.5
墨西哥	10768.8	11173.1	11432.9	11736.7	12136.7
巴西	25781.4	24406.7	21825.5	20704.7	20704.7
阿根廷	6184.2	6372.0	6189.7	5859.8	5860.6
澳大利亚	2577.0	2655.1	2746.3	2827.9	2788.0
新西兰	560.0	610.0	640.0	640.0	640.0

注：数据来自ITU，根据最新发布数据对往年数据调整。

2015—2019年主要国家每百人移动电话用户数

（单位：户/百人）

国家和地区	2015年	2016年	2017年	2018年	2019年
中国	91.8	96.5	103.4	115.0	120.4
日本	125.5	130.6	135.5	139.2	139.2
韩国	116.0	120.2	124.6	129.7	134.5
印度尼西亚	131.2	147.4	164.4	119.8	127.5
菲律宾	115.4	115.9	110.1	110.1	154.8
泰国	149.8	173.5	175.6	180.2	186.2
新加坡	147.2	149.7	146.8	145.7	156.4
马来西亚	145.7	141.7	136.1	134.5	139.6
印度	76.4	85.1	87.3	86.9	84.3
巴基斯坦	63.1	67.0	69.5	72.6	76.4
沙特阿拉伯	166.5	147.7	121.5	122.6	120.5
伊朗	94.6	101.2	107.9	108.5	142.4
埃及	101.7	103.5	106.8	95.3	95.0
南非	158.9	146.6	155.2	153.3	165.6
德国	117.8	125.9	132.8	129.3	128.4
英国	120.3	119.1	118.6	117.5	117.5
法国	103.5	104.5	106.4	108.4	110.6
意大利	144.8	141.7	138.2	137.5	133.1
俄罗斯	156.8	157.7	156.2	157.4	164.4
荷兰	122.9	123.0	120.6	124.3	127.3
波兰	143.4	139.5	133.0	134.7	138.0
西班牙	109.4	110.5	112.6	115.9	118.3
瑞典	129.4	127.5	126.4	125.1	126.3
瑞士	135.5	134.2	131.1	129.6	127.2
土耳其	93.8	94.0	95.9	97.3	96.8
乌克兰	144.0	135.2	133.5	122.6	130.6
美国	119.1	122.6	123.1	123.7	123.7
加拿大	82.6	84.5	86.3	89.2	92.5
墨西哥	88.4	90.6	91.6	93.0	95.1
巴西	126.1	118.4	105.0	98.8	98.8
阿根廷	143.6	146.5	140.9	132.1	130.9
澳大利亚	107.7	109.4	111.7	113.6	110.6
新西兰	121.4	130.9	136.1	134.9	134.9

注：数据来自ITU，根据最新发布数据对往年数据调整。

第三部分　附　录

统计指标解释

一、公用通信网

电信业务总量

是以货币形式表示的电信企业为社会提供各类电信服务的总数量，是用于观察电信业务发展变化总趋势的综合性总量指标。计量单位：元。

电信业务总量是以各类业务的实物量分别乘以相应的不变单价，求出各类业务的货币量加总求得。

不变单价是一定时期内计算业务总量的同度量因素，是根据基年各类电信业务量与相对应的电信业务收入测算的平均单价。不变单价的作用是在一定时期内保持电信业务总量不受价格变动的影响，能够比较准确地综合反映电信业务的发展情况。电信主管部门根据国家统一规定先后制定过7次全国不变单价，基本为10年一次。2019年电信业务总量根据最新制定的2015年电信业务不变单价计算。

固定电话用户

是指报告期末在电信企业营业网点办理开户登记手续并已接入固定电话网上的全部电话用户。计量单位：户。

移动电话用户

是指报告期末通过移动电话交换机进入移动电话网的全部电话用户，即报告期末在电信企业营业网点办理开户登记手续，通过移动电话交换机进入移动电话网，并占用移动电话号码资源的各类电话用户。计量单位：户。

3G移动电话用户：是指在计费系统拥有使用信息并占用3G网络资源的在网用户。

4G移动电话用户：是指在计费系统拥有使用信息并占用4G网络资源的在网用户。

5G移动电话用户：是指报告期末在计费系统拥有使用信息、占用5G网络资源的在网用户。计量单位：户。

VoLTE用户数：是指在报告期内产生VoLTE主叫非视频通话或VoLTE视频主被叫通话的用户数。计量单位：户。

移动互联网用户：是指报告期末移动电话用户中通过移动通信网络接入公共互联网或WAP网站的用户。计量单位：户。

手机上网用户：是指报告期末移动互联网用户中使用手机或通过手机数据线连接计算机，并通过移动通信网络接入公共互联网或WAP网站的用户。计量单位：户。

互联网宽带接入用户

是指报告期末在电信企业登记注册，通过xDSL、FTTx+LAN、FTTH/O以及其他宽带接入方式和普通专线接入公共互联网的用户。计量单位：户。

互联网专线用户：是指报告期末在电信企业订购互联网专线产品的集团客户开通的互联网专线条数。互联网专线是依托传输网络资源，通过传输电路连接公共互联网的方式，向单位客户提供互联网访问服务。计量单位：户。

xDSL用户：是指在电信企业登记注册通过xDSL方式接入公共互联网的用户，包括xDSL虚拟拨号用户和xDSL专线用户。

LAN用户：是指在电信企业登记注册，通过FTTx+LAN方式接入公共互联网的用户，包括FTTx+LAN业务终端用户、FTTx+LAN业务专线用户。

FTTH/O用户：是指报告期末在电信企业登记注册，通过FTTH或FTTO方式接入公共互联网的用户。

家庭宽带接入用户：是指报告期末私人付费或安装在居民家庭并按照居民家庭登记注册和收费的各类宽带接入用户。计量单位：户。

政企宽带接入用户：是指报告期末安装在机关、团体或企事业单位等并按照单位登记注册和收费的各类宽带接入用户。计量单位：户。

城市宽带接入用户：是指报告期末行政区划属于中央直辖市、省辖市、地级市、县级市的市区、市郊区及县城区范围内的宽带接入用户，还包括分布在农村地区的县团级以上建制的独立工矿区、林区、驻军的宽带接入用户。计量单位：户。

农村宽带接入用户：是指报告期末行政区划属于城市范围以外的乡（镇）、村的宽带接入用户。计量单位：户。

速率在20Mbit/s以下的宽带用户：是指报告期末下行速率小于20Mbit/s的宽带接入用户。计量单位：户。

速率在20Mbit/s和100Mbit/s之间的宽带用户：是指报告期末下行速率大于或等于20Mbit/s且小于100Mbit/s的宽带接入用户。计量单位：户。

速率在100Mbit/s和1000Mbit/s之间的宽带用户：是指报告期末下行速率大于或等于100Mbit/s且小于1000Mbit/s的宽带接入用户。计量单位：户。

速率在**1000Mbit/s**以上的宽带用户：是指报告期末下行速率大于或等于1000Mbit/s的宽带接入用户。计量单位：户。

物联网终端用户

是指报告期末已开通物联网业务的用户。物联网终端即连接传感网络层和传输网络层、实现远程采集数据及向网络层发送数据的物联网设备。计量单位：个。

NB-IoT联网终端数：是指报告期末已开通物联网业务、占用码号资源连接到NB-IoT网络的用户。计量单位：个。

智能制造终端用户：是指在报告期末物联网终端用户中，行业隶属于《国民经济行业分类（GB/T 4754—2017）》中（B）采矿业，（C）制造业，（E）建筑业，（I）信息传输、软件和信息技术服务业，（K）房地产业，（M）科学研究和技术服务业六大行业的用户。计量单位：个。

智慧农业终端用户：是指在报告期末物联网终端用户中，行业隶属于《国民经济行业分类（GB/T 4754—2017）》中（A）农、林、牧、渔业的用户。计量单位：个。

智能交通和车联网终端用户：是指在报告期末物联网终端用户中，行业隶属于《国民经济行业分类（GB/T 4754—2017）》中（G）交通运输、仓储和邮政业的用户。计量单位：个。

智慧公共事业终端用户：是指在报告期末物联网终端用户中，行业隶属于《国民经济行业分类（GB/T 4754—2017）》中（D）电力、热力、燃气及水生产和供应业，（N）水利、环境和公共设施管理业，（O）居民服务和其他服务业，（P）教育，（Q）卫生和社会工作，（S）公共管理、社会保障和社会组织，（T）国际组织七大行业的用户。计量单位：个。

ICT及融合业务用户

IPTV（网络电视）用户：是指报告期末已安装并开通IPTV（网络电视）业务的用户，包括同时使用IPTV和宽带上网的用户数，也包括使用IPTV业务但不具备宽带上网能力的用户数。计量单位：户。

云计算业务客户：是指报告期末订购云计算产品且订购状态为"正常"的用户，需按IaaS、PaaS、SaaS进行剔重。计量单位：户。

大数据业务客户：是指报告期末订购大数据产品且订购状态为"正常"的用户。计量单位：户。

数据中心业务客户：是指报告期末订购主机托管且订购状态为"正常"的集团客户数。计量单位：户。

固定主叫通话时长

是指报告期内电信企业固定电话用户作为主叫而拨打的所有去话通话时长。其中包括拨打本电信企业或其他电信企业的固定或移动电话用户，经本电信企业或其他电信企业固定或移动电路接续的全部去话通话时长。计量单位：分钟。

国际及港澳台主叫通话时长：是指报告期内电信企业固定电话用户作为主叫而拨打国外及港澳台地区的所有去话通话时长。其中包括经本电信企业或其他电信企业国内长途电路和国际电路及港澳台电路接续通话的全部国际及港澳台去话通话时长。计量单位：分钟。

移动电话通话量

移动电话去话通话时长：是指报告期内本电信企业移动电话用户在非漫游、漫游出访状态下拨打其他电话用户的所有去话通话时长。漫游来访的异地移动电话用户去话通话时长由计收话费的电信企业统计。计量单位：分钟。

国际及港澳台长途去话通话时长：是指报告期内本电信企业移动电话用户在非漫游、漫游出访状态下，拨打国际及港澳台长途的计费时长。计量单位：分钟。

国际及港澳台漫游去话通话时长：是指报告期内本电信企业移动电话用户在国际及港澳台漫游出访状态下，拨打的去话计费时长，不区分去话方向，主要去话时长均统计在内。计量单位：分钟。

移动电话来话通话时长：是指报告期内本电信企业移动电话用户在非漫游、漫游出访状态下接听其他电话用户的所有来话的通话时长。计量单位：分钟。

移动短信业务量

是指移动电话用户通过移动通信网络短信平台使用短信业务的通信量。计量单位：条。

行业应用短信量：是指报告期内本电信企业通过移动通信网络短信平台面向企事业单位内部生产、管理和沟通、客户服务、业务应用、宣传推广等应用的短信息业务量，也称作"集团短信量"。计量单位：条。

点对点短信量：是指报告期内电信企业移动电话用户经过短消息中心发送成功的点对点短信条数。其中包括电信企业移动电话用户成功发送给电信企业或其他企业移动电话用户和无线市话用户的短信息业务量。计量单位：条。

移动彩信业务量

是指报告期内本电信企业移动电话用户通过移动通信网络彩信平台使用移动彩信业务的通信量。计量单位：条。

互联网通信量

固定互联网宽带接入流量

是指报告期内电信企业固定互联网宽带接入用户通过固定宽带网络接入公共互联网发生

的计费流量，包括上行流量和下行流量。计量单位：GB。

移动互联网用户接入流量

是指报告期内电信企业移动电话用户（含无线上网卡用户）通过移动通信网络接入公共互联网或WAP网站发生的计费流量，包括上行流量和下行流量。计量单位：GB。

手机上网流量：是指报告期内使用手机或通过手机数据线连接计算机，通过移动通信网络接入公共互联网或WAP网站发生的计费流量，包括上行流量和下行流量。计量单位：GB。

国际及港澳台漫游数据流量：是指报告期内移动电话用户（含无线上网卡用户）在国际或港澳台漫游状态下接入公共互联网或WAP网站发生的计费流量，包括上行流量和下行流量。计量单位：GB。

固定宽带用户总接入带宽

是指报告期内用户签约带宽的总和，包含政企宽带接入用户、家庭宽带接入用户两部分。计量单位：Gbit/s。

家庭固定宽带用户总接入带宽：是指报告期内家庭宽带接入用户签约带宽的总和。计量单位：Gbit/s。

政企固定宽带用户总接入带宽：是指报告期内政企宽带接入用户签约带宽的总和。计量单位：Gbit/s。

固定电话互联互通通话时长

是指从电信企业固定电话网内发起的经网间关口局疏通的去往其他电信企业固定或移动电话网的电话通话时长。计量单位：分钟。

移动电话互联互通通话时长

是指从本电信企业移动电话网内发起的经网间关口局疏通的去往其他电信企业固定或移动电话网的通话时长。计量单位：分钟。

移动短信互联互通业务量

是指由本电信企业固定或移动电话用户发起，通过短信互通网关发送到其他电信企业固定或移动电话用户的各类短信通信量。计量单位：条。

物联网终端接入流量

是指报告期内物联网终端设备通过移动通信网络接入公共互联网或WAP网站发生的计费流量，包括上行流量和下行流量。计量单位：GB。

长途光缆

是指由一定数量的光纤按照一定方式组成缆心，外包有护套，用于实现光信号传输的一种长途通信的通信线路，包括架空、直埋、管道、水底、海底的光缆。

长途光缆线路长度是指长途光缆线路的实际长度，架空的光缆按实际杆路长度统计，埋设地下、水底、海底的光缆按沟长统计。计量单位：千米。

本地网中继光缆

是指本地网内各业务节点（如局用交换机、远端模块、数据通信节点机等）之间的光缆，包括本地电话网内本地电话交换机至长途电话交换机之间、各本地电话交换机之间及各业务节点之间的架空、直埋、管道、水底等光缆，分别按本地网中继光缆线路长度、本地网中继光缆纤芯长度统计。

本地网中继光缆线路长度是指本地网内各业务节点之间从起点至终点所经由的光缆线路实际长度。架空光缆按实际杆路长度统计，埋设地下、水底的光缆按埋设光缆的沟长统计。计量单位：千米。

接入网光缆

是指本地网内各业务节点（如局用交换机、远端模块、数据通信节点机等）至用户节点（光终端设备）之间的光缆，分别按接入网光缆线路长度、接入网光缆纤芯长度统计。

接入网光缆线路长度是指本地网内各业务节点至用户节点之间的光缆杆路或沟长的实际长度。计量单位：千米。

固定长途电话交换机容量

是指报告期末电信企业用于接入长途电话网的交换机的设备额定容量。计量单位：路端。

局用交换机容量

是指报告期末安装在电信企业内用于接续本地固定电话的交换机容量，不含接入网设备容量。计量单位：门。

接入网设备容量

是指报告期末安装在电信企业用于连接语音用户的远端节点的设备容量。计量单位：门。

移动电话交换机容量

是指报告期末移动电话交换机根据一定话务模型和交换机处理能力计算出来的最大同时

服务用户的数量。计量单位：户。

移动电话基站

是指报告期末为小区服务的无线收发信设备，处理基站与移动台之间的无线通信，在移动交换机与移动台之间起中继作用，监视无线传输质量的全套设备数。计量单位：个。

NB-IoT基站数：是指报告期末本电信企业窄带物联网（Narrow Band Internet of Things, NB-IoT）基站数量。计量单位：个。

3G基站数：是指报告期末本电信企业3G移动通信网络上实际使用的Node-B数量，包括TD-SCDMA基站、WCDMA基站和CDMA 2000基站。计量单位：个。

4G基站数：是指报告期末本电信企业4G移动通信网络上实际使用的Node-B数量，包括TD-LTE基站和FDD-LTE基站。计量单位：个。

5G基站数：是指报告期末本电信企业5G移动通信网络上实际使用的Node-B数量。计量单位：个。

移动电话基站物理站址数

是指报告期末位于同一经纬度的基站站址数量，包括基站的铁塔等支撑设施、天面、机房、室内分布系统、基站专用的传输线路、电源等其他配套设施，包括企业自有站址和除通信行业内部租赁的社会其他租赁站址。计量单位：个。

移动电话基站室内分布系统数

是指报告期末将基站信号引入室内，解决室内盲区覆盖，并可以有效地解决信号延伸和覆盖，改善室内通信质量的室内分布信源数。计量单位：个。

3G室内分布系统数：是指报告期末电信企业3G移动通信网络中开通运行的包含室内覆盖的室内分布系统，包括TD-SCDMA室内分布数、WCDMA室内分布数和CDMA 2000室内分布数。统计以信源为最小颗粒，计量单位：个。

4G室内分布系统数：是指报告期末电信企业4G移动通信网络中开通运行的包含室内覆盖的室内分布系统，包括TD-LTE室内分布数和FDD-LTE室内分布数。统计以信源为最小颗粒，计量单位：个。

5G室内分布系统数：是指报告期末电信企业5G移动通信网络中开通运行的包含室内覆盖的室内分布系统。计量单位：个。

互联网宽带接入端口

是指用于接入互联网用户的各类实际安装运行的接入端口的数量，包括xDSL用户接入端口、LAN接入端口、FTTH/O端口及其他类型接入端口等，不包括窄带拨号接入端口。计量单位：个。

xDSL端口：是指报告期末用于接入互联网用户的各类实际安装运行的xDSL接入端口的数量。计量单位：个。

LAN端口：是指报告期末用于接入互联网用户的各类实际安装运行的LAN接入端口的数量。计量单位：个。

FTTH/O端口：是指报告期末用于接入互联网用户的各类实际安装运行的FTTH或FTTO接入端口的数量。计量单位：个。

城市宽带接入端口：是指报告期末行政区划属于中央直辖市、省辖市、地级市、县级市的市区、市郊区及县城区范围内的宽带接入端口的数量，还包括分布在农村地区的县团级以上建制的独立工矿区、林区、驻军的宽带接入端口的数量。计量单位：个。

农村宽带接入端口：是指报告期末行政区划属于城市范围以外的乡（镇）、村的宽带接入端口的数量。计量单位：个。

互联网省际出口带宽

是指报告期末本省电信企业与其他省份电信运营企业之间的互联网连接带宽总数。计量单位：MB。

互联网数据中心机架数量

是指报告期末基础电信企业提供数据中心业务服务的所有机架数量。计量单位：个。

营业收入

是指报告期内企业（单位）从事销售商品、提供劳务及转让资产使用权等日常活动中所形成的总收入，包括主营业务收入和其他业务收入。营业收入根据会计"利润表"中对应指标计算填列。计量单位：万元。

电信业务收入：是指报告期内电信企业经营的基础电信业务和增值电信业务所取得的资费收入，以及电信企业之间网间互联电信业务的结算收入。计量单位：万元。

企业间网间结算收入：是指报告期内电信企业按照与其他电信企业签订的网间互联协议中商定的结算周期、结算地点进行网间结算，由其他电信企业结入的结算收入。计量单位：万元。

物联网业务收入：是指报告期内电信企业经营物联网业务获得的收入。计量单位：万元。

固定通信业务收入：是指报告期内电信企业经营固定通信业务获得的收入。该收入包括：提供固定电话及通信服务、固定基础数据业务和互联网接入业务，以及通过固定通信网经营增值电信业务等获得的收入；固定通信网之间的企业间网间结算收入；企业内固定通信网与移动通信网之间的结算净收入。计量单位：万元。

固定语音业务收入：是指报告期内电信企业提供固定电话服务（含无线市话）及通信服务获得的收入，包括装机收入、移机收入、固定语音其他收入。计量单位：万元。

固定数据及互联网业务收入：是指报告期内电信企业提供固定基础数据通信和互联网接入业务获得的收入，包括出租电路、出租设备等资源出租业务收入。计量单位：万元。

互联网宽带接入业务收入：是指报告期内电信企业用户通过xDSL、FTTX+LAN等方式接入宽带IP城域网，实现宽带接入互联网所发生的一次性费用和网络使用费收入。计量单位：万元。

互联网专线业务收入：是指报告期内订购互联网专线产品的集团客户通过互联网专线连接公共互联网，所发生的一次性费用和网络使用费收入。计量单位：万元。

家庭宽带接入业务收入：是指报告期内电信企业用户通过xDSL、FTTX+LAN等方式接入宽带IP城域网，实现家庭宽带接入互联网所发生的一次性费用和网络使用费收入。计量单位：万元。

政企宽带接入业务收入：是指报告期内电信企业用户通过xDSL、FTTX+LAN等方式接入宽带IP城域网，实现政企宽带接入互联网所发生的一次性费用和网络使用费收入。计量单位：万元。

固定增值业务收入：是指报告期内电信企业通过固定通信网络经营增值电信业务获得的收入，包括语音增值业务收入、互联网增值业务收入、数据中心业务收入、云计算业务收入、大数据业务收入、集成业务收入等。计量单位：万元。

IPTV（网络电视）业务收入：是指报告期内电信企业经营IPTV业务获得的收入。计量单位：万元。

数据中心业务收入：是指报告期内电信企业经营数据中心业务获得的收入。计量单位：万元。

云计算业务收入：是指报告期内电信企业经营云计算业务获得的收入。计量单位：万元。

大数据业务收入：是指报告期内电信企业经营大数据业务获得的收入。计量单位：万元。

集成业务收入：是指报告期内电信企业经营集成业务获得的收入。计量单位：万元。

移动通信业务收入：是指报告期内电信企业经营移动通信业务获得的收入。该收入包括：提供移动电话及通信服务和漫游服务，通过移动通信网经营增值电信业务等获得的收入；移动通信网之间的企业间网间结算收入；企业内固定通信网与移动通信网之间的结算净支出。计量单位：万元。

移动语音业务收入：是指报告期内电信企业提供移动电话服务获得的收入。计量单位：万元。

移动数据及互联网业务收入：是指报告期内电信企业通过为移动电话用户提供移动数据业务和移动互联网接入业务获得的收入。该收入包括移动终端发起并通过移动数据平台的业务收入、移动数据通信网络及平台出租类业务收入、手机上网通信费收入（含WAP收入）以及WLAN用户业务收入，还包括无线上网卡业务收入、手机上网业务收入等（不含物联网数据及互联网业务收入）。计量单位：万元。

手机上网业务收入：是指报告期内电信企业为用户提供手机上网数据服务获得的收入。计量单位：万元。

移动增值业务收入：是指报告期内电信企业移动电话用户使用增值电信业务所取得的资费收入。计量单位：万元。

移动短信业务收入：是指报告期内电信企业为移动电话用户提供移动短信服务获得的收入，包括移动终端或互联网平台发起的点对点、点对多点SMS/EMS/MMS业务收入。计量单位：万元。

移动互联网信息服务收入：是指报告期内电信企业通过互联网为移动电话用户提供信息服务所获得的收入，以及通过建立与移动通信网络连接的服务平台为移动终端用户提供各种信息服务，包括音乐、信息导航、应用商店、网络广告、网络游戏、信息社区平台、信息及时交互、电子邮箱、智能网及终端功能等移动互联网信息服务业务所获得的收入。计量单位：万元。

营业成本

是指报告期内企业销售商品或提供劳务的成本。营业成本应当与销售商品或提供劳务而取得的收入进行配比。营业成本包括主营业务成本和其他业务成本。计量单位：万元。

电信业务成本：是指报告期内电信企业在通信生产过程中实际发生的与通信生产直接有关的各项费用支出。计量单位：万元。

营业费用：是指报告期内企业在营销过程中实际发生的与营销活动有关的各项费用支出，根据"利润表"中对应项目的"本年累计数"填列。计量单位：万元。

管理费用：是指报告期内企业行政管理部门和企业的董事会为组织和管理企业生产经营活动而发生的各项费用，根据"利润表"中"管理费用"项的"本年累计数"填列。计量单位：万元。

差旅费：是指报告期内企业行政管理部门的差旅费，包括市内公出的交通费和外地出差的差旅费。计量单位：万元。

财务费用：是指报告期内企业为筹集生产经营所需资金而发生的费用，根据会计"利润表"中"财务费用"项的"本年累计数"填列。计量单位：万元。

利息净支出：是指报告期内企业短期借款利息、长期借款利息、应付票据利息、票据贴现利息、应付债券利息、长期应付引进国外设备款利息等利息支出（除资本化的利息外）减去银行存款等的利息收入后的净额，根据会计"财务费用明细资料"中的利息支出项目填列。计量单位：万元。

本年应付职工薪酬：是指报告期内企业本年因职工提供服务而支付或放弃的所有对价，包括职工工资、奖金、津贴和补贴，职工福利费，医疗保险费、养老保险费、失业保险费、工伤保险费和生育保险费等社会保险费，住房公积金，工会经费和职工教育经费，非货币性福利，因解除与职工的劳动关系给予的补偿，其他与职工提供的服务相关的支出。计量单位：万元。

营业利润

是指报告期内企业从事生产经营活动所取得的利润。本指标根据会计"利润表"中对应指标的"本年累计数"填列。计量单位：万元。

资产减值损失： 是指报告期内企业各项资产发生的减值损失。执行2006年《企业会计准则》的企业，根据"利润表"中的"资产减值损失"填列。计量单位：万元。

公允价值变动收益： 是指报告期内企业应当计入当期损益的资产或负债公允价值变动收益，包括交易性金融资产、交易性金融负债，以及采用公允价值模式计量的投资性房地产、衍生工具、套期保值业务等公允价值变动形成的应计入当期损益的利得或损失。执行2006年《企业会计准则》的企业，根据"利润表"中的"公允价值变动收益"填列，若为损失应在本项目金额前加"－"号。计量单位：万元。

投资收益： 是指报告期内企业以各种方式对外投资所取得的收益或发生的损失。执行2006年《企业会计准则》的企业，根据"利润表"中的"投资收益"项填列，若为投资损失应在本项目金额前加"－"号。计量单位：万元。

利润总额： 是指报告期内企业在生产经营过程中，通过销售过程将商品卖给购买方，实现收入，收入扣除当初的投入成本以及其他一系列费用，再加减非经营性质的收支及投资收益，即为企业的利润总额。计量单位：万元。

电信利润总额： 是指报告期内电信企业在从事通信业务生产经营过程中实现的利润总额。计量单位：万元。

税费总额： 是指报告期内企业按照规定向国家交纳的各种税金之和以及教育费附加。计量单位：万元。

所得税： 是指报告期内企业按照规定因生产经营所得和其他所得向国家交纳的一种税。计量单位：万元。

净利润： 是指报告期内企业的利润总额减去所得税后的余额。计量单位：万元。

电信净利润： 是指报告期内电信企业在从事通信业务生产经营过程中实现的净利润。计量单位：万元。

增加值

是指报告期内电信企业在核算期内从事生产经营或劳务的最终成果，即电信企业在核算期内为国家和社会新创造的价值总额。国内生产总值是由各部门的增加值组成的，计算增加值主要是为了满足国家计算国内生产总值的需要。计量单位：万元。

资产总额

是指由过去的交易或事项形成并由电信企业拥有或控制的所有资源，并给企业带来经济利益，按其流动性可分为流动资产和非流动资产。计量单位：元。

固定资产原值

是指电信企业在建造、购置、安装、改建、扩建、技术改造某项固定资产时所支出的全部货币总额。它一般包括买价、包装费、运杂费和安装费等。计量单位：元。

固定资产净值

是指固定资产原值扣除历年已提折旧额后的净额。计量单位：元。

固定资产投资完成额

是指报告期内电信企业从年初至本月最后一天用于电信网络及其附属设施等方面的累计投资额。该指标包括在通信电子设备、通信线路设备、办公设备和家具、电子计算机系统、电源设备、房屋及建筑物、运输起重设备、其他设备和融资租入固定资产等方面的投资。计量单位：万元。

4G投资：是指报告期内用于4G网络及其附属设施建设的投资，包括对2G网络或者3G网络及其相关设施进行改造后使之具备开通4G业务能力的投资。计量单位：万元。

5G投资：是指报告期内用于5G网络及其附属设施建设的投资，包括对2G/3G/4G网络及其相关设施进行改造后使之具备开通5G业务能力的投资。计量单位：万元。

物联网投资：是指报告期内用于物联网业务平台、物联网网络（含移动通信网络或NB-IoT网络）、物联网终端及其模组等的投资。计量单位：万元。

固定通信投资：是指报告期内专门用于固定通信网络建设的投资，包括无线市话网投资，不包括数据通信网投资。计量单位：万元。

移动通信投资：是指报告期内专门用于移动通信网络建设的投资。计量单位：万元。

互联网及数据通信投资：是指报告期内用于互联网和数据业务网络的投资。计量单位：万元。

互联网宽带接入投资：是指报告期内用于互联网宽带网络建设的投资。计量单位：万元。

创新及增值平台投资：是指报告期内用于承载网、业务网和增值平台等方面的投资。计量单位：万元。

信息系统投资：是指报告期内用于信令网、智能网、同步网、业务运营支撑系统、管理信息系统、办公自动化等设备和软件的投资。计量单位：万元。

传输投资：是指报告期内专门用于传输网建设的投资，包括传输设备、光缆线路、微波等的投资。计量单位：万元。

局房及营业场所投资：是指报告期内用于生产用房、办公经营用房和营业厅的投资。计量单位：万元。

电信其他投资：是指报告期内用于管理、共用等不属于上述方面的其他投资。计量单位：万元。

移动电话漫游国家和地区

是指在移动电话用户出国（境）时，可以用原有的手机和SIM卡，沿用在中国的电话号码，在当地继续接听来电并随时随地打出电话的国家和地区，即统计期末所有与本企业签署漫游协议、提供漫游服务的国家和地区。计量单位：个。

固定电话普及率

是指在报告期行政区域总人口中，平均每百人拥有的固定电话用户数（不包括专用通信网电话和接入用户交换机的电话）。计量单位：部/百人。

计算公式：

$$固定电话普及率 = \frac{固定电话话机总数（部）}{行政区域总人口数（人）} \times 100\%$$

注：人口数取自国家统计局统计数据。

城市固定电话普及率

是指在报告期城市行政区域总人口中，平均每百人拥有的固定电话用户数（不包括专用通信网电话和接入用户交换机的电话）。计量单位：部/百人。

计算公式：

$$城市固定电话普及率 = \frac{城市固定电话话机总数（部）}{城市辖区内人口总数（人）} \times 100\%$$

注：人口数取自公安部公布的人口数据。

移动电话普及率

是指在报告期行政区域总人口中，平均每百人拥有的移动电话数。计量单位：部/百人。

计算公式：

$$移动电话普及率 = \frac{移动电话用户总数（部）}{行政区域总人口数（人）} \times 100\%$$

注：人口数取自国家统计局统计数据。

二、互联网和相关服务业务

增值电信企业

是指在中国大陆境内经营全国或区域性增值电信业务的服务商。计量单位：家。

国有控股企业：是指在企业全部资本中，国家资产投资或持股比例超过50%，且以国有控股企业性质注册增值电信业务经营许可的企业，包括国有独资企业。

外商投资企业：是指外国投资者同中国投资者在中国境内依法以中外合资经营形式，共同投资设立的企业，且以外商投资企业性质注册增值电信业务经营许可的企业。

民营控股企业：是指除国有控股、外商投资增值电信企业以外，以民营控股企业性质注册增值电信业务经营许可的企业。

港、澳、台投资企业：是指企业工商登记注册类型为港、澳、台商的增值电信企业。其中包括与港澳台商合资经营、合作经营，港澳台商独资经营以及港澳台商投资股份有限公司的企业。

营业收入

是指报告期内企业经营主要业务和其他业务所取得的收入总额。营业收入包括主营业务收入和其他业务收入。该指标根据会计"利润表"中"营业收入"项目填报。计量单位：万元。

互联网业务收入：是指报告期内企业经营《增值电信业务经营许可证》中注册的各类增值电信业务所获得的业务收入的总和。该收入包括《电信业务分类目录》中界定的第一二类电信增值业务，以及模拟集群通信业务、无线寻呼业务、国内甚小口径终端地球站（VSAT）通信业务、第二类数据通信业务（含固定网国内数据传送业务和无线数据传送业务）、用户驻地网业务、网络托管业务比照增值电信业务管理的业务所取得的收入。计量单位：万元。

互联网接入及相关服务业务收入：是指报告期内除基础电信运营商外，电信增值企业基于基础传输网络为存储数据、数据处理及相关活动，提供接入互联网的有关应用设施的服务所获得的收入（包括CDN业务收入、ISP互联网接入业务收入）。计量单位：万元。

信息服务收入：是指报告期内通过互联网提供在线信息、电子邮箱、数据检索、网络游戏、网上新闻、网上音乐等信息服务获得的收入。该收入不包括互联网支付、互联网基金销售、互联网保险、互联网信托和互联网消费金融收入，有关内容列入相应的金融行业。计量单位：万元。

互联网平台收入：是指报告期内企业运营生产服务平台、生活服务平台、科技创新平台、公共服务平台及其他互联网平台所获得的收入。计量单位：万元。

互联网安全服务收入：是指报告期内企业提供包括网络安全监控，以及网络服务质量、可信度和安全等评估测评服务所取得的收入。计量单位：万元。

互联网数据服务收入：是指报告期内企业提供以互联网技术为基础的大数据处理、云存储、云计算、云加工等服务所取得的收入。计量单位：万元。

其他平台收入：是指报告期内企业从事其他电信活动、数据处理、存储及相关活动所取得的收入。计量单位：万元。

增值电信企业从业人数

是指增值电信企业中直接从事增值电信业务的员工数，不包括增值电信企业中从事非增值电信业务的员工。计量单位：人。

三、国际电联统计指标

电话主线运营数

是指将用户终端设备与公共交换网进行连接的并在电话交换设备上拥有专门端口的（固定）电话线。该术语与通信文件中常用的主站或直接交换线（Direct Exchange Line，DEL）为同义词术语。电话主线不同于接入线或用户线。该指标中涵盖综合业务数字网（Integrated Services Digital Network，ISDN）通道的数量。固定无线用户也应包括在其中。

蜂窝移动电话用户数

是指使用蜂窝技术向公共交换电话网（Public Switched Telephone Network，PSTN）提供公共移动电话业务的便携式电话签约付费用户，这些用户还包括IMT-2000用户。公共移动数据业务或无线寻呼业务的用户不应包括在其中。

互联网网民数

是指通过定期调查进行估算的互联网上网人数。通常而言，调查会说明某一特定年龄组（如15～74岁）人口的百分比。该指标应提供该年龄组的互联网网民总数，而非人口总数乘以该年龄组互联网网民的百分比。在没有调查数据的情况下，可以根据用户数量推算出一个估算数字。

中华人民共和国
2019年国民经济和社会发展统计公报[1]

　　2019年，面对国内外风险挑战明显上升的复杂局面，在以习近平同志为核心的党中央坚强领导下，各地区各部门以习近平新时代中国特色社会主义思想为指导，全面贯彻党的十九大和十九届二中、三中、四中全会精神，按照党中央、国务院决策部署，坚持稳中求进的工作总基调，坚持新发展理念和推动高质量发展，坚持以供给侧结构性改革为主线，着力深化改革扩大开放，持续打好三大攻坚战，统筹稳增长、促改革、调结构、惠民生、防风险、保稳定，扎实做好稳就业、稳金融、稳外贸、稳外资、稳投资、稳预期工作，经济运行总体平稳，发展水平迈上新台阶，发展质量稳步提升，人民生活福祉持续增加，各项社会事业繁荣发展，生态环境质量总体改善，"十三五"规划主要指标进度符合预期，全面建成小康社会取得新的重大进展。

一、综合

　　初步核算，全年国内生产总值[2]达990865亿元，比2018年增长6.1%，如图1所示。其中，第一产业增加值为70467亿元，增长3.1%；第二产业增加值为386165亿元，增长5.7%；第三产业增加值为534233亿元，增长6.9%。第一产业增加值占国内生产总值的比重为7.1%，第二产业增加值比重为39.0%，第三产业增加值比重为53.9%，如图2所示。全年最终消费支出对国内生产总值增长的贡献率为57.8%，资本形成总额的贡献率为31.2%，货物和服务净出口的贡献率为11.0%。人均国内生产总值为70892元，比2018年增长5.7%。国民总收入[3]为988458亿元，比2018年增长6.2%。全国万元国内生产总值能耗[4]比2018年下降2.6%，如图3所示。全员劳动生产率[5]为115009元/人，比2018年提高6.2%，如图4所示。

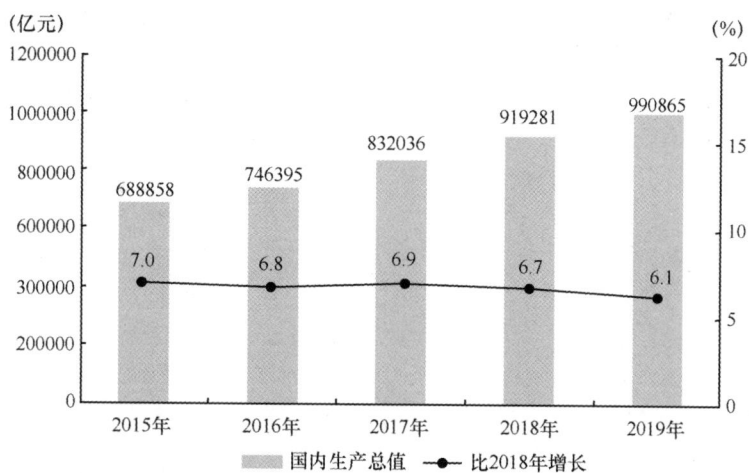

图1　2015—2019年国内生产总值及增长速度

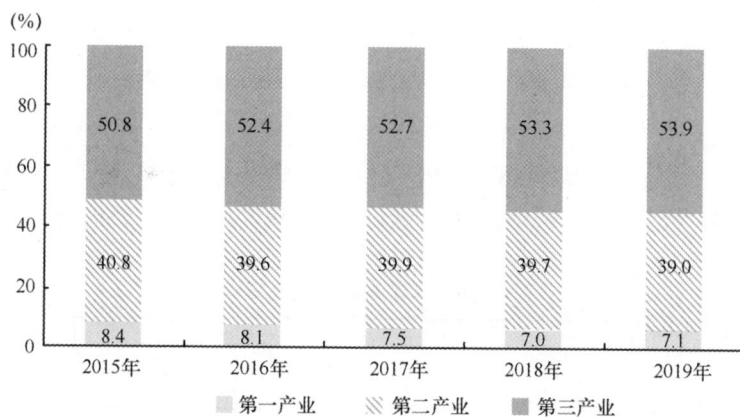

图2　2015—2019年三次产业增加值占国内生产总值的比重[6]

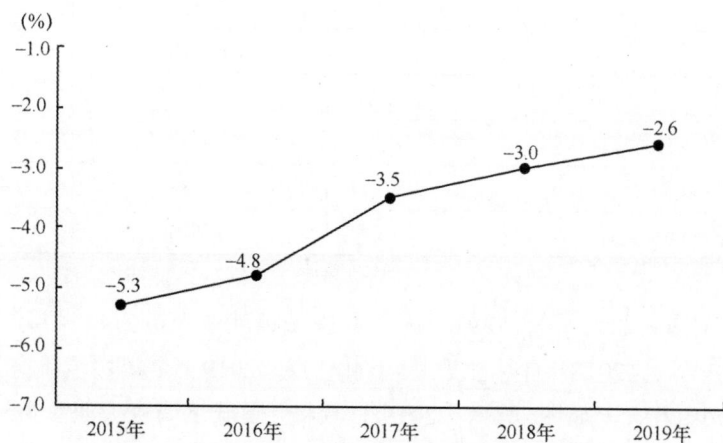

图3　2015—2019年万元国内生产总值能耗降低率[7]

221

（元/人）

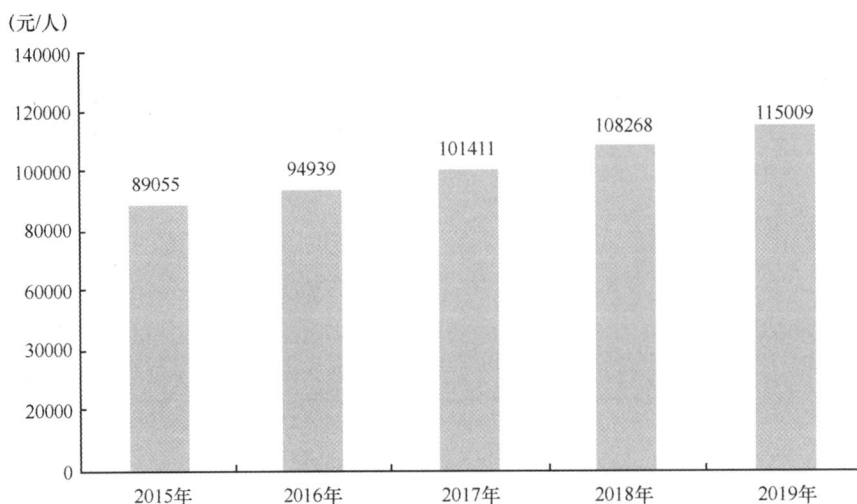

图4　2015—2019年全员劳动生产率[8]

2019年年末全国大陆总人口达140005万人，比2018年年末增加467万人，其中城镇常住人口为84843万人，占总人口的比重（常住人口城镇化率）为60.60%，比2018年年末提高1.02个百分点，具体见表1。户籍人口城镇化率为44.38%，比2018年年末提高1.01个百分点。全年出生人口达1465万人，出生率为10.48‰；死亡人口为998万人，死亡率为7.14‰；自然增长率为3.34‰。全国人户分离的人口[9]为2.80亿人，其中流动人口[10]为2.36亿人。

表1　2019年年末人口数及其构成

指标	年末数（万人）	比重（%）
全国总人口	140005	100.0
其中：城镇	84843	60.60
乡村	55162	39.40
其中：男性	71527	51.1
女性	68478	48.9
其中：0~15岁（含不满16周岁）[11]	24977	17.8
16~59岁（含不满60周岁）	89640	64.0
60周岁及以上	25388	18.1
65周岁及以上	17603	12.6

2019年年末全国就业人员为77471万人，其中城镇就业人员为44247万人，占全国就业人员的比重为57.1%，比2018年年末上升1.1个百分点。2019年全年城镇新增就业人员1352万人，比2018年减少9万人，如图5所示。2019年年末全国城镇调查失业率为5.2%，城镇登记失业率为3.6%。全国农民工[12]总量为29077万人，比2018年增长0.8%。其中，外出农民工为

17425万人，增长0.9%；本地农民工为11652万人，增长0.7%。

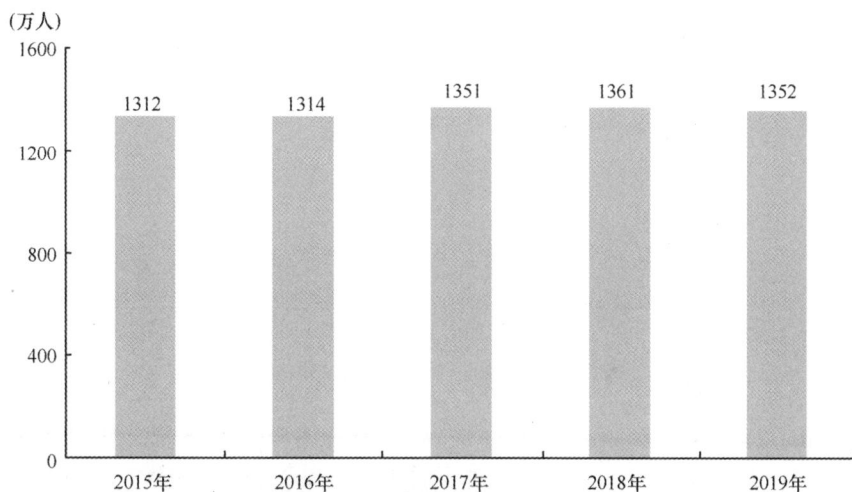

图5　2015—2019年城镇新增就业人数

全年居民消费价格比2018年上涨2.9%，具体见表2。工业生产者出厂价格下降0.3%，工业生产者购进价格下降0.7%，固定资产投资价格上涨2.6%，农产品生产者价格[13]上涨14.5%。2019年12月，70个大中城市新建商品住宅销售价格同比上涨的城市个数为68个，下降的为2个。

表2　2019年居民消费价格比2018年涨跌幅度

（单位：%）

指标	全国	城市	农村
居民消费价格	2.9	2.8	3.2
其中：食品烟酒	7.0	6.7	7.9
衣着	1.6	1.7	1.2
居住[14]	1.4	1.3	1.5
生活用品及服务	0.9	0.9	0.8
交通和通信	−1.7	−1.8	−1.4
教育文化和娱乐	2.2	2.3	1.9
医疗保健	2.4	2.5	2.1
其他用品和服务	3.4	3.5	3.1

2019年年末国家外汇储备达31079亿美元，比2018年年末增加352亿美元，如图6所示。全年人民币平均汇率为1美元兑6.8985元人民币，比2018年贬值4.1%。

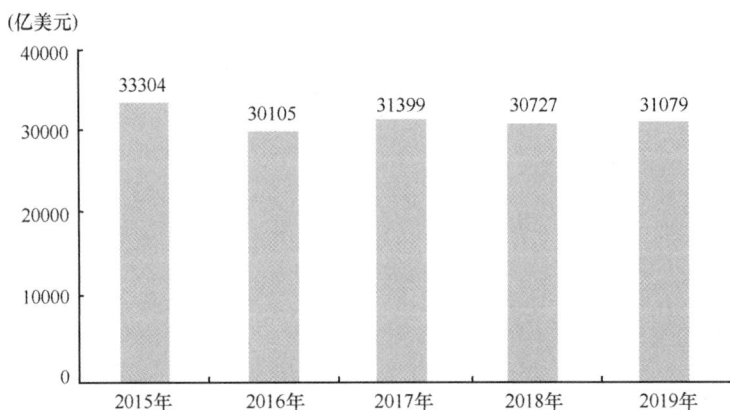

（亿美元）

图6　2015—2019年年末国家外汇储备

供给侧结构性改革继续深化。全年全国工业产能利用率[15]为76.6%，比2018年提高0.1个百分点。其中，黑色金属冶炼和压延加工业产能利用率为80.0%，提高2.0个百分点；煤炭开采和洗选业产能利用率为70.6%，与2018年持平。2019年年末商品房待售面积为49821万平方米，比2018年年末减少2593万平方米。其中，商品住宅待售面积为22473万平方米，减少2618万平方米。2019年年末规模以上工业企业资产负债率为56.6%，比2018年年末下降0.2个百分点[16]。2019年全年教育、生态保护和环境治理业固定资产投资（不含农户）分别比2018年增长17.7%和37.2%。"放管服"改革持续深化，微观主体活力不断增强。2019年全年新登记市场主体为2377万户，日均新登记企业为2万户，2019年年末市场主体总数达1.2亿户。2019年全年减税降费超过23000亿元。

新动能保持较快发展。在全年规模以上工业中，战略性新兴产业[17]增加值比2018年增长8.4%。高技术制造业[18]增加值增长8.8%，占规模以上工业增加值的比重为14.4%。装备制造业[19]增加值增长6.7%，占规模以上工业增加值的比重为32.5%。在全年规模以上服务业[20]中，战略性新兴服务业[21]企业营业收入比2018年增长12.7%。2019年全年高技术产业投资[22]比2018年增长17.3%，工业技术改造投资[23]增长9.8%。2019年全年服务机器人产量达346万套，比2018年增长38.9%。2019年全年网上零售额[24]达106324亿元，按可比口径计算，比2018年增长16.5%。

区域协调发展扎实推进。分区域来看[25]，2019年全年东部地区生产总值达511161亿元，比2018年增长6.2%；中部地区生产总值达218738亿元，增长7.3%；西部地区生产总值达205185亿元，增长6.7%；东北地区生产总值达50249亿元，增长4.5%。2019年全年京津冀地区生产总值达84580亿元，比2018年增长6.1%；长江经济带地区生产总值达457805亿元，增长6.9%；长江三角洲地区生产总值达237253亿元，增长6.4%。

脱贫攻坚成效明显。按照每人每年2300元（2010年不变价）的农村贫困标准计算，2019年年末农村贫困人口为551万人，比2018年年末减少1109万人[26]；贫困发生率[27]为0.6%，比2018年下降1.1个百分点，如图7所示。2019年全年贫困地区[28]农村居民人均可支配收入为11567元，比2018年增长11.5%，扣除价格因素，实际增长8.0%。

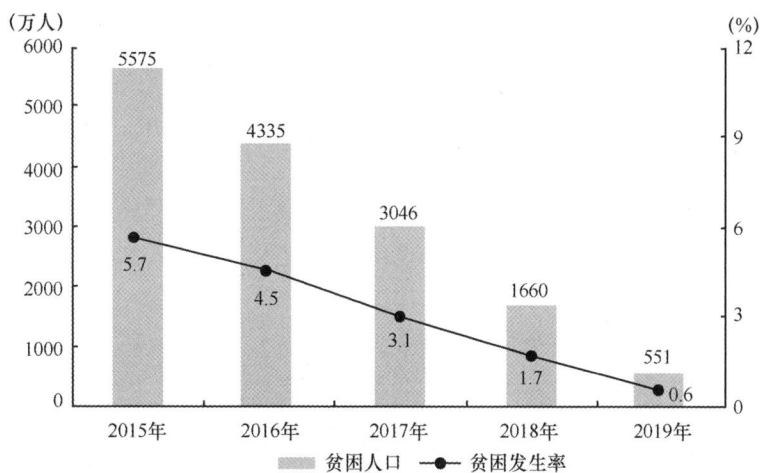

图7　2015—2019年年末全国农村贫困人口和贫困发生率

二、农业

2019年全年粮食种植面积为11606万公顷，比2018年减少97万公顷。其中，小麦种植面积为2373万公顷，减少54万公顷；稻谷种植面积为2969万公顷，减少50万公顷；玉米种植面积为4128万公顷，减少85万公顷；棉花种植面积为334万公顷，减少2万公顷；油料种植面积为1293万公顷，增加6万公顷；糖料种植面积为162万公顷，减少1万公顷。

2019年全年粮食产量为66384万吨，比2018年增加595万吨，增产0.9%，如图8所示。其中，夏粮产量为14160万吨，增产2.0%；早稻产量为2627万吨，减产8.1%；秋粮产量为49597万吨，增产1.1%。全年谷物产量为61368万吨，比2018年增产0.6%。其中，稻谷产量为20961万吨，减产1.2%；小麦产量为13359万吨，增产1.6%；玉米产量为26077万吨，增产1.4%。

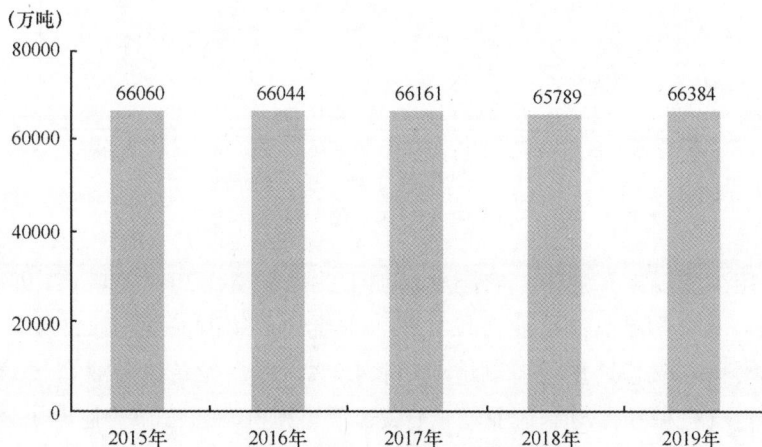

图8　2015—2019年粮食产量

2019年全年棉花产量为589万吨，比2018年减产3.5%；油料产量为3495万吨，增产1.8%；糖料产量为12204万吨，增产2.2%；茶叶产量为280万吨，增产7.2%。

2019年全年猪牛羊禽肉产量为7649万吨，比2018年下降10.2%。其中，猪肉产量为4255万吨，下降21.3%；牛肉产量为667万吨，增长3.6%；羊肉产量为488万吨，增长2.6%；禽肉产量为2239万吨，增长12.3%。禽蛋产量为3309万吨，增长5.8%。牛奶产量为3201万吨，增长4.1%。2019年年末生猪存栏31041万头，下降27.5%；生猪出栏54419万头，下降21.6%。

2019年全年水产品产量为6450万吨，比2018年下降0.1%。其中，养殖水产品产量为5050万吨，增长1.0%；捕捞水产品产量为1400万吨，下降5.0%。

2019年全年木材产量达9028万立方米，比2018年增长2.5%。

2019年全年新增耕地灌溉面积27万公顷，新增高效节水灌溉面积146万公顷。

三、工业和建筑业

2019年全年全部工业增加值达317109亿元，比2018年增长5.7%，如图9所示。规模以上工业增加值增长5.7%。在规模以上工业中，从经济类型角度看，国有控股企业增加值增长4.8%；股份制企业增长6.8%，外商及港澳台商投资企业增长2.0%；私营企业增长7.7%。从门类角度看，采矿业增长5.0%；制造业增长6.0%；电力、热力、燃气及水生产和供应业增长7.0%。

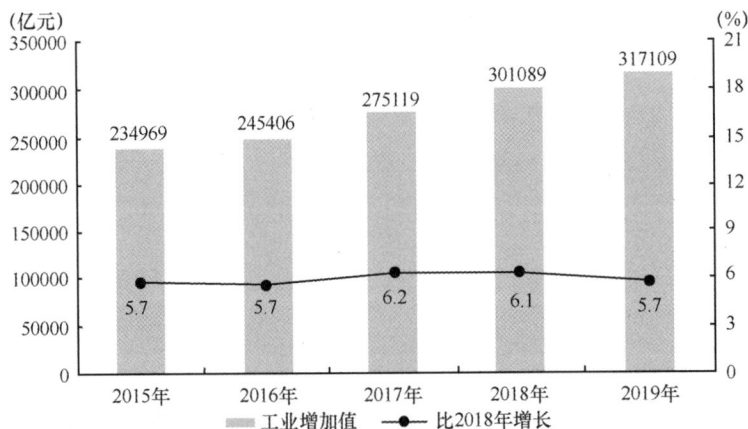

图9　2015—2019年全部工业增加值及其增长速度[29]

2019年全年规模以上工业中，农副食品加工业增加值比2018年增长1.9%，纺织业增长1.3%，化学原料和化学制品制造业增长4.7%，非金属矿物制品业增长8.9%，黑色金属冶炼和压延加工业增长9.9%，通用设备制造业增长4.3%，专用设备制造业增长6.9%，汽车制造业增长1.8%，电气机械和器材制造业增长10.7%，计算机、通信和其他电子设备制造业增长9.3%，电力、热力生产和供应业增长6.5%，具体数据见表3。

表3　2019年主要工业产品产量及其增长速度[30]

产品名称	单位	产量	比2018年增长（%）
纱	万吨	2892.1	−6.1
布	亿米	575.6	−17.6
化学纤维	万吨	5952.8	9.9
成品糖	万吨	1389.4	15.9
卷烟	亿支	23642.5	1.1
彩色电视机	万台	18999.1	−3.5
其中：液晶电视机	万台	18689.7	−1.5
家用电冰箱	万台	7904.3	6.3
房间空气调节器	万台	21866.2	4.3
一次能源生产总量	亿吨标准煤	39.7	5.1
原煤	亿吨	38.5	4.0
原油	万吨	19101.4	0.9
天然气	亿立方米	1761.7	10.0
发电量	亿千瓦小时	75034.3	4.7
其中：火电[31]	亿千瓦小时	52201.5	2.4
水电	亿千瓦小时	13044.4	5.9
核电	亿千瓦小时	3483.5	18.3
粗钢	万吨	99634.2	7.2
钢材[32]	万吨	120477.4	6.3
十种有色金属	万吨	5866.0	2.2
其中：精炼铜（电解铜）	万吨	978.4	5.5
原铝（电解铝）	万吨	3504.4	−2.2
水泥	亿吨	23.5	4.9
硫酸（折100%）	万吨	8935.7	−1.3
烧碱（折100%）	万吨	3464.4	−0.3
乙烯	万吨	2052.3	10.2
化肥（折100%）	万吨	5731.2	6.1
发电机组（发电设备）	万千瓦	9274.1	−14.9
汽车	万辆	2552.8	−8.3
其中：基本型乘用车（轿车）	万辆	1018.2	−16.4
运动型多用途乘用车（SUV）	万辆	876.0	−3.6
大中型拖拉机	万台	27.8	5.9
集成电路	亿块	2018.2	8.9
程控交换机	万线	790.5	−23.7
移动通信手持机	万台	170100.6	−5.5
微型计算机设备	万台	34163.2	8.2
工业机器人	万台（套）	17.7	−3.1

2019年年末全国发电装机容量达201066万千瓦,比2018年年末增长5.8%。其中[33],火电装机容量为119055万千瓦,增长4.1%;水电装机容量为35640万千瓦,增长1.1%;核电装机容量为4874万千瓦,增长9.1%;并网风电装机容量为21005万千瓦,增长14.0%;并网太阳能发电装机容量为20468万千瓦,增长17.4%。

2019年全年规模以上工业企业利润为61996亿元,比2018年下降3.3%[34]。从经济类型来看,国有控股企业利润为16356亿元,比2018年下降12.0%;股份制企业利润为45284亿元,下降2.9%,外商及港澳台商投资企业利润为15580亿元,下降3.6%;私营企业利润为18182亿元,增长2.2%。从门类来看,采矿业利润为5275亿元,比2018年增长1.7%;制造业利润为51904亿元,下降5.2%;电力、热力、燃气及水生产和供应业利润为4816亿元,增长15.4%。2019年全年规模以上工业企业每百元营业收入中的成本为84.08元,比2018年增加0.18元;营业收入利润率为5.86%,下降0.43个百分点。

2019年全年全社会建筑业增加值为70904亿元,比2018年增长5.6%,如图10所示。全国具有资质等级的总承包和专业承包建筑业企业利润为8381亿元,比2018年增长5.1%,其中国有控股企业利润为2585亿元,增长14.5%。

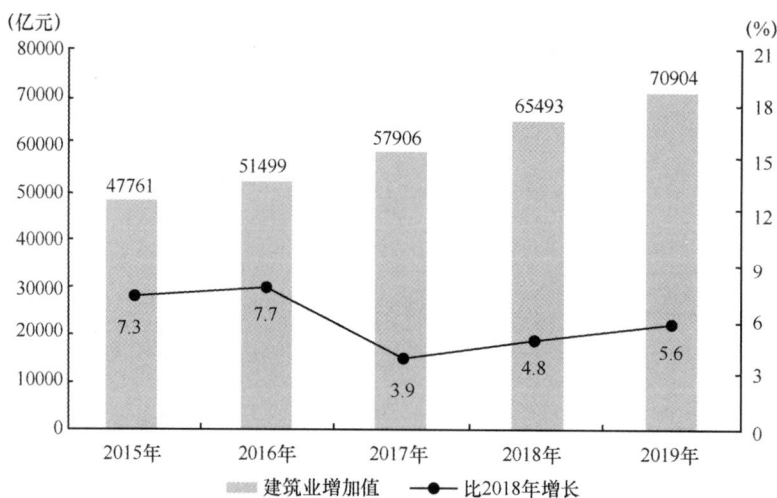

图10　2015—2019年建筑业增加值及其增长速度[35]

四、服务业

2019年全年批发和零售业增加值为95846亿元,比2018年增长5.7%;交通运输、仓储和邮政业增加值为42802亿元,增长7.1%;住宿和餐饮业增加值为18040亿元,增长6.3%;金融业增加值为77077亿元,增长7.2%;房地产业增加值为69631亿元,增长3.0%;信息传输、软件和信息技术服务业增加值为32690亿元,增长18.7%;租赁和商务服务业增加值为32933亿元，增长8.7%。2019年全年规模以上服务业企业营业收入比2018年增长9.4%，营业利润增长5.4%。2015—2019年服务业增加值及其增长速度如图11所示。

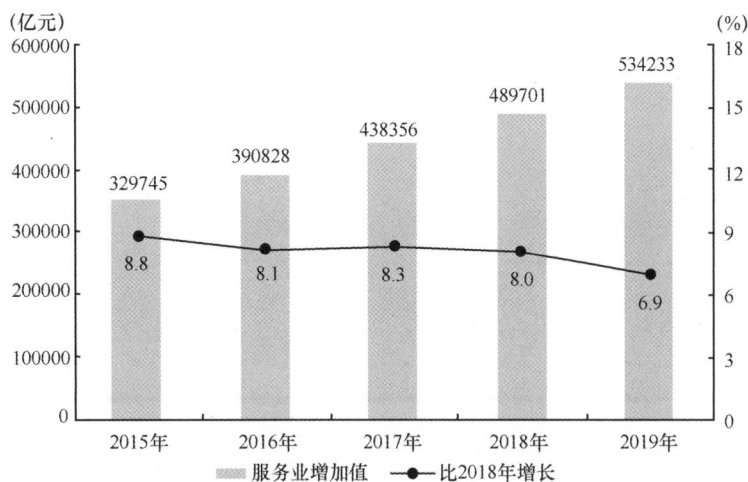

图11　2015—2019年服务业增加值及其增长速度[36]

2019年全年货物运输总量为471亿吨，货物运输周转量为199290亿吨公里，具体见表4。2019年全年港口[37]完成货物吞吐量140亿吨，比2018年增长5.7%。其中，外贸货物吞吐量为43亿吨，增长4.7%；港口集装箱吞吐量为26107万标准箱，增长4.4%。

表4　2019年各种运输方式完成货物运输量及其增长速度[38]

指标	单位	绝对数	比2018年增长（%）
货物运输总量	亿吨	470.6	—
铁路	亿吨	43.2	7.2
公路	亿吨	343.5	—
水运	亿吨	74.7	6.3
民航	万吨	753.2	2.0
管道	亿吨	9.1	1.8
货物运输周转量	亿吨公里	199289.5	—
铁路	亿吨公里	30074.7	4.4
公路	亿吨公里	59636.4	—
水运	亿吨公里	103963.0	5.0
民航	亿吨公里	263.2	0.3
管道	亿吨公里	5352.2	1.0

2019年全年旅客运输总量176亿人次，比2018年下降1.9%[39]，具体见表5。旅客运输周转量达35349亿人公里，增长3.3%。

表5　2019年各种运输方式完成旅客运输量及其增长速度

指标	单位	绝对数	比2018年增长（％）
旅客运输总量	亿人次	176.0	−1.9
铁路	亿人次	36.6	8.4
公路	亿人次	130.1	−4.8
水运	亿人次	2.7	−2.6
民航	亿人次	6.6	7.9
旅客运输周转量	亿人公里	35349.1	3.3
铁路	亿人公里	14706.6	4.0
公路	亿人公里	8857.1	−4.6
水运	亿人公里	80.2	0.8
民航	亿人公里	11705.1	9.3

2019年年末全国民用汽车保有量为26150万辆（包括三轮汽车和低速货车762万辆），比2018年末增加2122万辆，其中私人汽车保有量为22635万辆，增加1905万辆。民用轿车保有量为14644万辆，增加1193万辆，其中私人轿车保有量为13701万辆，增加1112万辆。

2019年全年完成邮政行业业务总量[40]为16230亿元，比2018年增长31.5%。邮政业全年完成邮政函件业务21.7亿件，包裹业务为0.2亿件，快递业务量为635.2亿件，快递业务收入为7498亿元，如图12所示。2019年全年完成电信业务总量[41]为106789亿元，比2018年增长62.9%。2019年年末全国电话用户总数达179238万户，其中移动电话用户为160134万户。移动电话普及率上升至114.4部/百人。固定互联网宽带接入用户[42]为44928万户，比2018年年末增加4190万户，其中固定互联网光纤宽带接入用户[43]为41740万户，增加4907万户，如图13所示。2019年全年移动互联网用户接入流量达1220亿GB，比2018年增长71.6%。2019年全年软件和信息技术服务业[44]完成软件业务收入71768亿元，按可比口径计算，比2018年增长15.4%。

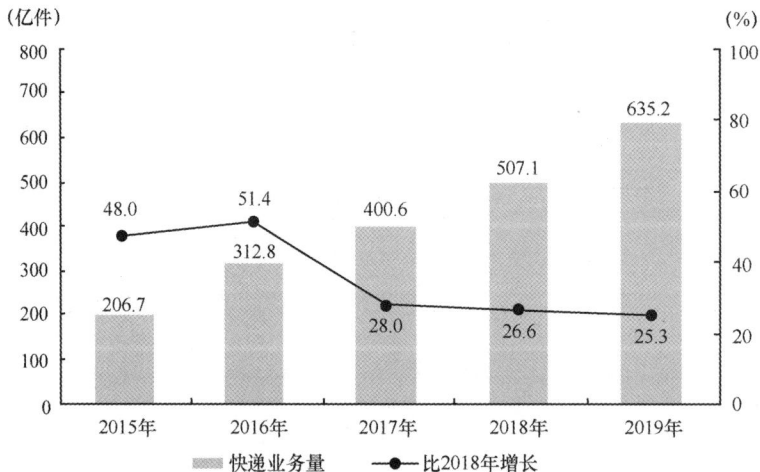

图12　2015—2019年快递业务量及其增长速度

（万户）

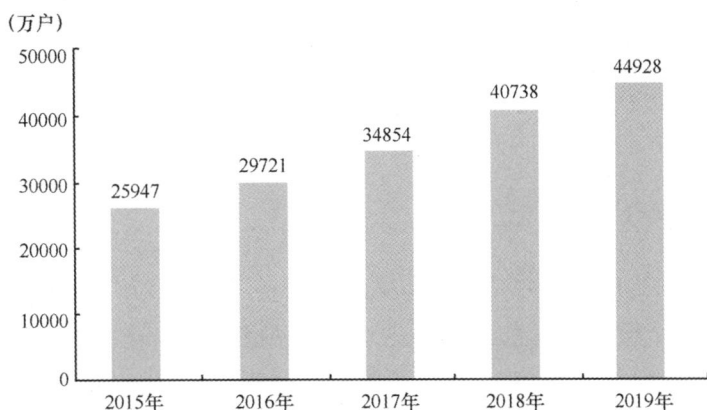

图13　2015—2019年年末固定互联网宽带接入用户数

五、国内贸易

2019年全年社会消费品零售总额为411649亿元，比2018年增长8.0%，如图14所示。按经营地统计，城镇消费品零售额为351317亿元，增长7.9%；乡村消费品零售额为60332亿元，增长9.0%。按消费类型统计，商品零售额为364928亿元，增长7.9%；餐饮收入额为46721亿元，增长9.4%。

（亿元）

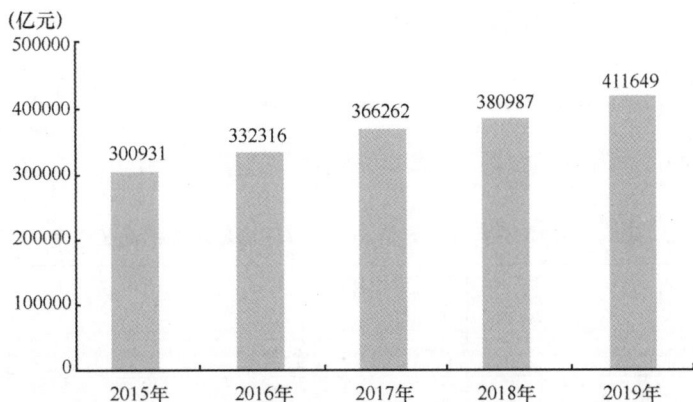

图14　2015—2019年社会消费品零售总额

在限额以上单位商品零售额中，粮油、食品类零售额比2018年增长10.2%，饮料类增长10.4%，烟酒类增长7.4%，服装、鞋帽、针纺织品类增长2.9%，化妆品类增长12.6%，金银珠宝类增长0.4%，日用品类增长13.9%，家用电器和音像器材类增长5.6%，中西药品类增长9.0%，文化办公用品类增长3.3%，家具类增长5.1%，通信器材类增长8.5%，建筑及装潢材料类增长2.8%，石油及制品类增长1.2%，汽车类下降0.8%。

2019年全年实物商品网上零售额为85239亿元，按可比口径计算，比2018年增长19.5%，占社会消费品零售总额的比重为20.7%，比2018年提高2.3个百分点。

六、固定资产投资

2019年全年全社会固定资产投资[45]为560874亿元，比2018年增长5.1%。其中，固定资产投资（不含农户）为551478亿元，增长5.4%。分区域看[46]，东部地区投资比2018年增长4.1%，中部地区投资增长9.5%，西部地区投资增长5.6%，东北地区投资下降3.0%。

在固定资产投资（不含农户）中，第一产业投资12633亿元，比2018年增长0.6%；第二产业投资163070亿元，增长3.2%；第三产业投资375775亿元，增长6.5%。2019年3次产业投资占固定资产投资（不含农户）的比率如图15所示。民间固定资产投资[47]311159亿元，增长4.7%。基础设施投资[48]增长3.8%。六大高耗能行业投资增长4.7%。

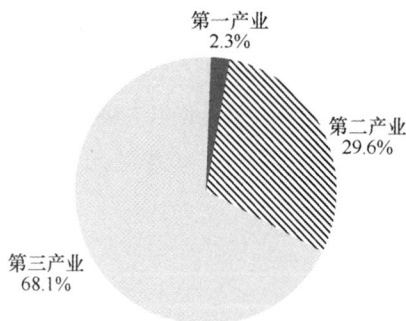

图15　2019年3次产业投资占固定资产投资（不含农户）的比率

2019年分行业固定资产投资（不含农户）的增长速度见表6。

表6　2019年分行业固定资产投资（不含农户）的增长速度

行业	比2018年增长（%）	行业	比2018年增长（%）
总计	5.4	金融业	10.4
农业、林业、牧业、渔业	0.7	房地产业[49]	9.1
采矿业	24.1	租赁和商务服务业	15.8
制造业	3.1	科学研究和技术服务业	17.9
电力、热力、燃气及水生产和供应业	4.5	水利、环境和公共设施管理业	2.9
建筑业	−19.8	居民服务、修理和其他服务业	−9.1
批发和零售业	−15.9	教育	17.7
交通运输、仓储和邮政业	3.4	卫生和社会工作	5.3
住宿和餐饮业	−1.2	文化、体育和娱乐业	13.9
信息传输、软件和信息技术服务业	8.6	公共管理、社会保障和社会组织	−15.6

2019年固定资产投资新增主要生产与运营能力见表7。

表7　2019年固定资产投资新增主要生产与运营能力

指标	单位	绝对数
新增220kV及以上变电设备	万千伏安	23042
新建铁路投产里程	公里	8489
其中：高速铁路[50]	公里	5474
增、新建铁路复线投产里程	公里	6448
电气化铁路投产里程	公里	7919
新改建公路里程	公里	327626
其中：高速公路	公里	8313
港口万吨级码头泊位新增通过能力	万吨/年	12022
新增民用运输机场	个	3
新增光缆线路长度	万公里	434

2019年全年房地产开发投资132194亿元，比2018年增长9.9%。其中住宅投资97071亿元，增长13.9%，见表8；办公楼投资6163亿元，增长2.8%；商业营业用房投资13226亿元，下降6.7%。

2019年全年全国各类棚户区改造316万套，基本建成254万套。全国农村地区建档立卡贫困户危房改造63.8万户[51]。

表8　2019年房地产开发和销售主要指标及其增长速度

指标	单位	绝对数	比2018年增长（%）
投资额	亿元	132194	9.9
其中：住宅	亿元	97071	13.9
房屋施工面积	万平方米	893821	8.7
其中：住宅	万平方米	627673	10.1
房屋新开工面积	万平方米	227154	8.5
其中：住宅	万平方米	167463	9.2
房屋竣工面积	万平方米	95942	2.6
其中：住宅	万平方米	68011	3.0
商品房销售面积	万平方米	171558	−0.1
其中：住宅	万平方米	150144	1.5
本年到位资金	亿元	178609	7.6
其中：国内贷款	亿元	25229	5.1
个人按揭贷款	亿元	27281	15.1

七、对外经济

2019年全年货物进出口总额为315504亿元，比2018年增长3.4%。其中，出口172342亿元，增长5.0%；进口143162亿元，增长1.6%，如图16所示。货物进出口顺差为29180亿元，比2018年增加5932亿元。对"一带一路"[52]沿线国家进出口总额为92690亿元，比2018年增长10.8%。其中，出口52585亿元，增长13.2%；进口40105亿元，增长7.9%。

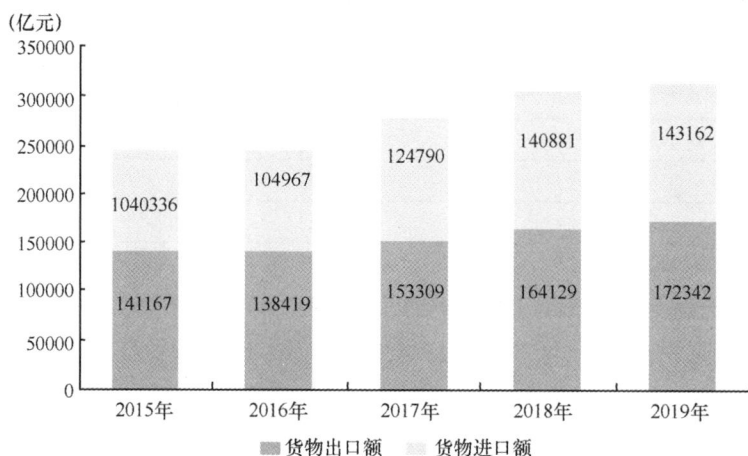

图16 2015—2019年货物进出口总额

2019年货物进出口总额及其增长速度见表9。

表9 2019年货物进出口总额及其增长速度

指标	金额（亿元）	比2018年增长（%）
货物进出口总额	315505	3.4
货物出口额	172342	5.0
其中：一般贸易	99546	7.8
加工贸易	50729	−3.7
其中：机电产品	100631	4.4
高新技术产品	50427	2.1
货物进口额	143162	1.6
其中：一般贸易	86599	3.1
加工贸易	28778	−7.4
其中：机电产品	62596	−1.8
高新技术产品	43978	−0.8
货物进出口顺差	29180	—

2019年主要商品出口数量、金额及其增长速度见表10。

表10　2019年主要商品出口数量、金额及其增长速度

商品名称	单位	数量	比2018年增长（%）	金额（亿元）	比2018年增长（%）
钢材	万吨	6429	−7.3	3699	−7.1
纺织纱线、织物及制品	—	—	—	8283	5.5
服装及衣着附件	—	—	—	10447	0.3
鞋类	万吨	451	0.6	3290	6.3
家具及其零件	—	—	—	3730	5.3
箱包及类似容器	万吨	307	−2.9	1878	5.1
玩具	—	—	—	2152	29.6
塑料制品	万吨	1424	8.5	3333	16.2
集成电路	亿个	2187	0.7	7008	25.3
自动数据处理设备及其部件	万台	148430	0.8	11415	0.5
手持或车载无线电话机	万台	99433	−11.1	8611	−7.8
集装箱	万个	242	−29.0	459	−33.0
液晶显示板	万个	150780	−14.2	1475	−3.4
汽车	万辆	122	6.1	1049	8.0

2019年主要商品进口数量、金额及其增长速度见表11。

表11　2019年主要商品进口数量、金额及其增长速度

商品名称	单位	数量	比2018年增长（%）	金额（亿元）	比2018年增长（%）
谷物及谷物粉	万吨	1785	−12.8	358	−7.0
大豆	万吨	8851	0.5	2437	−2.6
食用植物油	万吨	953	51.5	438	39.9
铁矿砂及其精矿	万吨	106895	0.5	6995	39.6
煤及褐煤	万吨	29967	6.3	1605	−1.1
原油	万吨	50572	9.5	16627	4.6
成品油	万吨	3056	−8.7	1175	−11.7
天然气	万吨	9656	6.9	2875	12.8
初级形状的塑料	万吨	3691	12.4	3670	−1.3
纸浆	万吨	2720	9.7	1178	−9.3
钢材	万吨	1230	−6.5	973	−10.2
未锻轧铜及铜材	万吨	498	−6.0	2240	−9.2
集成电路	亿个	4451	6.6	21079	2.4
汽车	万辆	105	−7.6	3332	0.0

2019年对主要国家和地区货物进出口金额、增长速度及其比重见表12。

表12　2019年对主要国家和地区货物进出口金额、增长速度及其比重

国家和地区	出口额（亿元）	比2018年增长（%）	占全部出口比重（%）	进口额（亿元）	比2018年增长（%）	占全部进口比重（%）
欧盟	29564	9.6	17.2	19063	5.5	13.3
东盟	24797	17.8	14.4	19456	9.8	13.6
美国	28865	−8.7	16.7	8454	−17.1	5.9
日本	9875	1.7	5.7	11837	−0.6	8.3
中国香港	19243	−3.6	11.2	626	10.9	0.4
韩国	7648	6.6	4.4	11960	−11.4	8.4
中国台湾	3799	18.3	2.2	11934	1.9	8.3
巴西	2453	10.8	1.4	5501	7.4	3.8
俄罗斯	3434	8.5	2.0	4208	7.5	2.9
印度	5156	2.1	3.0	1239	−0.2	0.9
南非	1141	6.4	0.7	1784	−0.8	1.2

2019年全年服务进出口[53]总额为54153亿元，比2018年增长2.8%。其中，服务出口19564亿元，增长8.9%；服务进口34589亿元，下降0.4%。服务进出口逆差为15025亿元。

2019年全年外商直接投资（不含银行、证券、保险领域）新设立企业40888家，比2018年下降32.5%。实际使用外商直接投资金额为9415亿元，增长5.8%，具体见表13，折合1381亿美元，增长2.4%。其中"一带一路"沿线国家对华直接投资新设立企业5591家，增长24.8%；对华直接投资金额（含通过部分自由港对华投资）为576亿元，增长36.0%，折合84亿美元，增长30.6%。2019年全年高技术产业实际使用外资2660亿元，增长25.6%，折合391亿美元，增长21.7%。

表13　2019年外商直接投资（不含银行、证券、保险领域）及其增长速度

行业	企业数（家）	比2018年增长（%）	实际使用金额（亿元）	比2018年增长（%）
总计	40888	−32.5	9415	5.8
其中：农业、林业、牧业、渔业	495	−33.2	38	−27.9
制造业	5396	−12.3	2416	−11.0
电力、热力、燃气及水生产和供应业	295	3.9	239	−17.6
交通运输、仓储和邮政业	591	−21.6	309	−1.6
信息传输、软件和信息技术服务业	4295	−40.5	999	29.4
批发和零售业	13837	−39.5	614	−4.5
房地产业	1050	−0.3	1608	8.0
租赁和商务服务业	5777	−36.5	1499	20.6
居民服务、修理和其他服务业	361	−25.6	37	−0.4

2019年全年对外非金融类直接投资额为7630亿元，比2018年下降4.3%，折合1106亿美元，下降8.2%，见表14。其中，对"一带一路"沿线国家非金融类直接投资额为150亿美元，下降3.8%。

表14 2019年对外非金融类直接投资额及其增长速度

行业	金额（亿美元）	比2018年增长（%）
总计	1106.0	−8.2
其中：农业、林业、牧业、渔业	15.4	−13.0
采矿业	75.2	−18.5
制造业	200.8	6.7
电力、热力、燃气及水生产和供应业	25.2	−20.5
建筑业	85.1	15.6
批发和零售业	125.7	18.6
交通运输、仓储和邮政业	55.5	−4.3
信息传输、软件和信息技术服务业	61.2	−10.5
房地产业	48.2	22.0
租赁和商务服务业	355.6	−20.3

2019年全年对外承包工程完成营业额为11928亿元，比2018年增长6.6%，折合1729亿美元，增长2.3%。其中，对"一带一路"沿线国家完成营业额为980亿美元，增长9.7%，占对外承包工程完成营业额的比重为56.7%。对外劳务合作派出各类劳务人员49万人。

八、财政金融

2019年全年全国一般公共预算收入为190382亿元，比2018年增长3.8%，如图17所示。其中，税收收入为157992亿元，比2018年增加1589亿元，增长1.0%。全国一般公共预算支出达238874亿元，比2018年增长8.1%。

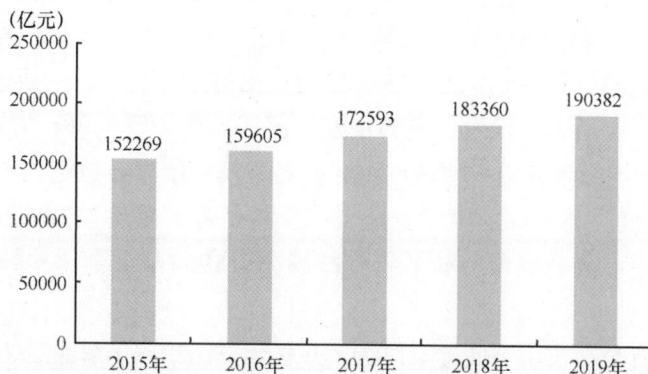

图17 2015—2019年全国一般公共预算收入

注：图中2015—2018年数据为全国一般公共预算收入决算数，2019年为执行数。

2019年年末广义货币供应量（M2）余额为$1.986×10^6$亿元，比2018年年末增长8.7%；狭义货币供应量（M1）余额为$5.76×10^5$亿元，增长4.4%；流通中货币（M0）余额为$7.7×10^4$亿元，增长5.4%。

2019年全年社会融资规模增量[54]$2.56×10^5$亿元，按可比口径计算，比2018年多$3.1×10^4$亿元；2019年年末社会融资规模存量[55]为$2.513×10^6$亿元，按可比口径计算，比2018年年末增长10.7%，其中对实体经济发放的人民币贷款余额为$1.516×10^6$亿元，增长12.5%。2019年年末全部金融机构本外币各项存款余额为$1.982×10^6$亿元，见表15，比2019年年初增加$1.57×10^5$亿元，其中人民币各项存款余额为$1.929×10^6$亿元，增加$1.54×10^5$亿元。全部金融机构本外币各项贷款余额为$1.586×10^6$亿元，增加$1.68×10^5$亿元，其中人民币各项贷款余额$1.531×10^6$亿元，增加$1.68×10^5$亿元。

表15　2019年年末全部金融机构本外币存贷款余额及其增长速度

指标	年末数（亿元）	比2018年年末增长（%）
各项存款	1981643	8.6
其中：境内住户存款	821296	13.4
其中：人民币	813017	13.5
境内非金融企业存款	621147	5.4
各项贷款	1586021	11.9
其中：境内短期贷款	472380	6.6
境内中长期贷款	971805	13.7

2019年年末主要农村金融机构（农村信用社、农村合作银行、农村商业银行）人民币贷款余额为190688亿元，比2019年年初增加20866亿元。全部金融机构人民币消费贷款余额为439669亿元，增加61667亿元。其中，个人短期消费贷款余额为99226亿元，增加14519亿元；个人中长期消费贷款余额为340443亿元，增加47148亿元。

2019年全年沪深交易所A股累计筹资[56]13534亿元，比2018年增加2076亿元。首次公开发行A股201只，筹资2490亿元，比2018年增加1112亿元，其中科创板股票70只，筹资824亿元；A股再融资（包括公开增发、定向增发、配股、优先股、可转债转股）11044亿元，增加964亿元。2019年全年各类主体通过沪深交易所发行债券（包括公司债、可转债、可交换债、政策性金融债、地方政府债和企业资产支持证券）筹资71987亿元，比2018年增加15109亿元。全国中小企业股份转让系统[57]挂牌公司8953家，全年挂牌公司累计股票筹资265亿元。

2019年全年发行公司信用类债券[58]$1.071×10^5$亿元，比2018年增加$2.92×10^4$亿元。

2019年全年保险公司原保险保费收入[59]为42645亿元，比2018年增长12.2%。其中，寿险业务原保险保费收入22754亿元，健康险和意外伤害险业务原保险保费收入8241亿元，财产险业务原保险保费收入11649亿元。支付各类赔款及给付12894亿元。其中，寿险业务给付3743亿元，健康险和意外伤害险业务赔款及给付2649亿元，财产险业务赔款6502亿元。

九、居民收入消费和社会保障

2019年全年全国居民人均可支配收入为30733元，比2018年增长8.9%，除去价格因素，实际增长5.8%，如图18所示。全国居民人均可支配收入中位数[60]达26523元，增长9.0%。按常住地分，城镇居民人均可支配收入为42359元，比2018年增长7.9%，除去价格因素，实际增长5.0%。城镇居民人均可支配收入中位数为39244元，增长7.8%。农村居民人均可支配收入为16021元，比2018年增长9.6%，除去价格因素，实际增长6.2%。农村居民人均可支配收入中位数为14389元，增长10.1%。按全国居民5等份收入分组[61]，低收入组人均可支配收入为7380元，中间偏下收入组人均可支配收入为15777元，中间收入组人均可支配收入为25035元，中间偏上收入组人均可支配收入为39230元，高收入组人均可支配收入为76401元。全国农民工人均月收入为3962元，比2018年增长6.5%。

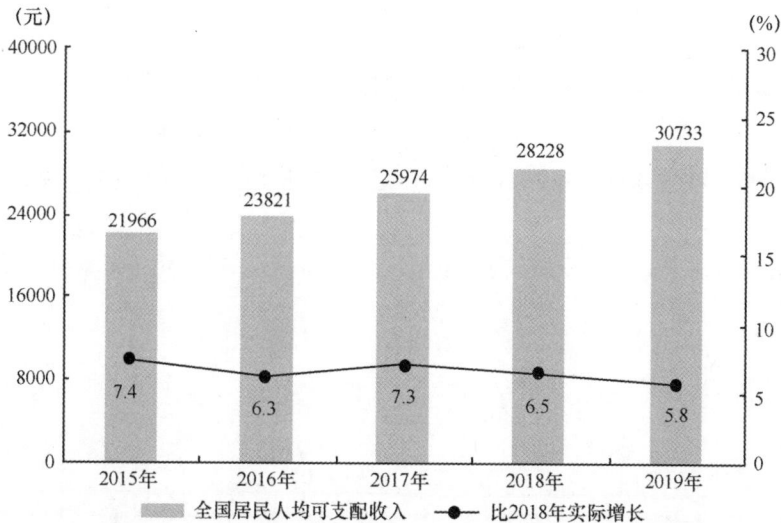

图 18　2015—2019 年全国居民人均可支配收入及其增长速度

2019年全年全国居民人均消费支出21559元，比2018年增长8.6%，除去价格因素，实际增长5.5%。其中，人均服务性消费支出[62]9886元，比2018年增长12.6%，占居民人均消费支出的比重为45.9%。按常住地分，城镇居民人均消费支出28063元，增长7.5%，除去价格因素，实际增长4.6%；农村居民人均消费支出13328元，增长9.9%，除去价格因素，实际增长6.5%。全国居民恩格尔系数为28.2%，比2018年下降0.2个百分点，其中城镇为27.6%，农村为30.0%。

2019年年末全国参加城镇职工基本养老保险人数为43482万人，比2018年年末增加1581万人。参加城乡居民基本养老保险人数为53266万人，增加874万人。参加基本医疗保险人数为135436万人，增加978万人。其中，参加职工基本医疗保险人数为32926万人，增加1245万人；参加城乡居民基本医疗保险人数为102510万人。参加失业保险人数为20543万人，增加899万人。2019年年末全国领取失业保险金人数为228万人。参加工伤保险人数为25474万人，增加1600万人，其中参加工伤保险的农民工为8616万人，增加530万人。参加生育保险人数为21432万人，增加997万人。2019年年末全国共有861万人享受城市最低生活保障，3456万人享受农村最低生活保障，439万人享受农村特困人员[63]救助供养，全年临时救助[64]918万人次。2019年全年资助7782万人参加基本医疗保险，实施门诊和住院救助6180万人次。2019年全年国家抚恤、补助退役军人和其他优抚对象861万人。

2019年年末全国共有各类提供住宿的社会服务机构3.7万个，其中养老机构3.4万个，儿童服务机构663个。社会服务床位[65]有790.1万张，其中养老服务床位为761.4万张，儿童服务床位为9.7万张。2019年年末共有社区服务中心2.6万个，社区服务站16.7万个。

十、科学技术和教育

2019年全年研究与试验发展经费支出达21737亿元，比2018年增长10.5%，如图19所示，与国内生产总值之比为2.19%，其中基础研究经费为1209亿元。国家科技重大专项共安排234个课题，国家自然科学基金共资助45192个项目。截至2019年年底，正在运行的国家重点实验室515个，累计建设国家工程研究中心133个，国家工程实验室217个，国家企业技术中心1540家。国家科技成果转化引导基金累计设立21只子基金，资金总规模达313亿元。国家级科技企业孵化器[66]

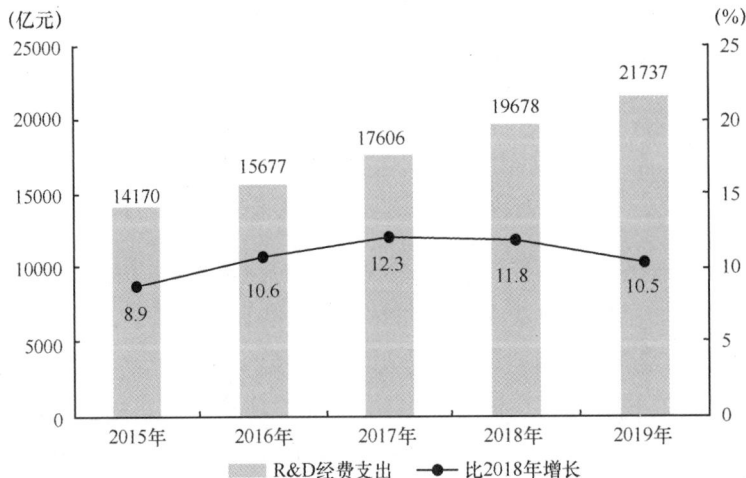

图19 2015—2019年研究与试验发展经费支出及其增长速度

有1177家，国家备案众创空间[67]达1888家。2019年全年境内外专利申请438.0万件，比2018年增长1.3%，具体见表16；授予专利权259.2万件，增长5.9%；PCT（Patent Cooperation Treaty，专利合作条约）专利申请受理量[68]为6.1万件。截至2019年年底，有效专利为972.2万件，其中境内有效发明专利为186.2万件，每万人口发明专利拥有量为13.3件。2019年全年商标申请783.7万件，比2018年增长6.3%；商标注册640.6万件，增长27.9%。2019年全年共签订技术合同48.4万项，技术合同成交金额为22398亿元，比2018年增长26.6%。

表16　2019年专利申请、授权和有效专利情况

指标	专利数（万件）	比2018年增长（%）
专利申请数	438.0	1.3
其中：境内专利申请	417.2	1.2
其中：发明专利申请	140.1	−9.2
其中：境内发明专利	123.1	−10.8
专利授权数	259.2	5.9
其中：境内专利授权	245.8	6.0
其中：发明专利授权	45.3	4.8
其中：境内发明专利	35.4	4.3
年末有效专利数	972.2	16.0
其中：境内有效专利	869.2	17.5
其中：有效发明专利	267.1	12.9
其中：境内有效发明专利	186.2	16.3

2019年全年成功完成32次宇航发射。长征五号遥三运载火箭和高分七号卫星成功发射，长征系列运载火箭发射突破300次大关。嫦娥四号探测器在世界上首次实现月球背面软着陆和巡视探测。固体运载火箭海上发射圆满完成。北斗三号全球系统核心星座部署完成，雪龙2号首航南极，首艘国产航母正式列装。

2019年年末全国共有国家质检中心835家。全国现有产品质量、体系和服务认证机构596家，累计完成对72万家企业的认证。2019年全年制定、修订国家标准2021项，其中新制定1448项。2019年全年制造业产品质量合格率[69]为93.86%。

2019年全年研究生教育招生91.7万人，在学研究生为286.4万人，毕业生为64.0万人。普通本专科招生914.9万人，在校生为3031.5万人，毕业生为758.5万人。中等职业教育[70]招生600.4万人，在校生为1576.5万人，毕业生为493.4万人。普通高中招生839.5万人，在校生为2414.3万人，毕业生为789.2万人，如图20所示。初中招生为1638.8万人，在校生为4827.1万人，毕业生为1454.1万人。普通小学招生1869.0万人，在校生为10561.2万人，毕业生为1647.9万人。特殊教育招生14.4万人，在校生为79.5万人，毕业生为9.8万人。学前教育在园幼儿为4713.9万人。九年义务教育巩固率为94.8%，高中阶段毛入学率为89.5%。

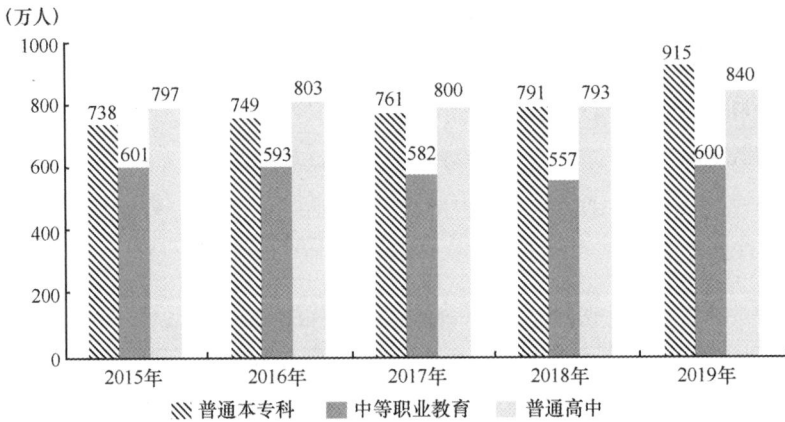

（万人）

图20　2015—2019年普通本专科、中等职业教育及普通高中招生人数

十一、文化旅游、卫生健康和体育

2019年年末全国文化和旅游系统共有艺术表演团体2072个，博物馆3410家。全国共有公共图书馆3189家，总流通[71]87774万人次；文化馆3325家。有线电视实际用户为2.12亿户，其中有线数字电视实际用户为1.98亿户。2019年年末广播节目综合人口覆盖率为99.1%，电视节目综合人口覆盖率为99.4%。2019年全年生产电视剧254部10646集，电视动画片94659分钟。2019年全年生产故事影片850部，科教、纪录、动画和特种影片[72]187部。出版各类报纸315亿份，各类期刊22亿册，图书102亿册（张）；人均图书拥有量[73]为7.29册。2019年年末全国共有档案馆4136家，已开放各类档案14341万卷（件）。2019年全年全国规模以上文化及相关产业企业营业收入达86624亿元，按可比口径计算，比2018年增长7.0%。

2019年全年国内游客达60.1亿人次，比2018年增长8.5%，如图21所示；国内旅游收入57251亿元，增长11.7%。入境游客为14531万人次，增长2.9%。其中，外国游客3188万人次，增长4.4%；中国香港、中国澳门和中国台湾同胞为11342万人次，增长2.5%。国际旅游收入为1313亿美元，增长3.3%。国内居民出境16921万人次，增长4.5%。其中：因私出境16211万人次，增长4.6%；赴港澳台10237万人次，增长3.2%。

2019年年末全国共有医疗卫生机构101.4万个，其中医院3.4万个，公立医院1.2万个，民营医院2.2万个；基层医疗卫生机构有96.0万个，其中乡镇卫生院3.6万个，社区卫生服务中心（站）3.5万个，门诊部（所）26.7万个，村卫生室62.1万个；专业公共卫生机构有1.7万个，其中疾病预防控制中心3456个，卫生监督所（中心）3106个。2019年年末卫生技术人员为1010万人，如图22所示，其中执业医师和执业助理医师382万人，注册护士443万人。医疗卫生机构有床位892万张，其中医院697万张，乡镇卫生院138万张。全年总诊疗人次[74]为85.2亿人次，出院人数[75]为2.7亿人。

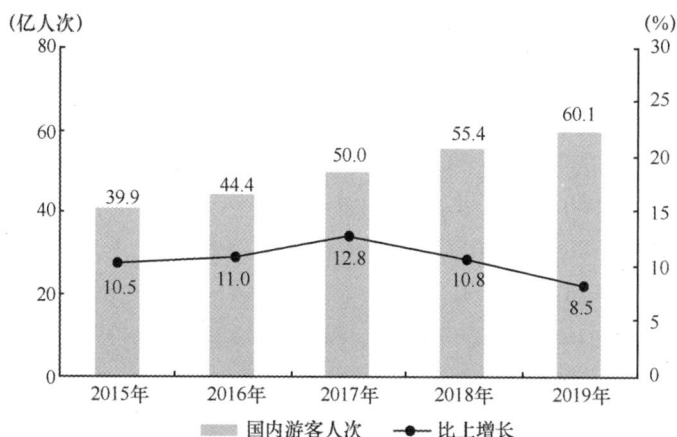

图21　2015—2019年国内游客人次及其增长速度

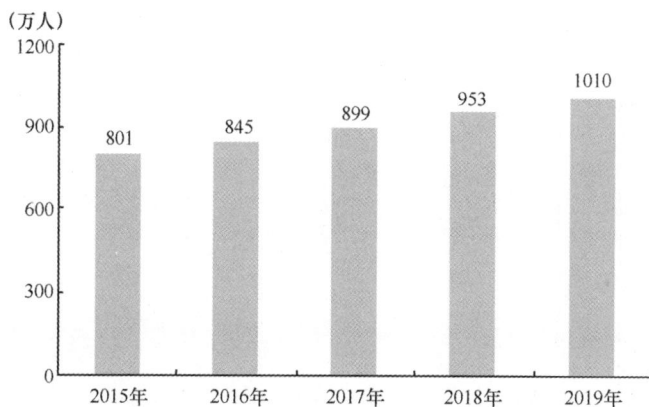

图22　2015—2019年年末卫生技术人员人数

全国共有体育场地[76]316.2万个，体育场地面积[77]为25.9亿平方米，人均体育场地面积达1.86平方米。2019年全年我国运动员在33个运动大项中获得128个世界冠军，共创16项世界纪录。2019年全年我国残疾人运动员在53项国际赛事中获得350个世界冠军。

十二、资源、环境和应急管理

2019年全年全国国有建设用地供应总量[78]为62.4万公顷，比2018年下降3.6%。其中，工矿仓储用地为14.7万公顷，增长10.3%；房地产用地[79]为14.2万公顷，下降1.4%；基础设施用地为33.5万公顷，下降9.5%。

2019年全年水资源总量为28670亿立方米。总用水量为5991亿立方米，比2018年下降0.4%。其中，生活用水增长1.9%，工业用水下降2.1%，农业用水下降0.5%，生态补水增长

0.5%。万元国内生产总值用水量[80]为67立方米，比2018年下降6.1%。万元工业增加值用水量为42立方米，下降7.2%。人均用水量为429立方米，比2018年下降0.8%。

2019年全年完成造林面积707万公顷，其中人工造林面积为365万公顷，占全部造林面积的51.6%。森林抚育面积为773万公顷。截至2019年年底，国家级自然保护区有474个。新增水土流失治理面积5.4万平方公里。

初步核算，2019年全年能源消费总量[81]为48.6亿吨标准煤，比2018年增长3.3%。煤炭消费量增长1.0%，原油消费量增长6.8%，天然气消费量增长8.6%，电力消费量增长4.5%。煤炭消费量占能源消费总量的57.7%，比2018年下降1.5个百分点；天然气、水电、核电、风电等清洁能源消费量占能源消费总量的23.4%，上升1.3个百分点，如图23所示。重点耗能工业企业单位电石综合能耗下降2.1%，单位合成氨综合能耗下降2.4%，吨钢综合能耗下降1.3%，单位电解铝综合能耗下降2.2%，每千瓦时火力发电标准煤耗下降0.3%。全国万元国内生产总值二氧化碳排放下降4.1%。

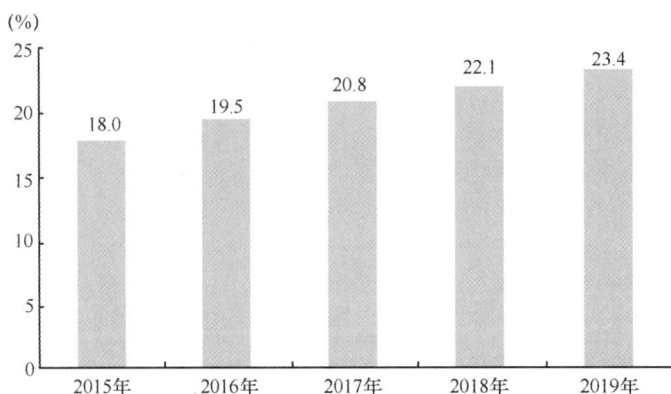

图23　2015—2019年清洁能源消费量占能源消费总量的比重

在近岸海域1257个海水水质监测点中，达到国家一二类海水水质标准的监测点占76.6%，三类海水占7.0%，四类、劣四类海水占16.4%。

在监测的337个地级及以上城市中，空气质量达标的城市占46.6%，未达标的城市占53.4%。细颗粒物（PM2.5）未达标城市（基于2015年PM2.5年平均浓度未达标的城市）年平均浓度为40μg/m³，比2018年下降2.4%。

在开展城市区域声环境监测的322个城市中，声环境质量好的城市占2.5%，较好的占66.8%，一般的占28.9%，较差的占1.9%。

2019年全年平均气温为10.34℃，比2018年上升0.25℃。共有5次台风登陆。

2019年全年农作物受灾面积为1926万公顷，其中绝收280万公顷。2019年全年因洪涝和地质灾害造成直接经济损失达1923亿元，因旱灾造成直接经济损失457亿元，因低温冷冻和雪灾造成直接经济损失28亿元，因海洋灾害造成直接经济损失117亿元。2019年全年大陆地区共发生5.0级以上地震20次，成灾13次，造成直接经济损失约59亿元。2019年全年共发生森林火灾2345起，受灾森林面积为1.4万公顷。

2019年全年各类生产安全事故共死亡29519人。工矿商贸企业就业人员10万人，生产安全事故死亡人数1.474人，比2018年下降4.7%；煤矿百万吨死亡人数0.083人，下降10.8%。道路交通事故万车死亡人数1.80人，下降6.7%。

注释：

[1]本公报中数据均为初步统计数。各项统计数据均未包括香港特别行政区、澳门特别行政区和台湾省。部分数据因四舍五入的原因，存在总计与分项合计不等的情况。

[2]国内生产总值、三次产业及相关行业增加值、地区生产总值、人均国内生产总值和国民总收入绝对数按现价计算，增长速度按不变价格计算。根据第四次全国经济普查结果，对国内生产总值、三次产业及相关行业增加值等相关指标的历史数据进行了修订。

[3]国民总收入，原称国民生产总值，是指一个国家或地区所有常住单位在一定时期内所获得的初次分配收入总额，等于国内生产总值加上来自国外的初次分配收入净额。

[4]万元国内生产总值能耗按2015年价格计算，根据第四次全国经济普查结果对历史数据进行了修订。

[5]全员劳动生产率为国内生产总值（按2015年价格计算）与全部就业人员的比率，根据第四次全国经济普查结果对历史数据进行了修订。

[6]见注释[2]。

[7]见注释[4]。

[8]见注释[5]。

[9]人户分离的人口是指居住地与户口登记地所在的乡镇街道不一致且离开户口登记地半年及以上的人口。

[10]流动人口是指人户分离人口中扣除市辖区内人户分离的人口。市辖区内人户分离的人口是指一个直辖市或地级市所辖区内和区与区之间，居住地和户口登记地不在同一乡镇街道的人口。

[11]2019年年末，0～14岁（含不满15周岁）的人口为23492万人，15～59岁（含不满60周岁）的人口为91125万人。

[12]年度农民工数量包括年内在本乡镇以外从业6个月及以上的外出农民工和在本乡镇内从事非农产业6个月及以上的本地农民工。

[13]农产品生产者价格是指农产品生产者直接出售其产品时的价格。

[14]居住类价格包括租赁房房租、住房保养维修及管理、水电燃料等价格。

[15]产能利用率是指实际产出与生产能力（均以价值量计量）的比率。企业的实际产出是指企业报告期内的工业总产值；企业的生产能力是指报告期内，在劳动力、原材料、燃

料、运输等保证供给的情况下，生产设备（机械）保持正常运行，企业可实现并能长期维持的产品产出。

[16]由于统计调查制度规定的口径调整、统计执法、剔除重复数据、企业改革剥离、第四次全国经济普查核实调整等因素，2019年规模以上工业企业财务指标增速及变化按可比口径计算。

[17]工业战略性新兴产业包括新一代信息技术产业、高端装备制造产业、新材料产业、生物产业、新能源汽车产业、新能源产业、节能环保产业和数字创意产业八大产业中的工业相关行业。2019年工业战略性新兴产业增加值增速按可比口径计算。

[18]高技术制造业包括医药制造业、航空、航天器及设备制造业、电子及通信设备制造业、计算机及办公设备制造业、医疗仪器设备及仪器仪表制造业、信息化学品制造业。

[19]装备制造业包括金属制品业、通用设备制造业、专用设备制造业、汽车制造业、铁路、船舶、航空航天和其他运输设备制造业、电气机械和器材制造业、计算机、通信和其他电子设备制造业、仪器仪表制造业。

[20]规模以上服务业统计范围包括年营业收入1000万元及以上，或年末从业人员50人及以上的交通运输、仓储和邮政业，信息传输、软件和信息技术服务业，房地产业（不含房地产开发经营），租赁和商务服务业，科学研究和技术服务业，水利、环境和公共设施管理业，教育、卫生和社会工作；年营业收入500万元及以上，或年末从业人员50人及以上的居民服务、修理和其他服务业，文化、体育和娱乐业法人单位。

[21]战略性新兴服务业包括新一代信息技术产业、高端装备制造产业、新材料产业、生物产业、新能源汽车产业、新能源产业、节能环保产业和数字创意产业八大产业中的服务业相关行业，以及新技术与创新创业等相关服务业。2019年战略性新兴服务业企业营业收入增速按可比口径计算。

[22]高技术产业投资包括医药制造、航空航天器及设备制造等六大类高技术制造业投资和信息服务、电子商务服务等九大类高技术服务业投资。

[23]工业技术改造投资是指工业企业利用新技术、新工艺、新设备、新材料对现有设施、工艺条件及生产服务等进行改造提升，实现内涵式发展的投资活动。

[24]网上零售额是指通过公共网络交易平台（主要从事实物商品交易的网上平台，包括自建网站和第三方平台）实现的商品和服务零售额。

[25]东部地区是指北京、天津、河北、上海、江苏、浙江、福建、山东、广东和海南10省（直辖市）；中部地区是指山西、安徽、江西、河南、湖北和湖南6省；西部地区是指内蒙古、广西、重庆、四川、贵州、云南、西藏、陕西、甘肃、青海、宁夏和新疆12省（自治区、直辖市）；东北地区是指辽宁、吉林和黑龙江3省。

[26]减贫人口等于当年贫困人口减去上年贫困人口，也相当于当年脱贫人口减去当年返贫人口。

[27]贫困发生率是指贫困人口占目标调查人口的比重。

[28]贫困地区包括集中连片特困地区和片区外的国家扶贫开发工作重点县，原共有832个县。2017年开始将新疆阿克苏地区纳入贫困监测范围。

[29]见注释[2]。

[30]2018年部分产品产量数据根据第四次全国经济普查结果进行了修订，2019年产量增速按可比口径计算。

[31]火电包括燃煤发电量、燃油发电量、燃气发电量、余热、余压、余气发电量、垃圾焚烧发电量、生物质发电量。

[32]钢材产量数据中含企业之间重复加工钢材约25200万吨。

[33]少量发电装机容量（如地热等）公报中未列出。

[34]见注释[16]。

[35]见注释[2]。

[36]见注释[2]。

[37]2019年港口统计范围由规模以上港口调整为全国所有港口，相关指标增速按可比口径计算。

[38]交通运输部根据专项调查，调整2019年公路货物运输量、公路货物运输周转量统计口径，数据与上年不可比。

[39]旅客运输总量包括铁路、公路、水运、民航营业性旅客运输量，其中公路旅客运输量占70%以上。近年来，随着人们出行方式的变化，居民自驾出行、网络约车及拼车人数增长较快，分流了公路客运量，导致旅客运输总量下降。

[40]邮政行业业务总量按2010年价格计算。

[41]电信业务总量按2015年价格计算。

[42]固定互联网宽带接入用户是指报告期末在电信企业登记注册，通过xDSL、FTTx+LAN、FTTH/O以及其他宽带接入方式和普通专线接入公众互联网的用户。

[43]固定互联网光纤宽带接入用户是指报告期末在电信企业登记注册，通过FTTH或FTTO方式接入公众互联网的用户。

[44]软件和信息技术服务业包括软件开发、集成电路设计、信息系统集成和物联网技术服务、运行维护服务、信息处理和存储支持服务、信息技术咨询服务、数字内容服务和其他信息技术服务等行业。

[45]根据第四次全国经济普查、统计执法检查和统计调查制度规定，对2018年固定资产投资数据进行修订，2019年增速按可比口径计算。

[46]见注释[25]。

[47]民间固定资产投资是指具有集体、私营、个人性质的内资企事业单位以及由其控股（包括绝对控股和相对控股）的企业单位建造或购置固定资产的投资。

[48]基础设施投资包括交通运输、邮政业，电信、广播电视和卫星传输服务业、互联网和相关服务业、水利、环境和公共设施管理业的投资。

[49]房地产业投资除房地产开发投资外，还包括建设单位自建房屋以及物业管理、中介服务和其他房地产投资。

[50]高速铁路是指线路最大速度为200km/h及以上的铁路和200km/h以下仅运行动车组列车的铁路。

[51]数据为截至2019年年底全国建档立卡贫困户农村危房改造中央任务开工数。

[52]"一带一路"是指"丝绸之路经济带"和"21世纪海上丝绸之路"。

[53]服务进出口按照《国际收支手册中文版（第六版）》标准统计，增速按可比口径计算。

[54]社会融资规模增量是指一定时期内实体经济从金融体系获得的资金额。2019年，社会融资规模统计口径有所调整。

[55]社会融资规模存量是指一定时期末（月末、季末或年末）实体经济从金融体系获得的资金余额。

[56]沪深交易所股票筹资额按上市日统计，筹资额包括了可转债实际转股金额，2018年、2019年可转债实际转股金额分别为80亿元和995亿元。

[57]全国中小企业股份转让系统又称"新三板"，是2012年经国务院批准的全国性证券交易场所。全年全国中小企业股份转让系统挂牌公司累计筹资不含优先股，股票筹资按发行报告书的披露日统计。

[58]公司信用类债券包括非金融企业债务融资工具、企业债券以及公司债、可转债等。

[59]原保险保费收入是指保险企业确认的原保险合同保费收入。

[60]人均收入中位数是指将所有调查户按人均收入水平从低到高（或从高到低）顺序排列，处于最中间位置调查户的人均收入。

[61]全国居民5等份收入分组是指将所有调查户按人均收入水平从高到低顺序排列，平均分为5个等份，处于最高20%的收入群体为高收入组，依此类推依次为中间偏上收入组、中间收入组、中间偏下收入组、低收入组。

[62]服务性消费支出是指调查户用于本家庭生活方面的各种非商品性服务费用。

[63]农村特困人员是指无劳动能力、无生活来源、无法定赡养、抚养、扶养义务人或者其法定义务人无履行义务能力的农村老年人、残疾人以及未满16周岁的未成年人。

[64]临时救助是国家对遭遇突发事件、意外伤害、重大疾病或其他特殊原因导致基本生活陷入困境、其他社会救助制度暂时无法覆盖或救助之后基本生活暂时仍有严重困难的家庭或个人给予的应急性、过渡性的救助。

[65]社会服务床位数除收养性机构外，还包括救助类机构、社区类机构的床位。

[66]国家级科技企业孵化器是指符合《科技企业孵化器管理办法》规定的，以促进科技成果转化、培育科技企业和企业家精神为宗旨，提供物理空间、共享设施和专业化服务的科技创业服务机构，且经过科技部批准认定的科技企业孵化器。

[67]国家备案众创空间是指符合《发展众创空间工作指引》规定的新型创新创业服务平台，且按照《国家众创空间备案暂行规定》经科技部火炬中心审核备案的众创空间。

[68] PCT专利申请受理量是指国家知识产权局作为PCT专利申请受理局受理的PCT专利申请数量。PCT（Patent Cooperation Treaty，专利合作条约）是专利领域的一项国际合作条约。

[69]制造业产品质量合格率是指以产品质量检验为手段，按照规定的方法、程序和标准实施质量抽样检测，判定为质量合格的样品数占全部抽样样品数的百分比。统计调查样本覆盖制造业的29个行业。

[70]中等职业教育包括普通中专、成人中专、职业高中和技工学校。

[71]总流通人次是指本年度内到图书馆场馆接受图书馆服务的总人次，包括借阅书刊、咨询问题以及参加各类读者活动等。

[72]特种影片是指采用与常规影院在技术、设备、节目方面不同的电影放映展示方式，如巨幕电影、立体电影、立体特效（4D）电影、动感电影、球幕电影等。

[73]人均图书拥有量是指在一年内全国平均每人能拥有的当年出版图书册数。

[74]总诊疗人次指所有诊疗工作的总人次数，包括门诊、急诊、出诊、预约诊疗、单项健康检查、健康咨询指导（不含健康讲座）人次。

[75]出院人数指报告期内所有住院后出院的人数，包括医嘱离院、医嘱转其他医疗机构、非医嘱离院、死亡及其他人数，不含家庭病床撤床人数。

[76]体育场地相关数据来源于第七次全国体育场地普查结果，体育场地普查调查对象不包括军队、铁路系统所属体育场地，数据为截至2018年年底。

[77]体育场地面积指体育训练、比赛、健身场地的有效面积。

[78]国有建设用地供应总量是指报告期内市、县人民政府根据年度土地供应计划依法以出让、划拨、租赁等方式与用地单位或个人签订出让合同或签发划拨决定书，完成交易的国有建设用地总量。

[79]房地产用地是指商服用地和住宅用地的总和。

[80]万元国内生产总值用水量、万元工业增加值用水量按2015年价格计算。

[81]根据第四次全国经济普查结果，对能源消费总量等相关指标历史数据进行了修订。

资料来源：

本公报中户籍人口城镇化率、民用汽车、道路交通事故数据来自公安部；城镇新增就业、登记失业率、社会保障、技工学校数据来自人力资源和社会保障部；外汇储备、汇率数据来自国家外汇管理局；市场主体、质量检验、国家标准制定修订、制造业产品质量合格率数据来自国家市场监督管理总局；减税降费数据来自国家税务总局；水产品产量、新增高效节水灌溉面积数据来自农业农村部；木材产量、造林面积、森林抚育面积、国家级自然保护区数据来自国家林业和草原局；新增耕地灌溉面积、水资源、新增水土流失治理面积数据来自水利部；发电装机容量、新增220kV及以上变电设备、电力消费量数据来自中国电力企业联合会；港口货物吞吐量、港口集装箱吞吐量、公路运输、水运、新改建公路里程、港口万吨级码头泊位新增通过能力数据来自交通运输部；铁路运输、新建铁路投产里程、增新建铁路复线投产里程、电气化铁路投产里程数据来自中国国家铁路集团有限公司；民航、新增民用运输机场数据来自中国民用航空局；管道数据来自中国石油天然气集团有限公司、中国石油化工集团有限公司、中国海洋石油集团有限公司；邮政业务数据来自国家邮政局；通信业、软件业务收入、新增光缆线路长度等数据来自工业和信息化部；棚户区改造、农村地区建档立卡贫困户危房改造数据来自住房和城乡建设部；货物进出口数据来自海关总署；服务进出口、外商直接投资、对外直接投资、对外承包工程、对外劳务合作等数据来自商务部；财政数据来自财政部；货币金融、公司信用类债券数据来自中国人民银行；境内交易场所筹资数据来自中国证券监督管理委员会；保险业数据来自中国银行保险监督管理委员会；医疗保险、生育保险、资助参加基本医疗保险、实施门诊和住院救助数据来自国家医疗保障局；城乡低保、农村特困人员救助供养、临时救助、社会服务数据来自民政部；优抚对象数据来自退役军人事务部；国家科技重大专项、国家重点实验室、国家科技成果转化引导基金、国家级科技企业孵化器、国家备案众创空间、技术合同等数据来自科学技术部；国家自然科学基金项目数据来自国家自然科学基金委员会；国家工程研究中心、国家工程实验室、国家企业技术中心等数据来自国家发展和改革委员会；专利、商标数据来自国家知识产权局；宇航发射数据来自国家国防科技工业局；教育数据来自教育部；艺术表演团体、博物馆、公共图书馆、文化馆、图书、旅游数据来自文化和旅游部；电视、广播数据来自国家广播电视总局；电影数据来自国家电影局；报纸、期刊数据来自国家新闻出版署；档案数据来自国家档案局；居民出境数据来自国家移民管理局；医疗卫生数据来自国家卫生健康委员会；体育数据来自国家体育总局；残疾人运动员数据来自中国残疾人联合会；国有建设用地供应、海洋灾害造成直接经济损失数据来自自然资源部；万元国内生产总值二氧化碳排放、环境监测等数据来自生态环境部；平均气温、登陆台风数据来自中国气象局；农作物受灾面积、洪涝和地质灾害造成直接经济损失，旱灾造成直接经济损失，低温冷冻和雪灾造成直接经济损失，森林火灾，受灾森林面积，安全生产数据来自应急管理部；地震次数、地震灾害造成直接经济损失数据来自中国地震局；其他数据均来自国家统计局。